Research on Legal Issues Concerning
the Relief of Corporate Bankruptcy Reorganization

企业破产重整纾困法律问题研究

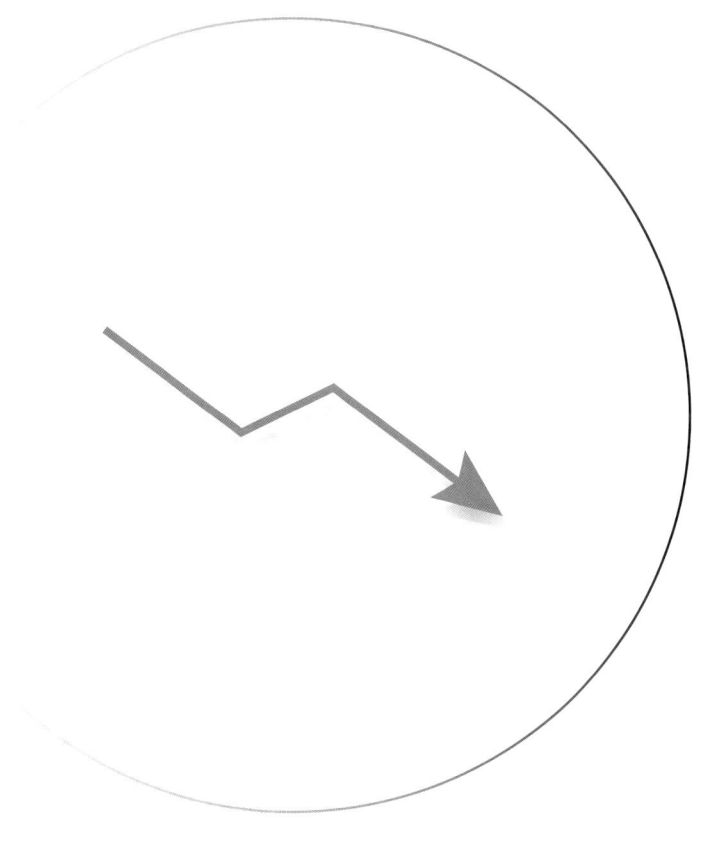

宋玉霞　胡庆治　著

中国社会科学出版社

图书在版编目(CIP)数据

企业破产重整纾困法律问题研究 / 宋玉霞，胡庆治著. --北京：中国社会科学出版社，2024.5
ISBN 978-7-5227-3715-7

Ⅰ.①企… Ⅱ.①宋…②胡… Ⅲ.①企业破产法—研究—中国 Ⅳ.①D922.291.924

中国国家版本馆 CIP 数据核字(2024)第 112100 号

出 版 人	赵剑英
责任编辑	郭如玥
责任校对	季　静
责任印制	郝美娜

出　　版	中国社会科学出版社
社　　址	北京鼓楼西大街甲 158 号
邮　　编	100720
网　　址	http://www.csspw.cn
发 行 部	010-84083685
门 市 部	010-84029450
经　　销	新华书店及其他书店
印刷装订	北京君升印刷有限公司
版　　次	2024 年 5 月第 1 版
印　　次	2024 年 5 月第 1 次印刷
开　　本	710×1000　1/16
印　　张	15.75
插　　页	2
字　　数	250 千字
定　　价	98.00 元

凡购买中国社会科学出版社图书，如有质量问题请与本社营销中心联系调换
电话：010-84083683
版权所有　侵权必究

前　言

破产重整是挽救企业最为有力的法律制度。然而，重整制度在运行中出现了耗时长、成本高、融资难度大，利害关系人权益保护不足等问题。实践中催生出财产权信托、共益债融资、出售式重整等纾困方式，这对我国重整法律制度的完善提出要求，迫切需要予以回应。基于此，本书创新性地将财产权信托、共益债融资、出售式重整等归集为新型重整纾困模式，并遵循"重整纾困基础理论—重整纾困模式及适用—路径完善"的基本思路，以2007年《中华人民共和国企业破产法》实施至2021年的15年间的92家上市公司重整为实证样本，收集上市公司重整计划，整理地方司法文件、裁判文书，研究企业重整纾困模式问题，并提出具有针对性的对策建议。

本书共分为五章。第一到第二章是关于企业破产重整纾困的理论和阶段问题。第三章讨论近年实践中出现的新重整纾困模式。第四到第五章是本书的重点章节，讨论了重整纾困模式适用问题。

第一章是企业破产重整纾困的基础理论。重点探讨企业破产重整纾困的基本概念、特征、价值、宗旨和理念。提出企业破产重整纾困的基本价值应确立为效率价值、公平正义价值、保护个人利益价值、维护社会秩序价值；基本宗旨为企业拯救与债务清偿；基本理念为公平有序、利益平衡。全面梳理了企业破产重整纾困的有关法律、法规等。

第二章是企业破产重整纾困全流程图景。以92家上市公司重整为实证样本，对每一家上市公司重整案例都提取相同科目：申请时间、申请主体、重整期间管理模式、重整计划批准模式、重整计划执行时间。从多维度进行实证分析，展现破产重整制度的实践运行及有效性情况。

第三章是企业重整纾困模式及改进。该章是本书的重点章节。考察预重整、出售式重整、关联企业合并破产重整、财产权信托及共益债融资五种重整纾困模式。

预重整制度是在庭外重组和破产重整两种制度的基础上融合创新产生的一种企业挽救模式。本书主要借助于全国地方法院发布的32份预重整文本进行实证研究，对预重整存在的问题进行剖析，提出完善预重整的启动条件和程序、管理人的指定与转化、破产中的保全与执行、信息披露与保密等措施。

出售式重整制度是目前大型上市公司处理非核心资产中较常使用的纾困模式，本节运用比较研究和案例研究相结合的方式，提出完善出售式重整的法律框架、明确"可售资产"的范围、健全信息披露义务、府院合理联动等措施。

关联企业合并破产重整作为企业集团与关联企业因滥用控制关系而出现的非市场化操纵企业资源、权利、义务的现象，在我国的司法实践中，是一个迫切需要研究解决的难题。个案分析海航合并重整中合并破产适用的标准和条件，提出关联企业合并破产重整规则应确立实质"同一性"标准、利益平衡标准、无法分离或分离成本高的标准。

财产权信托是将债务人部分待处置资产纳入信托计划，设立信托关系，向债权人分配信托收益份额，通过资产证券化的方式实现债务人非核心财产的处置方式。但是，该种处置使得信托方案不受企业破产法的监管与规制，变更为单纯商业信托方案下的资产处置，存在潜在重大风险。通过研究，提出引入信托产品风险缓释工具、确立信托亏损的补救措施、规避监督权缺位、完善信托计划份额退出变现制度。

伴随大量房地产企业破产，共益债融资成为拯救房地产企业的重要纾困模式。实践中共益债融资存在与其他债权人顺位排序冲突，共益债识别标准、类型模糊等问题。提出厘清与破产费用的清偿顺序，完善共益债务认定条款，灵活确立共益债务认定标准，明确将共益债认定时间向前延伸。

第四章是破产重整纾困模式适用中的核心主体权益保护。该章同样是本书的重点章节。破产重整利益保护的核心主体主要是债权人、出资人、投资人。本章的研究样本是 92 家上市公司。

担保债权是债权类别中极易受到损害的类别。考察 92 家上市公司中存在担保债权的 78 家上市公司，发现债权清偿方案、表决方案、清偿期限、延期清偿补偿方案等存在的问题，提出明确担保财产变现处理原则，明确法院自由裁量权的审慎标准，确立留债不能履行救济条款和担保债权延期补偿制度。

通过考察 92 家上市公司出资人权益调整情况，实证分析上市公司重整中出资人权益保护存在的问题，提出应赋予出资人制定重整草案计划的权利，设立出资人权益代表机构，细化"公平、公正"的强制裁定标准，赋予出资人对法院强制裁定的异议权。

通过考察 92 家上市公司中引入投资者的 82 家，探究上市公司引入投资人类型及其参与重整的方式、投资人取得股份对价折扣率、主营业务及公司控制权是否变化、退出方式等问题，提出明确投资人法律地位，确立投资人进入成本，利用"假马竞价"招募投资人，确立投资人退出的优先原则。

第五章是破产重整纾困模式适用中的特殊主体权益保护。该章也是本书的重点章节。破产重整中的特殊主体是除核心主体之外，在司法实务中出现的一些需要特别予以关注的主体。主要涉及实际施工人、企业破产中的数据主体和管理人三类主体。

建筑企业破产法律关系复杂，涉及利益主体众多。在房地产企业破产重整中，发包方支付至承包方的工程款应纳入债务人财产。实际施工人不享有建设工程款优先受偿权，但享有工程款请求权。以建筑企业重整申请受理时间为标准，实际施工人对破产申请前发包方支付至承包方的工程款享有工程款债权请求权；对破产申请后应支付的工程款享有共益债权请求权；尚未支付的工程款分情形确立债权性质。

数据具有的财产权属性使其具备纳入债务人破产财产的可能；当数据

控制者进入破产程序时，数据所有者因将数据部分权能有偿许可数据控制者行使，可向管理人主张取回权，或根据其债权产生时间，享有共益债权或普通债权。数据处理者的收益权也应以权利产生时间为标准，划分为共益债权或普通债权。

破产管理人是依法设立专门管理破产财产的特殊机构。本书选取2012—2021年的管理人责任纠纷的683份裁判文书，实证考察管理人履职责任纠纷现状，提出合理确立管理人承担民事责任属于一般侵权行为之责，采用过错归责原则，立法明确管理人的诉讼地位，明确第三人在诉讼中的地位，完善管理人监督机制。

本书收集了大量的上市公司重整公告、司法文本及案例，采取定量的统计分析与个案并行的方法，最后将实证分析发现的问题回归到破产重整理论体系进行反思，探究其中的制度根源及社会根源，并在此基础上寻求重整纾困模式完善的路径。由于受多种因素的制约，本书的研究可能存在一定的局限性。一方面，上市公司重整公告及司法文本检索的渠道有限及信息公布力度的差异，可能会制约样本的数量；另一方面，破产法颁布之初，上市公司重整公告及案例较为简单，有时缺乏重要事实的介绍，这会影响评估的效果。伴随重整制度的不断完善和发展，金融衍生工具、信息技术等与破产制度深度结合，跨学科研究将成为新趋势。

本书第一章至第三章第三节为胡庆治撰写（约11万字），第三章第四节至第五章为宋玉霞撰写（约14万字）。感谢涂晏艇、孙梅、郑玮嘉、陈丹、张晓芳、颜肇基、付晓玲、廖智雅、康莉蓉、喻琼渊、唐鹏、陈泳西、易晓敏、范浩天、郑杰、彭瑶、韩子玉、陈烁祎、赵千慧、宋润华、赵世林、骆双杰、刘宇杰、蒋先琴、李静、吴倩、孙博伦、付一方、李雪秀、崔梦桐、尹邦强、杨亚男等同学在数据收集、校对等方面作出的贡献。

目　录

第一章　企业破产重整纾困制度的理论基础 …………………… (1)
　第一节　企业破产重整纾困概念和特征 …………………………… (1)
　第二节　企业破产重整纾困的理念 ………………………………… (6)
　第三节　企业破产重整纾困价值和宗旨 …………………………… (11)
　第四节　企业重整纾困中的法律规范 ……………………………… (15)

第二章　企业破产重整纾困全流程图景 ……………………………… (21)
　第一节　企业破产重整的申请与受理 ……………………………… (21)
　第二节　企业破产重整管理人 ……………………………………… (29)
　第三节　企业破产重整计划的批准 ………………………………… (37)
　第四节　企业破产重整计划的执行 ………………………………… (45)

第三章　企业破产重整纾困模式及其改进 …………………………… (55)
　第一节　预重整制度实践及改进 …………………………………… (55)
　第二节　出售式重整制度实践及改进 ……………………………… (76)
　第三节　关联企业实质合并破产重整 ……………………………… (87)
　第四节　财产权信托在破产重整中的运行 ………………………… (104)
　第五节　共益债融资的认定及法律保障 …………………………… (123)

第四章　重整纾困模式适用中核心主体权益保护 …………………… (133)
　第一节　企业重整中担保债权人权益保护 ………………………… (133)
　第二节　企业重整中出资人权益保护 ……………………………… (155)
　第三节　企业重整中投资人权益保护 ……………………………… (167)

第五章　重整纾困模式适用中特殊主体权益保护 ……………（180）
　第一节　房企破产中实际施工人权益保护 ……………（180）
　第二节　破产程序中数据主体权益保护 …………………（193）
　第三节　破产重整中管理人履职权益保护 ………………（220）
主要参考文献 ……………………………………………………（234）

第一章　企业破产重整纾困制度的理论基础

第一节　企业破产重整纾困概念和特征

企业破产重整制度源于美国铁路公司重整案,迄今为止已经有100多年的历史,并不断地创造着拯救危困企业的奇迹。我国破产立法于2006年引入破产重整制度,并设单章第8章共计25个条文对其予以规范。企业破产重整纾困制度是在重整制度的功能价值基础上所产生的救助、减轻濒临破产企业困难的制度。

一　破产重整纾困制度的概念

通说认为,1929年,英国公司法中创立的管理人制度被后来学者视为破产重整制度的开端。① 美国在1934年对英国破产重整制度进行了借鉴并修改,纳入了部分和解制度内容,标志着重整纾困制度的基本成熟。然而,英美等国学者对于公司重整纾困的定义却是众说纷纭。

在英国,1986年《破产法》(Insolvency Act)用"Administration"一词来指代重整制度。据此,有英国学者将重整制度理解为允许无力清偿债务的公司利用重组、交易的手段进行再生的法律程序。相较于破产清算程序,重整能够优化公司资产结构。② 也有学者将其定义为法院的一个命

---

① 李永军:《破产重整制度研究》,中国人民公安大学出版社1996年版,第9页。
② Touche Ross International, *The Touche Ross Guide To International Insolvency*, Probus Publishing Company, 1989, Part 3, p. 5.

令,且该命令存在期限,在有效期内,管理者将接管被签发命令公司的营业、财产等各项事务。此外,这种命令并不是随意签发的,只有当公司存在丧失偿债能力的现实或可能,且满足立法目的时才能签发。但存在两种例外情形,即已进入破产清算程序的公司或银行、保险公司不受此限。① 还有学者认为,重整制度作为一种指令,系为全体债权人利益,由法院指令管理人接管公司,维系经营。②

而在美国,《布莱克法律词典》中"Bankruptcy Reorganization"一词代指重整,即债务人将陷入破产或者无力清偿到期债务时,可依照破产法第11章的规定申请重整。③ 有观点认为,作为清算程序的"替代品",任何商事企业在无力偿债时均可适用重整制度。④ 相反,也有学者表示在商事领域,"破产重整"是一个令人厌恶的词汇。重整制度的核心在于通过制定重整计划,延长债务履行期限,以此减少债务总量,实现债务重组。⑤

在日本,公司重整又称为公司更生。石川明认为,公司更生制度意在调整利益关系,平衡利害关系人利益,使得有再建希望的股份有限公司得以再生。⑥ 我国台湾学者对公司重整的定义大多较为简洁,基本是参照台湾地区公司规定加以表述。如张东亮认为,公司重整制度主要适用于具有挽救可能、挽救价值的公开发行股票或公司债的股份有限公司。武艺舟先生则将公司重整的概念表述得更为简洁,他认为,重整制度是一种非诉程

---

① Hamish Anderson, *Administrators-Part Ⅱ of the Insolvency Act* 1986, London Sweet & Maxwell, 1987, p. 3.

② R. M. Goode, *Principle of Coporate Insolvency Law*, London Sweet& Maxwel, Center For Commercial Studies, 1990, p. 12.

③ Bryan A. Garner, *Black's Law Dictionary* (11th Editon), West, 2019.

④ Georgem M. Treister, etc., *Fundamentals of Bankruptcy Law*, the American Law Institute, 1988, p. 361.

⑤ Elizabeth Warren, Jay Lawrence West book, *The Law of Debtors and Creditors Text, Cases, and Problems, Second Edition*, Little, Brown and Company, 1991, p. 427.

⑥ [日]石川明:《日本破产法》,何勤华、周桂秋译,中国法制出版社2000年版,第9页。

序,目的在于重建公司。①

《中华人民共和国企业破产法》(以下简称《企业破产法》)并未对公司重整制度的概念进行明确规定,学者们大多从理论角度对其进行探讨。对此,王欣新认为,重整是指对可能或者已经发生破产原因但又有挽救希望与挽救价值的企业,通过各方利害关系人的利益协调,强制性进行营业重组与债务清理,以使企业避免破产、获得再生的法律制度,重整制度的实质是通过对企业及其经营事项等市场资源的优化配置与重组,从而保障对全体债权人的公平清偿并实现对企业的挽救。② 此外,王卫国也认为,重整意在通过对债务的调整,从而实现企业复兴的再建型清理制度。③ 由此可见,我国学者对重整制度的定义大致相同。

笔者认为,破产重整纾困制度与一国历史、文化和政治制度具有高度的相关性,在对重整制度进行概念界定时,应把握其特殊性。考虑到各国立法规定、文化传统等不同,在对公司重整概念的界定上也应有所差异。根据我国《企业破产法》中重整制度的适用范围,并借鉴学者的不同观点,本书认为,破产重整纾困制度是指对于具有或可能具有破产原因但又有挽救希望的困境企业,依照法定程序,在多方主体参与下,通过各种纾困模式使其恢复再生的法律制度。

二 破产重整纾困制度的特征

企业破产重整纾困制度作为一种摆脱困境、积极拯救以实现企业再生的制度,主要具有如下特征:

(一)启动时间提前、主体多元

相较于破产清算与和解,重整程序的启动时间提前,当债务人存在破产的可能性即可申请重整。启动破产重整程序的主体不仅包含债权人、债

---

① 武艺舟:《公司法论》,(台北)三民书局有限公司1980年版,第460页。
② 王欣新:《破产法》(第四版),中国人民大学出版社2019年版,第289页。
③ 王卫国:《论重整制度》,《法学研究》1996年第1期。

务人，还包括出资额占债务人注册资本十分之一以上的出资人。① 多方主体均可以提出破产申请，体现了破产重整制度的重要目标在于通过多方力量来积极挽救受困企业。

（二）纾困目标多元

重整制度的目标具有多元性。破产重整具有债务清偿与企业重组相结合的特点。② 随着市场经济的蓬勃发展，重整制度愈发成为通过挽救债务人，优化营商环境的重要法律制度。因此，重整制度不仅在于实现债务清偿，还致力于企业重组。重整制度存在两个目标，一是实现企业拯救，二是进行债务清理，且前者系主要目标。重整制度既有直接目标，又有间接目标。直接目标在于公平清偿债务、积极拯救企业；间接目的在于有效淘汰不良企业（即市场出清）。

破产重整纾困目标除了前述所讲的营业重组和债务清理，还应当包括对利益相关者权益的平衡保护。在破产重整中涉及债权人、债务人、出资人和投资人，以及职工、消费者等主体，企业重整的目标要在诸多的不同利益主体之间实现平衡。但是应当确立的是，重整制度在实现公司再生时，在重整目标上应以债权人利益保护为最重要的目标，同时兼顾保护其他主体的权益。

（三）纾困重整措施多元

在重整程序中，可以通过多种工具来实现企业的再生目标。主要包括：延长债务清偿的期限、股权重组、变更注册资本、引进股权或债券投资、出售资产及债权转化为股权等方式，让公司获得再生。重整制度挽救的不限于公司本身（"壳资源"），更重要的是维持公司之事业。因此，若解散清算原有公司、设立新公司，或者分立、合并等方式可以使得公司再生，也可采此类措施。③

---

① 《企业破产法》第 70 条第 2 款规定："债权人申请对债务人进行破产清算的，在人民法院受理破产申请后、宣告债务人破产前，债务人或者出资额占债务人注册资本十分之一以上的出资人，可以向人民法院申请重整。"
② 王欣新：《破产法》（第四版），中国人民大学出版社 2019 年版，第 286 页。
③ 王欣新：《破产法》（第四版），中国人民大学出版社 2019 年版，第 290 页。

(四) 社会本位对私权本位的干预

庞德将利益分为三大类：一是个人利益；二是社会利益；三是公共利益。私权本位对应的就是个人利益，这是私法的理论基础，主张主体平等、契约自由、个体权益的保护等。社会本位对应的则是社会利益与公共利益，这是公法的理论基础，主张国家、集体、社会公共利益的保护。当企业正常运营的时候可以实现盈利目标，又能够平衡个人利益、社会利益及公共利益。但当企业陷入困境时，就无法兼顾三者利益，很可能出现利益冲突，甚至对社会利益造成严重威胁。

重整制度具有协调私权与社会利益的特点。[1] 这在我国法律、政策中都有相应的体现。职工债权人利益维护关系到社会公益，更应引起重视。有的法院会要求企业提出破产申请时提供职工安置预案以及职工工资的支付和社会保险费用的缴纳情况。[2] 政府在颁布相应政策文件[3]时也会重点考虑职工安置问题，要求保障职工基本的生存权，并在个案中存在突破抵押权人对抵押物的优先权的情况。尤其是上市公司，因其有可能存在众多的自然人投资者，体量巨大，且涉及地方经济发展，倘若其陷入困境，必然会对当地经济秩序造成剧烈动荡，需要对其私权本位进行制度层面的有效干预。

(五) 与政府监管制度的融合

企业重整，尤其是上市公司重整与一国证券的监管紧密关联。在上市公司常态化经营中，可能因违反证券市场监管规则，进而被采取不同的监

---

[1] 王欣新：《破产法》（第四版），中国人民大学出版社2019年版，第286页。

[2] 《企业破产法》第8条第3款规定："债务人提出申请的，还应当向人民法院提交财产状况说明、债务清册、债权清册、有关财务会计报告、职工安置预案以及职工工资的支付和社会保险费用的缴纳情况。"

[3] 如《关于试行国有企业兼并破产中若干问题的通知》（国发〔1994〕59号）第5条就规定："在实施企业破产中，首先要妥善安置破产企业职工，保持社会稳定。企业以土地使用权作为抵押物的，其转让所得首先用于破产企业职工的安置，对剩余部分抵押权人享有优先受偿的权利；处置土地使用权所得不足以安置职工的，不足部分依次从处置无抵押财产、其他抵押财产所得中拨付。抵押权人未优先受偿部分，参加一般债权的清偿分配。" 1996年7月25日国家经贸委办公厅印发。

管措施。比如，第一阶段，被证券交易所实行退市风险警示的特别处理；第二阶段，被证券监督管理部门或者交易所决定暂停股票上市；第三阶段，被证券监督管理部门或者交易所终止股票上市。因此，上市公司破产重整中，也应遵循国家对证券市场的监管制度规范，顺利实现再生。

第二节 企业破产重整纾困的理念

破产重整纾困作为企业破产中的一项重要法律制度，其主要任务在于实现企业再生、解决总括性债权债务问题。破产重整程序参与的主体较为广泛，包括债权人、出资人等利害关系人；利益层次较多，涉及债务人、债权人等私主体利益及国家社会公益。为保证企业破产重整程序的顺利有序推进，必须坚持公平有序、利益平衡的理念。

一 公平有序

企业破产重整制度体系构建的出发点和目的是债权人利益的相对公平，而不是追求债权人利益的绝对公平。公平有序，在形式上体现为平等对待同类债权人，在效果上体现为对债权的有序清偿，并在制度构建上体现为对公平有序秩序的追求。

（一）公平理念

在破产法体系外，债权人无论是采取司法救济手段还是私力救济手段，都避不开效率低下、成本高昂和极大不确定风险。与之相比较，破产法体系下，构建完备的制度机制，有利于降低债权实现成本，提升债权人实现债权利益的效率，维系破产清偿秩序，并以此减少实现债权利益的不确定风险。

一方面，破产法体系下集中清偿债务，能够有效降低债权监督、表决、实现成本。破产重整制度下的司法监督和债权人会议监督，使得债权人不需要再在破产重整程序外另行监督。债权人会议作为公司重整中的最高权力机关，代表债权人整体意志，并且能够通过债权人委员会实施决策和监督，能够有效增强与债务人的抗衡力量，以期公平有效实现债权。另一方面，从司法资源的利用效率来看，相比较于个别债权人组成的独立诉讼程序和执行程序，重整程序显然更具有效率性。

破产重整制度作为集中清理债权债务的法律程序，对债务人而言，是实现再生的机遇；对债权人而言，很可能意味着最终的法律救济手段。因此，破产重整制度高度关注债权人内部的公平性，在债权人众多的重整案件当中，由于不同债权人发现并提出破产申请的时间并不相同，因而不是所有的债权人都拥有选择债权实现的法律规范的权利。除此之外的债权人只能消极地加入重整程序当中，抑或是尚未参与其中。基于此，从破产立法追求和制度构建来看，在企业破产重整程序中，为实现对同类债权人的平等保护，防止债务人挑选债权人清偿（个别清偿），在《企业破产法》及司法解释中建了一系列保障债权人公平利益的制度，如撤销权制度。这虽然不能提升破产财产的价值，但却能够有效实现债权人利益的公平性，进而推动构建公平的破产法体系框架。①

（二）有序理念

债权存在的目标和意义是获得清偿，为实现债权，民法体系奠定了坚实的实体法基础。诸多的实体法规范为债权实现提供了保障。实体法规范都是相对于债务人具备正常清偿能力而言的，通过规范债务人的个别清偿行为而为债权获得清偿提供保障。当当事人之间的权利义务存在实体法上争议或者债务人拒绝个别清偿导致债权人无法债权清偿时，当事人可以通过民事诉讼解决争议并通过个别执行来实现债权。当债权人的财产足够清偿所有债务时，每一位债权人都可以分别提出清偿请求，并依据债权人的个别清偿行为来实现自身的债权，此时并不存在各个债权人清偿顺序的争抢问题。

然而，破产重整面对的绝大部分情形都是债务人已经陷入债务危机，已有财产不能完全清偿全部债务，此时就出现了债权人清偿顺序争抢问题，债务人的有限财产成为"公共鱼塘"。如果此时依然坚持个别清偿和个别执行，不仅无法满足对债权人的公平性要求，更会使债权人陷入混乱

---

① 齐明：《美国破产重整制度研究》，博士学位论文，吉林大学，2009年。

无序的争抢中。所有债权人都将从实现债权的角度出发而不计后果地争抢，这将导致清偿顺序的混乱，不仅不能实现债务人财产的维持和增长，还会导致清偿的不公，甚至会出现部分债权人和债务人合谋损害其他债权人的情况。因此，为避免企业陷入困境后个别清偿、个别执行的现实局限性，有序清偿债务的破产程序应运而生。

破产制度作为债权概括执行的方式，将所有的债权纳入同一程序中，按照一定的规则和步骤，进行统一有序的清偿，能够有效克服个别执行所带来的偏颇、不公平清偿等局限性。具体而言，主要借助于破产管理人制度、破产财产制度、债权人制度、破产撤销权制度、破产财产分配制度等等，以维护企业破产重整制度的有序秩序。

二　利益平衡

企业破产重整纾困中面临诸多复杂的利益冲突，产生这些利益冲突的根本原因在于重整对象资源的稀缺性、重整目标的多元化。基于重整制度特殊的价值和宗旨，各国立法采取一般正义相对优先，同时兼顾个别正义原则，协调公共利益与私人利益的冲突。

（一）企业破产重整中的利益层次

企业破产重整制度的价值目标在于通过协调各方主体利益，实现企业再生，公平有序清理债务，从而稳定社会经济秩序。我国《企业破产法》以利益主体为本位划分大致经历三个阶段：由债权人利益本位到债权人、债务人利益为本位，再转向社会利益本位，兼顾债权人、债务人利益。[①]

企业破产重整中，主要存在公共与私人（包括债权人、债务人等主体）两个利益层次。在企业正常经营状态下，无论是从公司与外部社会环境之间的关系，还是从公司内部环境来看，不同主体也发生着利益碰撞。但是，公司常态经营下的利益碰撞主要变现为私法领域的利益冲突与博弈，而解决这些冲突的主要手段也是私法。因此，正常经营下的企业在立法者的眼里所呈现的主要是市场经济活动的主体，是主要追求私人利益

---

① 汤维建：《破产程序与破产立法研究》，人民法院出版社2001年版，第46页。

的组织。

然而，虽然在正常经营状态下，公司内部、公司与公司或其他主体之间的利益冲突主要表现为私法领域内的利益冲突，但这并不排除存在某些领域涉及公共利益的冲突。这主要是因为现代公司对国家经济、社会，乃至政治等各方面都可能产生某些影响。加之现代市场经济出现了整体化、规模化的特点，基于不同利益诉求的多元群体和经济组织之间形成了复杂的利益网络。在这种利益关系中，企业重整将会对外部环境产生某种效应。尤其是关系到国家和公众的经济关系，国家将创设相关制度进行干预，如企业资本的确定、财务会计制度、营业登记制度、国家生产标准等。对于公司经营，社会利益介入最为明显的便是重整制度。在企业重整程序中，利益冲突已经从私法领域内私人利益冲突（包括某些涉及公共利益的私人冲突）转向私人利益与国家利益之间的冲突。

企业重整，尤其是上市公司重整中，私人利益与国家利益产生冲突的原因主要在于：一方面，利益实现存在不确定性。重整成功与否存在不可预测性，一旦失败，当事人的利益损失会更大，众多当事人要为重整计划作出让步（如担保债权暂停行使），通过破产和解或清算的方式获得清偿显得更加便捷安全。另一方面，即使重整成功，通过国民经济秩序健康稳定发展所表现出来的模糊抽象的公共利益如何具体化并落实到每个人身上也值得研究。[1] 因此，某些利益主体抵制重整程序也是无可厚非的。当然，重整程序中利益冲突主要存在于私主体与国家之间。但这并不意味着私人利益冲突的消失，只是为了一个共同目标（重整成功），债权人、股东等私主体之间的利益冲突得到了调和。

重整旨在拯救困境企业，清理债务，稳定经济和社会秩序。这追求的并非常态下公司经营所追求的私人利益，而是一种概括的、长远的、整体的利益，也就是国民利益（社会利益）。[2] 但是，参与企业破产重整的主

---

[1] 张世君：《公司重整的法律构造——基于利益平衡的解析》，人民法院出版社2006年版，第118页。

[2] 张世君：《公司重整的法律构造——基于利益平衡的解析》，人民法院出版社2006年版，第118页。

体主要是具体的利益相关者,他们的愿望是尽快实现具体的私人利益。在和解、清算程序中,可以把各方具体当事人的利益需求按先后顺序清偿。但重整制度却要达到一个更高的标准,即挽救困境公司、稳定社会经济制度,这涉及公共利益。此时,立法者就需要做出抉择,在重整制度安排中如何处理这种公与私的冲突,实现公共利益与私人利益的平衡。

(二)企业破产重整中的利益平衡

如何挽救困境中的企业,平衡其中的利益,和解、重整、清算三种法律制度态度不一。和解制度旨在通过和解协议的制定与实施,在了结债权债务的同时维持债务人的存续。清算制度侧重于对债权人利益的维护,通过对债务人财产进行清算并对各个债权人进行公平、有序清偿,从而调整此时的利益关系。而在重整制度中,还将公共利益、经济秩序纳入调整范围和视野。

对于企业破产重整制度中私人利益与社会利益的平衡,应当遵循利益层次结构的客观规律,首先应当从维护社会公共利益出发。有学者指出,在重整制度中,一方面,立法要对社会经济活动中的强者进行一定程度的限制,防止其滥用权力;另一方面,立法应对经济活动中的弱者给予一定的倾斜保护。[1] 重整制度应将社会利益放在第一位。[2] 这表现在运用重整程序挽救濒临破产倒闭的企业,并通过对个别私人利益中的普遍利益所构成的社会公共利益的保护,从而使不特定的利益主体(如股东、职工、消费者等)直接或者间接受益。

在企业破产重整中,私人利益和社会利益是辩证统一的,它们均应当得到合理的保护,对于公共利益的优先考虑仅为企业重整中利益平衡第一步;第二步则是兼顾个人利益,即通过平衡方法进行协调。重整制度是一个多方主体共同参与的利益冲突解决机制,通过立法者有意识地对各主体利益进行权衡,设计出具体的、独特的法律框架和制度,为利益主体的行为提供预期和模式。换言之,对利害关系人利益进行平衡,理应成为企业

---

[1] [日]宫川知法:《日本倒产法制的现状与课题》,于水译,《外国法译评》1995年第2期。

[2] 吴汉东主编:《私法研究》(第2卷),中国政法大学出版社2002年版,第447页。

重整的核心之一。

虽然将重整中的利益分为社会利益和私人利益两个层次，但却存在债务人、债权人、社会公众等利害关系人利益。由于破产重整制度要处理包含多元利益冲突的公司拯救问题，故而合理协调多方利益成为企业破产重整中的重要举措。就债务人而言，在很大程度上，启动重整程序首先使其受益，如重整程序的启动时间提前，适用情形较宽泛，使得债务人获得再生的概率大大增加。又如重整计划还可以由债务人自己制定并执行。重整制度中债务人地位的优越必然带来与债权人等利害关系人之间的利益冲突，有效解决这一冲突势在必行，实现债务人与债权人及社会公众利益与共。对于债权人来说，企业破产重整制度通过债权人在重整程序地位中妥协，从而给予企业重生的机会，并且助力稳定经济社会秩序。因此，在企业重整中，同样应当考虑债权人利益的保护与救济。对出资人、担保债权人、重整投资者等主体予以特殊保护，发挥他们的积极性与主观能动性。此外，对于重整中的公共利益，能够落实到特殊产业、特殊群体、特殊组织等，从而使公共利益得到具体化的保护。

总而言之，在企业破产重整制度中，要保护各方主体的不同权益，平衡各利益主体的诉求。债务人、债权人、社会公众三类主体的任何一方均未取得利益绝对优先的法律地位。在相对优先考虑公共利益的情况下，不同利益主体的权益也不应被忽视。

第三节　企业破产重整纾困价值和宗旨

重整制度是破产法的核心制度之一，与破产清算及破产和解共称为破产法的三大制度。重整制度运行中要以基本的价值为引领，体现重整的根本性意志。这就需要重点研究重整中的价值及宗旨问题。破产重整纾困制度的价值应确立为效率、公正、保护个人利益、维护社会秩序，其宗旨应重点体现拯救困境企业并清理债权债务。

一　破产重整纾困的价值

企业破产重整制度有其独特的法律功能和价值属性，沿着清理债务和拯救企业两条主线,不仅体现出效率价值、公平正义价值,还体现出对个人利益的保护及对社会秩序的维护。

(一)效率价值

效率作为法律所追求的重要价值目标,需要借助于资源配置与使用的效益进行评价。重整程序本身较为烦琐,在实现对债务人积极拯救的基础上,还应体现效率价值,实现社会整体利益最大化。

效率价值在企业破产重整程序中主要体现为两个方面:一是通过重整能否挽救困境中的企业;二是通过重整能否实现社会整体和经济效益的最大化。破产法的实践表明破产重整制度能够助推效率目标的实现。具体而言,重整程序通过一系列的法律制度和具体的规则来实现重整资源有效及优化配置,维持和提高困境上市公司的营运价值。此外,相较于对净资产进行清算变价,通过重整能够获得更高的经济效益和更广泛的社会效益。重整制度能够提供一个充分效率的多赢机制。

(二)公平正义价值

法律作为调整利益冲突的手段,必须体现公平和正义。然而,公平具有相对性、社会性和群体性。绝对的公平难以通过法律得以实现,但相对公正必须通过外观所表现出来。正如我国民法学者徐国栋所言,正义首先应当通过分配方式得以体现。[①]

重整程序涉及多元利益主体,需要考虑多方利益冲突与平衡。尤其是在上市公司破产重整中,更需要着重关注债务人、债权人和社会公众三方利益。他们的利益冲突主要表现为两个层次:第一个层次是"私与私"的冲突,即债权人与债务人的私主体利益冲突。第二个层次是"私与公"的冲突,即私主体利益与不特定社会公众利益冲突。重整程序构建出了一系列具体的法律制度和程序设计,以此平衡二重利益冲突,在实现企业挽救的基础上充分保障公正价值的实现。

(三)保护个人利益价值

破产重整制度的重要价值在于保护私主体的合法权益。实践表明破产

---

① 徐国栋:《民法基本原则解释——成文法局限性之克服》,中国政法大学出版社1992年版,第321页。

重整中最受影响的是债权人。债权人基于理性（尤其是担保债权人）期待债权优先受偿。然而，从债权人整体利益出发，上市公司重整成功后偿债显然更为有利。

重整制度为挽救困境企业会从社会整体利益出发，将对债权人的权利作出相应的限制，尤其是担保债权的暂停行使。① 由于企业破产重整成本很高，从进入重整，到重整计划的制订、表决、通过、批准及执行全过程，耗时较长。此外，重整结果具有不确定性，重整成功当然是较好的结果；可一旦重整失败，将要由债权人，特别是担保债权人承担重整失败的成本。在重整程序中虽会对债权人程序性权利作出一定的整合或限制，但却不应削弱其实体性权利。如果涉及损害到债权人实体权益，应给予一定补偿。

（四）维护社会秩序价值

博登海默认为："法律为秩序和正义的综合体，创设正义的社会秩序是法律的本旨。"② 破产企业尤其是上市公司在社会经济中占据重要地位，倘若破产将会对社会秩序带来严重冲击。并且由内向外辐射，从公司、债权人、股东到交易伙伴及其他利害关联的人。③

破产清算、和解程序通常仅考虑对债权人、债务人的影响，很难顾及其他利益。而重整程序不仅具备一般破产制度的价值，还存在其自身的独特价值，对稳定社会秩序，促进经济发展意义重大。一方面，企业破产必定面临下岗职工的再就业等社会问题，通过重整挽救企业，有助于避免一定的社会问题产生；另一方面，企业破产后，不仅会直接影响债务清偿问题，还会对税务清缴等一系列问题产生连锁反应。重整制度不仅能够直接解决这些问题，还能在企业实现再生、恢复生机活力之后，缓解衍生问

---

① 《企业破产法》第75条第1款规定："在重整期间，对债务人的特定财产享有的担保权暂停行使。但是，担保物有损坏或者价值明显减少的可能，足以危害担保权人权利的，担保权人可以向人民法院请求恢复行使担保权。"

② ［美］E. 博登海默：《法理学——法律哲学与法律方法》，邓正来译，中国政法大学出版社1999年版，第6页。

③ 张艳丽、李蒙娜：《企业重整的价值目标及其实现——从重整制度构成的角度》，《北京理工大学学报》（社会科学版）2008年第6期。

题,为税收事业作出更大的贡献。总而言之,企业破产重整制度体现了法对社会秩序的调节和稳定作用,是法对社会秩序价值的追求。

二 破产重整纾困的宗旨

破产重整纾困制度自诞生之日起,便肩负了特殊的使命。不仅着眼于解决债务人债务清偿问题,还致力于实现企业拯救。

(一)企业拯救

企业破产重整纾困的首要宗旨在于拯救企业,这在各国立法中有所体现。如日本《公司更生法》第 1 条:"为了使陷入困境但还有重建希望的股份公司维持更生其事业,调整债权人、股东及其他利害关系人的利害关系,特制定本法。"法国也有类似理念,司法重整目的在于拯救企业。[①]

企业不仅是固定财产的集合体,还是各种经营资源与经济关系的集合生命体,企业的营运价值主要体现在其营业事业上。[②] 营运价值,即公司常态化经营中的价值,主要包括各种有形、无形资本的组合,商誉,公司的日常开支,等等。通常而言,公司营运价值会随着公司清算而消逝。当企业仍有复兴希望时,能否一律以法律强制方式迫使其退出竞争舞台值得思考。企业破产重整的前提是公司的营运价值高于清算价值。因此,从理论上讲,如果债权人或利害关系人从重整程序中获得的清偿或利益高于清算所得,那么适用重整制度是合理可行的。

综上所述,现代意义上的公司重整制度体现出强有力的企业挽救宗旨,能够帮助企业走出困境,实现再生,促进资源的优化配置。破产企业集合社会众多资源,倘若破产清算,一切资源将被吞没。破产重整制度是一剂"良药",能够使企业免于破产清算,重新恢复生命力,维持其营运价值,并使得这些社会资源优化配置。重整制度还具有优胜劣汰的竞争机制,以减少整体社会对企业破产所承担的巨大动荡。应当说,破产重整制

[①] Paul J. J. Welfens, George Yarrow, *Towards Competition in Network Industries Springer*, New York: John Wiley&Sons, 1999, pp. 34-35.

[②] 王欣新:《营商环境破产评价指标的内容解读与立法完善》,《法治研究》2021 年第 3 期。

度有利于提升市场活动，其设计符合市场经济规律。

（二）债务清理

债务清理系我国企业破产重整纾困制度的又一重要宗旨，这在我国《企业破产法》中有所体现。①一般而言，企业管理层进入破产程序后往往不能继续经营公司，而由管理人对破产财产进行管理。在此情形下，公司财产不能继续被使用，既不能实现财产的增值，可得利益、合同预期利益及税收优惠等也会因此而丧失。此外，破产财产还很可能在破产清算中发生贬值。相反，在破产重整程序中，公司能够实现正常经营，实现资产的保值甚至升值，进而实现对债权的清偿。

此外，债务清理的作用还表现在以下两方面。一方面，有利于及时清偿债务，稳定经济秩序。尤其是对于上市公司，倘若不及时进行挽救或市场出清，势必会造成上市公司负债日益剧增。此外，伴随经济主体联系的愈加紧密，上市公司进入破产还将加大与其有正常业务关系的企业经营风险，对经济秩序带来严重冲击。因此，对存在挽救希望的困境企业施以重整，适时地进行债务清理，能够有效地避免企业之间过度负债带来的经营风险和社会经济隐患。另一方面，经济社会的发展离不开信用的支撑，特别是在"信用中国"建设的宏观大背景下，在商事主体之间，商事主体与自然人等主体之间的信用维护极其重要。信用存在的基础在于，借款者能够及时、足额偿还借款。破产重整制度的宗旨不仅强调债务人实现再生，还发挥了破产制度债务清理的基本功能。

第四节　企业重整纾困中的法律规范

企业破产重整纾困并非单一部门法所能调整。企业破产重整纾困主要涉及《民法典》《公司法》《证券法》以及诸多的行政法规、规章及规范性文件等。

---

① 《企业破产法》第 1 条规定："为规范企业破产程序，公平清偿债权债务，保护债权人和债务人的合法利益，维护社会主义市场经济秩序，制定本法。"

一 《民法典》

《民法典》中关于企业的主要内容集中于物权编、合同编以及总则部分的法人章，对破产重整企业作出了引导性的规定。关于破产重整，主要有以下几个要点制度：

第一，人民法院宣告债务人破产清算，属于共有财产分割的法定事由。根据《民法典》和《最高人民法院关于适用〈中华人民共和国企业破产法〉若干问题的规定（二）》［以下简称《破产法解释（二）》］规定，债务人对共有财产享有的相关份额及相关权利将被纳入破产财产中。债务人破产清算已经成为财产分割的法定事由之一。债务人出于重整、和解原因分割共有财产的，应当根据《民法典》第303条规定进行。企业破产将涉及众多主体，除了债权人、债务人，还有其他相关联的企业比如控股公司等，这一规定对债务人财产制度进行了补充和完善，为相关主体的利益维护提供了更为明确的法律规范。

第二，《民法典》中物权编和合同编为《企业破产法》中撤销权、取回权及抵销权提供了基础理论。如破产管理人对于债务人无偿转让财产行为的撤销权。《企业破产法》第76条中关于破产取回权的规定，破产取回权的权源主要是物权返还请求权，但也不排除针对特定债权的取回。《民法典》中的撤销权在破产程序中进行了一定的调整。撤销权是赋予管理人权利，对于无偿转让财产、放弃债权、以明显不合理对价的手段逃避债务等行为，《民法典》赋予了债权人自行请求管理人撤销的权利，或者寻求法院进行撤销，从而实现保护自身利益的目的。

二 《公司法》

《公司法》规制的是企业常态下的组织和行为。在破产重整中，公司法中原有的治理机构，股东会、董事会、监事会和管理层权力将面临一定程度上的限缩。在重整中存在两种管理模式：管理人管理和债务人自行管理。重整中的主要职责涉及管理债务人的财产和营业实务。在这两种模式下，要正确地适用《公司法》和《企业破产法》对不同主体职权和职责的规定，厘清二者之间的权力边界。主要涉及公司决策权、经营权和监督权实施的主体，内容及程序。还应当正确认识管理人、债权人会议（债权人委员会）与公司原有治理机构之间的关系。在处理债权人会议与公司原有治理机构之间的关系时，《公司法》中关于常态公司治理非财产性决策行为一般而言应遵循公司法的相关规定，主体的权利及权力不应限制，但是涉及财产性决策行为时，原有股东会抑或董事会的职权应让位于债权人。在破产程序中要正确处理《企业破产法》与《公司法》二者的适用关系。

三 《证券法》

《证券法》的主要约束对象是上市公司，上市公司可以通过资产重组为公司注入新鲜血液，尽快实现再盈利，使得上市公司从破产危机中脱身。在证券市场中，资产重组频频出现，资产重组的方式多种多样，比如租赁、合并、收购等，上市公司的资产重组会受到证监会的行政监管，主要由《上市公司收购管理办法》《上市公司重大资产重组管理办法》《公司法》《证券法》等进行调整。

破产重整中也常涉及资产重组项目。破产重整与资产重组既有区别又有联系，就其区别而言，重大资产重组是上市公司将自己的资产对外与其他主体进行交易的行为，而破产重整则是债务人满足一定条件下进行的破产程序，一个对外，一个对内；前者是自行交易，后者是司法程序；重大资产重组以企业自行管理，破产的主要管理主体是管理人；破产重整由《企业破产法》调整，而重大资产重组则在多个法律文件都能找到相关法律依据，比如我国的《证券法》以及专门制定的《重组管理办法》等。然而，两种制度的根本使命是一致的——挽救企业，恢复正常经营[①]。

在企业破产实践中，破产重整与资产重组并行，已经成为一个大的趋势。目前，我国的法律也已经进行了一定的探索，在破产重整和资产重组的模式之下，重整计划草案不仅按照《企业破产法》的规定拟制，而且

[①] 闫鹏、刘玉龙：《并购重组政策"松绑"促上市公司提质增效》，《金融世界》2019年第11期。

往往会涵盖重组的内容。依据我国《证券法》，此计划草案由证券管理机构批准。

四　行政法规、法规性文件

除了《企业破产法》，企业破产重整的规定也零散地分布在一些行政法规等文件中。在市场经济中政府实施着宏观调控，行政法规是宏观调控的重要手段，其调控方式具有可行性与科学性。行政法规可通过调节企业经济结构、产业结构、市场经济环境、营商环境创新等影响企业破产。这些行政法规中，最典型的是2008年国务院根据市场经济背景和破产重整现状制定公布的《证券公司风险处置条例》，该条例制定的目的在于引导证券公司行为，化解市场风险，提高证券公司风险控制能力，指导证券公司破产重整，保护投资者合法权益和社会公共利益。该条例中关于重整的重点法条有8条，比如第38条、第40条、第42条等，规定了破产重整计划草案、破产管理人的确定等内容。

除此之外，关于国有企业、中央企业这两种企业的资本调整与资本重组相关的指导意见，具体规定在《国务院办公厅转发国资委关于推进国有资本调整和国有企业重组指导意见的通知》《国务院办公厅关于推动中央企业结构调整与重组的指导意见》中。有关企业破产重整的环境、市场退出机制相关规定集中于《国务院关于开展营商环境创新试点工作的意见》《国务院关于进一步优化企业兼并重组市场环境的意见》。上述意见旨在推行破产重整制度，建立健全企业破产重整信用修复机制，建立健全府院联动机制，提高重组的质量和效率。笔者梳理了部分主要行政法律及法规性文件，如表1-1所示。

表1-1　　　　有关重整的行政法规、法规性文件

文件名称	发布机构	发布时间	制定目的
证券公司风险处置条例（2016修订）	国务院	2016.02.06	为了控制和化解证券公司风险，保护投资者合法权益和社会公共利益，保障证券业健康发展，制定本条例

续表

文件名称	发布机构	发布时间	制定目的
国务院办公厅转发国资委关于推进国有资本调整和国有企业重组指导意见的通知	国务院办公厅	2006.12.05	根据《国务院关于2005年深化经济体制改革的意见》，现就国有资本调整和国有企业重组提出意见
国务院关于促进企业兼并重组的意见	国务院	2010.08.28	为加快经济发展方式转变和结构调整，现就加快调整优化产业结构、促进企业兼并重组提出以下意见
国务院关于进一步优化企业兼并重组市场环境的意见	国务院	2014.03.07	为营造良好的市场环境，充分发挥企业在兼并重组中的主体作用，现提出意见
国务院办公厅关于推动中央企业结构调整与重组的指导意见	国务院办公厅	2016.07.17	进一步优化国有资本配置，促进中央企业转型升级，经国务院同意，现就推动中央企业结构调整与重组提出意见
国务院关于开展营商环境创新试点工作的意见	国务院	2020.10.31	完善市场主体退出机制，全面实施简易注销，建立市场主体强制退出制度。建立健全司法重整的府院联动机制，提高市场重组、出清的质量和效率

（本书所有表格均为笔者自行整理）

五 证监会规章及规范性文件

涉及重整的证监会规章及相应的规范文件相对较少，主要针对上市公司的并购重组、资产重整、收购、监管、信息披露等。

并购重组方面的相关规定主要体现在2012年发布的《上市公司并购重组专家咨询委员会工作规则》，其具体规定了上市公司进行并购重组时，要加强专家的咨询作用，召开专业会议，综合考虑评审意见之后再作出判断。此外，关于《上市公司重大资产重组管理办法（2020年修正）》《上市公司收购管理办法（2020修订）》两个规范性文件，都是为了保护投资者利益、规范上市公司而制定的专门办法，是对上市公司重大资产重组、收购及股份变动所作的专门性规定。信息披露方面，2021年证监会发布的《公开发行证券的公司信息披露内容与格式准则第26号》，包括强调公司的披露义务，披露相关的重整事项，比如重整计划的执行情况、公司的资产负债情况与经营能力等。在监管机制方面，强调股票交易监管。如2022年证监会发布的《上市公司监管指引第7号——上市公司重大资产重组相关股票异常交易监管》就发挥了为股票交易市场保驾护航的作用，此类 6 个文件发布详情如表 1-2 所示。

表 1-2　　　　　　有关重整的证监会规章及规范性文件

文件名称	发布机构	发布时间	制定目的
上市公司并购重组专家咨询委员会工作规则	中国证券监督管理委员会	2012.02.06	为进一步规范上市公司并购重组审核工作，充分发挥上市公司并购重组专家咨询委员会的专家咨询作用
上市公司重大资产重组管理办法（2020 年修正）	中国证券监督管理委员会	2020.03.20	为了规范上市公司重大资产重组行为，保护上市公司和投资者的合法权益，促进上市公司质量不断提高，维护证券市场秩序和社会公共利益
上市公司收购管理办法（2020 修订）	中国证券监督管理委员会	2020.03.20	规范上市公司的收购及相关股份权益变动活动，保护上市公司和投资者的合法权益，促进证券市场资源的优化配置
上市公司监管指引第 7 号——上市公司重大资产重组相关股票异常交易监管	中国证券监督管理委员会	2022.01.05	为加强与上市公司重大资产重组相关股票异常交易监管，防控和打击内幕交易，维护证券市场秩序，保护投资者合法权益
公开发行证券的公司信息披露内容与格式准则第 26 号——上市公司重大资产重组（2022 年修订）	中国证券监督管理委员会	2022.01.05	为规范上市公司重大资产重组的信息披露行为
中国证券监督管理委员会上市公司并购重组审核委员会工作规程（2021 修正）	中国证券监督管理委员会	2021.11.12	为在上市公司并购重组审核工作中贯彻公开、公平、公正的原则，提高并购重组审核工作的质量、效率和透明度，更好地保护投资者合法权益

第二章　企业破产重整纾困全流程图景

第一节　企业破产重整的申请与受理

企业破产重整是各方主体在法院的主持下所参与的司法程序。重整程序的启动需要适格的申请人。纵观世界多数国家立法，破产重整主要是以债权人或债务人为申请人。

一　企业破产重整申请

（一）申请主体

债务人在商事活动中出现"资不抵债"或"无法偿还债权人到期债务"的情形，成为主要的破产申请原因。无论债权人还是债务人均可按照法律规定申请破产重整。① 除此之外，根据法律规定，针对特别的金融案件，国务院金融监督管理机构也可以作为主体发起破产重整申请。尤其需要注意的是，当债权人为了快速获得债务受偿，主导开启了破产清算程序，企业债务人或出资人不同意直接进行破产清算的，也可以向法院申请转为破产重整。这将时间要件限定为破产程序启动后、被宣告破产前，借

---

① 《企业破产法》第 2 条规定："企业法人不能清偿到期债务，并且资产不足以清偿全部债务或者明显缺乏清偿能力的，依照本法规定清理债务。企业法人有前款规定情形，或者有明显丧失清偿能力可能的，可以依照本法规定进行重整。"

此保留企业的一线生机。①

(二) 申请条件

启动破产重整程序存在两种路径：一是申请人直接申请进入；二是申请执行破产程序后，经各方认定危困企业仍有"起死回生"的可能，从而转为重整程序。以上两种路径皆须符合法定的原因，并满足法定的申请条件。由于各种因素影响，以及债权人想要快速得到债权清偿的诉求，由债权人提起的破产重整申请数量较多。

向人民法院提起申请的，申请人需要提交相关材料。我国《企业破产法》对破产申请所需递交的资料也作了严格的规定，② 相关资料主要包括：治理层对企业基本情况的说明、申请破产重整的意义和目的、破产重整启动的事实依据等。而对于债务人提起的申请，材料要求更为严格。因债务人掌管企业经营和治理，更容易收集企业实际经营状况材料。在以上材料基础上，增加了企业现有财务状况说明，清理汇总的债务与债权名册，整理出来的各期财务年报与会计报告。此外，考虑到民生与维稳方面，需要提交职工安置方案，以及职工工资、社保、公积金等缴纳与发放情况。

对于上市公司而言，其破产重整涉及的经济利益和社会利益影响更为深远。上市公司申请破产重整的信息一旦被披露，必然会引发股价的波动，影响股民的情绪，波及社会的稳定。因此，从法律层面对其申请材料要求更为严格，需要提交更为完整的材料，以增强启动破产重整的说服力。在我国最高人民法院发布的《关于审理上市公司破产重整案件工作

---

① 《企业破产法》第70条规定："债务人或者债权人可以依照本法规定，直接向人民法院申请对债务人进行重整。债权人申请对债务人进行破产清算的，在人民法院受理破产申请后、宣告债务人破产前，债务人或者出资额占债务人注册资本十分之一以上的出资人，可以向人民法院申请重整。"

② 《企业破产法》第8条规定："向人民法院提出破产申请，应当提交破产申请书和有关证据。破产申请书应当载明下列事项：（一）申请人、被申请人的基本情况；（二）申请目的；（三）申请的事实和理由；（四）人民法院认为应当载明的其他事项。债务人提出申请的，还应当向人民法院提交财产状况说明、债务清册、债权清册、有关财务会计报告、职工安置预案以及职工工资的支付和社会保险费用的缴纳情况。"

座谈会纪要》也作了详细的规定说明。① 除了要符合一般性企业破产重整申请所具备的材料外,还要有效论证申请或被申请的上市公司具有重整的可行性与价值性,得到行政管理机构的确认意见,获得证券监督管理部门的肯定回复,以及得到行政归属区域省人民政府制定的维稳预案等。无论是债务人或债权人,还是出资人、监管人,甚至其他主体提起的破产重整申请。法院会根据所提交的申请书及其相关材料进行审查,确定是否具备法定的重整原因,是否具备重整的可行性或价值。申请人提交的材料越充分,法院越能合法、合理作出是否受理的裁定。基于我国上市公司破产重整实践,笔者总结出目前被裁定重整的92家上市公司破产重整申请模式,具体情况如表2-1所示。

表2-1　被裁定重整的92家上市公司破产重整申请模式②

序号	证券代码	证券简称	申请人	申请模式及类型
1	600155	S*ST宝硕	河北宝硕股份有限公司	债权人申请破产后,债务人申请转重整
2	600722	*ST沧化	鄂尔多斯市鼎华资源开发有限责任公司、沧州化学股份有限公司	债权人申请破产后,债务人申请转重整
3	000688	S*ST朝华	杨某	债权人申请模式
4	000925	S*ST海纳	袁某某	债权人申请模式
5	000631	S*ST兰宝	上海美东房地产有限公司	债权人申请破产后,债务人申请转重整
6	000670	S*ST天发	荆州市商业银行	债权人申请模式
7	600703	S*ST天颐	荆州市商业银行	债务人申请模式
8	000892	*ST星美	重庆朝阳科技产业发展有限公司	债权人申请模式
9	000719	*ST鑫安	焦作鑫安科技股份有限公司	债务人申请模式
10	600242	*ST华龙	广东华龙集团股份有限公司	债务人申请模式

---

① 《最高人民法院印发〈关于审理上市公司破产重整案件工作座谈会纪要〉的通知》(法[2012]261号)第3条,2012年10月29日发布。

② 以上数据来自上海证券交易所和深圳证券交易所公告数据,数据统计截至2021年12月。

续表

序号	证券代码	证券简称	申请人	申请模式及类型
11	000561	*ST 长岭	广州冷机股份有限公司（2007年11月）、宝鸡市国资委（2008年5月）	债权人申请破产清算（广州冷机），重整（宝鸡国资委）
12	600705	*ST 北亚	黑龙江省宇华担保投资股份有限公司	债权人申请模式
13	600094	*ST 华源	上海泰升富企业发展有限公司	债权人申请模式
14	600180	*ST 九发	烟台市牟平区投资公司	债权人申请模式
15	200160	*ST 帝贤B	承德兴承建筑安装工程有限责任公司	债权人申请模式
16	600556	*ST 北生	广厦集团有限责任公司、中国工商银行北海分行	债权人申请模式
17	600728	S*ST 新太	招商银行股份有限公司深圳东园支行	债权人申请模式
18	000498	ST 丹化	丹东化纤工业沿江开发区进口公司	债权人申请模式
19	600217	*ST 秦岭	铜川市耀州区照金矿业有限公司	债权人申请模式
20	600057	*ST 夏新	厦门火炬集团有限公司	债权人申请模式
21	000587	S*ST 光明	伊春市华丽木业有限责任公司	债权人申请模式
22	000034	*ST 深泰	子公司深圳市华宝（集团）饲料有限公司	债权人申请模式
23	000557	*ST 广夏	北京九知行管理咨询有限公司	债权人申请模式
24	000757	*ST 方向	深圳市同成投资有限公司	债权人申请模式
25	600678	*ST 金项	熊某某	债权人申请模式
26	000757	*ST 源发	章某某	债权人申请模式
27	000035	*ST 科健	广西新强通信科技有限公司	债权人申请模式
28	000787	*ST 创智	创智信息系统公司	债权人申请模式
29	600699	S*ST 得亨	吉林银行股份有限公司	债权人申请模式
30	000818	*ST 化工	葫芦岛银行股份有限公司站前支行	债权人申请模式
31	000697	*ST 偏转	陕西金山电器有限公司	债务人申请模式
32	000030	*ST 盛润A	深圳市兴雅居装饰工程有限公司	债务人申请模式
33	600817	*ST 宏盛	上海凯聚电子实业有限公司	债权人申请模式

续表

序号	证券代码	证券简称	申请人	申请模式及类型
34	002145	*ST中核钛白	天水二一三机床电器厂兰州天兰机电产品经营部	债权人申请模式
35	600462	*ST石岘	鸡西市新北能煤炭销售有限公司	债权人申请模式
36	000677	*ST海龙	中国建设银行股份有限公司潍坊寒亭支行	债权人申请模式
37	000820	*ST金城	永利投资	债权人申请模式
38	000017	深中华A	国晟能源	债权人申请模式
39	000972	*ST中基	中国农业银行股份有限公司新疆生产建设兵团分行营业部	债权人申请模式
40	000751	*ST锌业	葫芦岛银行	债权人申请模式
41	600074	ST中达	童某某	债权人申请模式
42	600381	ST贤成	大柴旦粤海化工有限公司	债权人申请模式
43	000520	*ST凤凰	南通天益船舶燃物供应有限公司、珠海亚门节能产品有限公司	债权人申请模式
44	002506	*ST超日	上海毅华金属材料有限公司	债权人申请模式
45	002015	*ST霞客	滁州安兴环保彩纤有限公司	债权人申请模式
46	000033	*ST新都	长城（德阳）新兴基金合伙企业	债权人申请模式
47	600145	*ST新亿	江苏中立信律师事务所	债权人申请模式
48	002608	*ST舜船	中行崇川支行	债权人申请模式
49	000155	*ST川化	天然气公司	债权人申请模式
50	600725	*ST云维	云南省国有资本运营有限公司（原"云南圣乙投资有限公司"）	债权人申请模式
51	601005	*ST重钢	重庆来去源商贸有限公司	债权人申请模式
52	000912	*ST天化	泸州天浩塑料制品有限公司	债权人申请模式
53	600423	*ST柳化	柳州化工股份有限公司	债务人申请模式
54	600399	*ST抚钢	上海东震	债权人申请模式
55	600815	*ST厦工	厦门市育明工程机械有限公司	债权人申请模式
56	000982	*ST中绒	上海雍润投资管理有限公司	债权人申请模式
57	000410	*ST沈机	哈尔滨银行股份有限公司沈阳支行	债权人申请模式

续表

序号	证券代码	证券简称	申请人	申请模式及类型
58	601258	ST庞大	北京冀东丰汽车销售服务有限公司	债权人申请模式
59	600186	*ST莲花	厚资产管理股份有限公司	债权人申请模式
60	300116	坚瑞沃能	坚瑞沃能公司	债权人申请模式
61	000792	S*ST盐湖	泰山实业公司	债权人申请模式
62	002260	*ST德奥	张某某	债权人申请模式
63	002210	*ST飞马	深圳宝安桂银村镇银行股份有限公司	债权人申请模式
64	002716	*ST金贵	福腾建设	债权人申请模式
65	601777	*ST力帆	重庆嘉利建桥灯具有限公司	债权人申请模式
66	002501	*ST利源	刘某某、李某某	债权人申请模式
67	600157	*ST永泰	河南省豫煤矿机有限公司	债权人申请模式
68	002766	ST索菱	建华建材（中国）有限公司	债权人申请模式
69	000980	*ST众泰	浙江永康农商行	债权人申请模式
70	603555	*ST贵人	泉州市奇皇星五金制品有限公司	债权人申请模式
71	002445	*ST中南	中南红文化集团股份有限公司	债务人申请模式
72	600595	*ST中孚	郑州市丰华碳素有限公司	债权人申请模式
73	002175	*ST东网	东方时代网络传媒股份有限公司	债务人申请预重整
74	002072	*ST凯瑞	王某某	债权人申请预重整
75	300278	*ST华昌	深圳市高新投集团有限公司	债权人申请模式
76	600518	*ST康美	广东揭东农村商业银行股份有限公司	债权人申请模式
77	600734	*ST实达	北京空港富视国际房地产投资有限公司	债权人申请预重整
78	600221	*ST海航	北京富来特国际货运代理有限责任公司	债权人申请模式
79	002354	*ST天娱	周某某	债权人申请模式
80	000595	*ST宝实	宁夏一建	债权人申请模式
81	300008	天海防务	七〇四研究所	债权人申请模式
82	000981	*ST银亿	浙江中安	债权人申请模式
83	600179	*ST安通	中航信托股份有限公司	债权人申请模式

续表

序号	证券代码	证券简称	申请人	申请模式及类型
84	002323	*ST雅博	江苏福斯特新能源科技有限公司	债权人申请模式
85	600515	*ST基础	中国华融资产管理股份有限公司海南省分公司	债权人申请模式
86	000564	*ST大集	北京睿达信房地产评估有限公司	债权人申请模式
87	002321	*ST华英	潢川瑞华供应链管理有限责任公司	债权人申请模式
88	002356	*ST赫美	深圳市华远显示器件有限公司	债权人申请预重整
89	000523	ST浪奇	立根融资租赁有限公司	债权人申请预重整
90	300362	天翔退	成都市嘉豪物资贸易中心	债权人申请模式
91	300071	*ST嘉信	北京华谊嘉信集团股份公司	债务人申请预重整
92	600225	*ST松江	天津松江一澜物业管理有限公司	债权人申请模式

二 企业破产重整受理

法院在经过审查申请人提交的申请材料后,适用《企业破产法》第2条关于破产原因的规定进行审核,确立破产案件的受理情况。

(一) 审查对象和标准

1. 重整主体与重整申请材料的审查

企业破产重整申请材料的审查标准可以分为形式标准和实质标准。形式审查是确认破产重整申请所要求的各项材料是否完备。实质审查是指申请人提交的各类立案申请文件的内容是否真实合法。[①] 我国《企业破产法》对重整申请的主体及申请材料的审查做出了规定,要求提起破产重整的主体必须是法律所规定的主体,且应根据一般企业或上市公司重整申请条件提交符合规定的申请材料,做到真实合法有效。

2. 重整原因和重整可行性的审查

法院根据真实可靠的申请材料,审查企业是否满足破产重整原因。我

---

① 王欣新:《立案登记制与破产案件受理机制改革》,《法律适用》2015年第10期。

国《企业破产法》对企业重整的原因也有所规定,一是不能清偿到期债务,并且资不抵债;二是不能清偿到期债务,并且明显缺乏清偿能力。① 从各国破产立法来看,大多数趋向于宽松的规定,目的是提高破产重整的可进入性,及时挽救身处"水深火热"的企业。

重整可行性的审查,是评估债务人再建的可行性,也是对重整价值的全面评估。在可行性审查中,强调对企业盈利价值、品牌价值、经济价值、社会价值、公益价值以及债务人所处的行业地位和所在的行业前景进行全方位、多角度、综合性衡量,确保债务人未来的经营价值高于清算价值,确保债权人通过重整能获得高于破产清算时的清偿比例。从实务层面来看,主要关注点在于企业所属行业是否具有良好的市场前景,是否具有可吸引潜在投资者的价值亮点。

(二) 法院裁定受理

为降低企业债务困境在市场中传播的速度和防止不良信息发酵,企业品牌价值有所减损,及时挽救有价值的企业,法院应快速启动重整程序。

1. 重整申请的裁定

企业破产重整申请主体提出申请,并依法提交申请材料。法院根据相关规定及申请人提交的材料,在一定期限内对企业重整原因、重整目的、重整价值等进行审查,符合受理条件的,法院予以裁定受理。②

2. 上市公司的逐级申请报批

我国最高人民法院规定,上市公司的破产重整案件具有难度大、涉众广、周期长等特点,上市公司破产重整案一般由其所在地的中级人民法院进行管辖受理③。申请人向管辖区域的中级人民法院递交申请书和证据材料,中级人民法院依法审查无误后,向所在管辖区的省人民政府致函,说

---

① 《企业破产法》第 2 条规定:"企业法人不能清偿到期债务,并且资产不足以清偿全部债务或者明显缺乏清偿能力的,依照本法规定清理债务。企业法人有前款规定情形,或者有明显丧失清偿能力可能的,可以依照本法规定进行重整。"

② 李永军、王欣新、邹海林、徐阳光:《破产法》(第二版),中国政法大学出版社 2017 年版,第 224 页。

③ 《最高人民法院印发〈关于审理上市公司破产重整案件工作座谈会纪要〉的通知》(法 [2012] 261 号),2012 年 10 月 29 日发布。

明该上市公司破产重整的基本案情，力求得到省人民政府的支持，取得省人民政府出具关于同意承担维稳工作的文件。同时，中国证监会要求省级人民政府致函，表明对上市公司破产重整无异议，且愿意承担相关维稳工作。中国证监会收到函件若无异议，则进行回函且抄送至最高人民法院。① 最高人民法院收到中国证监会和省高级人民法院的函件后，审查无异议的，依法批准中级人民法院进行受理。

3. 重整公告的发布

人民法院受理破产申请后，在确认受理重整申请之日起 25 日内通知相关债权人，予以公告，并及时向公众披露企业进入重整程序的信息。公告要载明以下内容：一是企业重整提起的申请人信息；二是法院受理申请的具体时间；三是所指定的管理人基本信息；四是管理人接收债务人债权、债务、资产的情况；四是债权人第一次会议召开的时间和地点；五是需要公告的其他内容事项。此外，还应当在"全国企业破产重整案件信息网"发布公告。

4. 重整异议的处理

面对进入危困状态的企业，债权人、债务人、出资人等不同权利人作为申请人，从自我利益角度出发，同时向法院提出申请，分别要求对企业进行破产重整和破产清算的，究竟采取谁的建议？是受理破产清算程序，还是受理破产重整程序？当各方或多个申请人各执己见、无法统一意见时，就案件本身而言，出现了重整异议。在此种情况下，处理异议的途径是由法院组织申请人及利益相关者召开听证会，听取各方对企业破产重整的合规性和可行性分析，分析企业有无重整的价值和潜力，综合各方的意见和利益诉求，选择最优程序。

第二节　企业破产重整管理人

法院裁定受理破产重整申请后，为避免债务人恶意转移财产，法院需

---

① 郭毅敏主编：《破产重整·困境上市公司复兴新视野——以审判实务研究为中心》，人民法院出版社 2010 年版，第 81 页。

要指定中立化、专业化的管理人，履行在企业破产重整期间承接和管理债务人资产，制定重整计划草案的职责。同时参与企业在重整计划执行期间商事活动的管理和决策。因此，根据实际情况指定适格管理人，是破产重整制度顺利推进的重要保证。

一　企业破产重整管理人的指定

（一）重整期间的管理模式

我国《企业破产法》对企业破产重整管理模式进行了规定。[①] 考虑到债务人在重整期间对自身企业的治理优势，法律允许债务人得到人民法院批准后，在破产重整期间由债务人自己实施企业治理与重整，管理人只负责监督，这被称为债务人管理模式。而管理人管理模式，是聘请专业、有经验的管理人对重整事务实施管理，破产清算事务所、会计师事务所或律师事务所是常见的专业管理人。无论是管理人直接介入进行接替式管理，还是实施监督式管理，管理人的角色是必然的存在。

（二）管理人的甄选标准

破产重整程序启动后，会涉及债权人、投资人、债务人等多方当事人利益，管理人需要站在中立的角度平衡利益、处理各项事务，以实现破产重整企业及各方关系主体利益的最大化为目的。[②] 更重要的是，企业在破产重整中涉及资产重组的选择、经营方式的调整、新资金的引入等商业结构的设计，并参与制定重整计划草案。管理人需要具备深厚的管理潜质和法律实务能力，而这种能力恰恰是"造活"企业的关键力量。我国《企业破产法》对管理人的指定进行了明确，具有相关执业资质的律师事务所、会计师事务所、破产清算事务所等中介机构都可以承接担任管理人。[③]

[①] 《企业破产法》第73条规定："在重整期间，经债务人申请，人民法院批准，债务人可以在管理人的监督下自行管理财产和营业事务。"

[②] 申林平编著：《上市公司破产重整原理与实务》，法律出版社2020年版，第32页。

[③] 《企业破产法》第24条规定："管理人可以由有关部门、机构的人员组成的清算组或者依法设立的律师事务所、会计师事务所、破产清算事务所等社会中介机构担任。人民法院根据债务人的实际情况，可以在征询有关社会中介机构的意见后，指定该机构具备相关专业知识并取得执业资格的人员担任管理人。"

(三) 法院对管理人的指定

法院作为独立的司法审判机关,是国家运行管理中公正的代表,在公众视野里具有较强的威慑力与信服力。法院指定破产重整管理人,无论是从国外和国内案例来看,都具有合理性及正当性。企业重整管理人,以清算事务所、律师事务所、破产清算事务为主。[①] 实践中,大致分为四种方式,一是以破产清算组作为管理人的,可以直接转为破产重整管理人,赋予法院进行直接指定;二是以公平公正为核心要义的,在管理人名册中通过抽签或摇号的方式进行随机抽定;三是针对重大、特大或疑难案件,对管理人专业能力要求较高的,由法院通过公开邀约,以竞争的方式从中择优选定;四是针对特殊的金融破产重整案件,其专业属性较强,由金融监管机构向法院推荐适格管理人。基于我国上市公司破产重整实践,笔者总结出目前被裁定重整的92家上市公司管理人指定情况,具体情况如表2-2所示。

表2-2　　　　被裁定重整的92家上市公司管理人指定情况

序号	证券代码	证券简称	管理人	管理人类型	管理模式
1	600155	S*ST宝硕	宝硕重组清算组	清算组	管理人管理
2	600722	*ST沧化	沧化股份破产清算组	清算组	管理人管理
3	000688	S*ST朝华	朝华破产清算组	清算组	管理人管理
4	000925	S*ST海纳	海纳重组清算组	清算组	管理人管理
5	000631	S*ST兰宝	兰宝公司破产清算组	清算组	管理人管理
6	000670	S*ST天发	天发石油清算组	清算组	管理人管理
7	600703	S*ST天颐	天颐科技清算组	清算组	管理人管理
8	000892	*ST星美	星美联合破产清算组	清算组	管理人管理
9	000719	*ST鑫安	鑫安科技清算组	清算组	管理人管理
10	600242	*ST华龙	华龙股份清算组	清算组	管理人管理
11	000561	*ST长岭	长岭股份清算组	清算组	管理人管理
12	600705	*ST北亚	北亚实业重整清算组	清算组	管理人管理

---

① 《最高人民法院印发〈关于审理上市公司破产重整案件工作座谈会纪要〉的通知》(法 [2012] 261号),2012年10月29日发布。

续表

序号	证券代码	证券简称	管理人	管理人类型	管理模式
13	600094	*ST华源	上海华源股份有限公司清算组	清算组	债务人自行管理
14	600180	*ST九发	烟台华信清算公司	破产清算事务所	管理人管理
15	200160	*ST帝贤B	帝贤股份清算组	清算组	管理人管理
16	600556	*ST北生	北京中天华资产评估有限责任公司	中介机构管理人	管理人管理
17	600728	S*ST新太	新太科技股份有限公司管理人	清算组	管理人管理
18	000498	ST丹化	丹东化纤清算组	清算组	管理人管理
19	600217	*ST秦岭	陕西秦岭水泥（集团）股份有限公司清算组	清算组	管理人管理
20	600057	*ST夏新	夏新电子重整清算组	清算组	管理人管理
21	000587	S*ST光明	光明家具清算组	清算组	管理人管理
22	000034	*ST深泰	北京市金杜律师事务所深圳分所	律师事务所	管理人管理
23	000557	*ST广夏	银广夏公司清算组	清算组	管理人管理
24	000757	*ST方向	方向光电清算组	清算组	债务人自行管理
25	600678	*ST金顶	四川金顶（集团）股份有限公司清算组	清算组	管理人管理
26	600757	*ST源发	华源发展清算组	清算组	管理人管理
27	000035	*ST科健	北京市金杜律师事务所和深圳市正源清算事务有限公司	清算组	债务人自行管理
28	000787	*ST创智	北京市中伦律师事务所	律师事务所	管理人管理
29	600699	S*ST得亨	辽源得亨股份有限公司清算组	清算组	管理人管理
30	000818	*ST化工	锦化氯碱清算组	清算组	管理人管理
31	000697	*ST偏转	公司清算组	清算组	管理人管理
32	000030	*ST盛润A	深圳市理恪德清算事务有限公司	破产清算事务所	债务人自行管理
33	600817	*ST宏盛	陕西博硕律师事务所	律师事务所	管理人管理
34	002145	*ST中核钛白	中核钛白清算组	清算组	管理人管理
35	600462	*ST石岘	石岘纸业清算组	清算组	管理人管理
36	000677	*ST海龙	山东海龙重组清算组	清算组	管理人管理
37	000820	*ST金城	金城股份清算组	清算组	债务人自行管理

续表

序号	证券代码	证券简称	管理人	管理人类型	管理模式
38	000017	深中华A	北京市金杜（深圳）律师事务所、深圳市正源清算事务有限公司	律师事务所、破产清算事务所	债务人自行管理
39	000972	*ST中基	中基实业清算组	清算组	管理人管理
40	000751	*ST锌业	锌业股份清算组	清算组	管理人管理
41	600074	ST中达	江阴市金凤凰投资有限公司	清算组	债务人自行管理
42	600381	ST贤成	贤成公司清算组	清算组	管理人管理
43	000520	*ST凤凰	长航凤凰股份有限公司清算组	清算组	债务人自行管理
44	002506	*ST超日	北京市金杜律师事务所上海分所、毕马威华振会计师事务所（特殊普通合伙）上海分所	律师事务所、会计师事务所	债务人自行管理
45	002015	*ST霞客	无锡融海投资咨询有限公司	清算组	债务人自行管理
46	000033	*ST新都	深圳市正源清算事务有限公司、深圳市理恪德清算事务有限公司	破产清算事务所	债务人自行管理
47	600145	*ST新亿	新疆亿路万源实业投资控股股份有限公司	中介机构管理人	债务人自行管理
48	002608	*ST舜船	北京市金杜律师事务所	律师事务所	管理人管理
49	000155	*ST川化	北京大成律师事务所	律师事务所	管理人管理
50	600725	*ST云维	云南云维股份有限公司清算组	清算组	管理人管理
51	601005	*ST重钢	重庆钢铁清算组	清算组	管理人管理
52	000912	*ST天化	北京金杜（成都）律师事务所	律师事务所	管理人管理
53	600423	*ST柳化	柳化股份清算组	清算组	管理人管理
54	600399	*ST抚钢	北京金杜律师事务所	律师事务所	债务人自行管理
55	600815	*ST厦工	厦门厦工机械股份有限公司清算组	清算组	管理人管理
56	000982	*ST中绒	中绒公司清算组	清算组	管理人管理
57	000410	*ST沈机	沈阳机床（集团）有限责任公司清算组	清算组	债务人自行管理
58	601258	ST庞大	庞大集团清算组	清算组	管理人管理
59	600186	*ST莲花	北京市金杜律师事务所	律师事务所	管理人管理
60	300116	坚瑞沃能	北京市金杜（深圳）律师事务所	律师事务所	管理人管理

续表

序号	证券代码	证券简称	管理人	管理人类型	管理模式
61	000792	S*ST盐湖	青海盐湖工业股份有限公司清算组	清算组	管理人管理
62	002260	*ST德奥	德奥公司清算组	清算组	债务人自行管理
63	002210	*ST飞马	北京市中伦（深圳）律师事务所	律师事务所	管理人管理
64	002716	*ST金贵	金贵银业重组清算组	清算组	管理人管理
65	601777	*ST力帆	力帆系企业清算组	清算组	管理人管理
66	002501	*ST利源	利源精制清算组	清算组	管理人管理
67	600157	*ST永泰	永泰能源股份有限公司清算组	清算组	管理人管理
68	002766	ST索菱	北京市金杜（深圳）律师事务所	律师事务所	债务人自行管理
69	000980	*ST众泰	浙江京衡律师事务所	律师事务所	债务人自行管理
70	603555	*ST贵人	贵人鸟清算组	清算组	债务人自行管理
71	002445	*ST中南	江苏神阙律师事务所、江苏正卓恒新会计师事务所有限公司	律师事务所、会计师事务所	债权人自行管理
72	600595	*ST中孚	中孚实业清算组	清算组	债务人自行管理
73	002175	*ST乐网	广西智迪尔破产清算有限公司	清算组	管理人管理
74	002072	*ST凯瑞	预重整时山东博瀚源律师事务所为临时管理人；重整时凯瑞德清算组为管理人	清算组	管理人管理
75	300278	*ST华昌	北京市金杜（深圳）律师事务所	律师事务所	管理人管理
76	600518	*ST康美	北京市金杜（深圳）律师事务所	律师事务所	管理人管理
77	600734	*ST实达	上海市方达律师事务所	律师事务所	债务人自行管理
78	600221	*ST海航	海航集团清算组	清算组	债务人自行管理
79	002354	*ST天娱	辽宁恒信律师事务所、辽宁法大律师事务所	律师事务所	债务人自行管理
80	000595	*ST宝实	宝实公司清算组	清算组	管理人管理
81	300008	天海防务	上海市方达律师事务所	律师事务所	债权人自行管理
82	000981	*ST银亿	银亿重组清算组	清算组	管理人管理
83	600179	*ST安通	安通控股清算组	清算组	管理人管理

续表

序号	证券代码	证券简称	管理人	管理人类型	管理模式
84	002323	*ST雅博	山东雅博科技股份有限公司清算组	清算组	管理人管理
85	600515	*ST基础	海航集团清算组	清算组	债务人自行管理
86	000564	*ST大集	海航集团清算组	清算组	债务人自行管理
87	002321	*ST华英	北京市金杜（深圳）律师事务所、中勤万信会计师事务所（特殊普通合伙）河南分所	律师事务所和会计师事务所	债务人自行管理
88	002356	*ST赫美	深圳诚信会计师事务所（特殊普通合伙）、北京市君合（深圳）律师事务所	律师事务所、会计师事务所	债务人自行管理
89	000523	ST浪奇	广州浪奇清算组	清算组	债务人自行管理
90	300362	天翔退	北京德恒律师事务所、信永中和会计师事务所（特殊普通合伙人）成都分所	律师事务所、会计师事务所	债务人自行管理
91	300071	*ST嘉信	北京大成律师事务所	律师事务所	债务人自行管理
92	600225	*ST松江	松江股份清算组	清算组	债务人自行管理

二　企业破产重整管理人的职责

（一）重整期间的管理职责

我国《企业破产法》对一般性企业破产重整中管理人的职责进行了规定①。包括基础性的工作，如承接债务人的财务与账务文件，调查债务人实际资产状况与经营状况；重整期间经营活动的管理与决策；管理人组织、召集、召开债权人会议；管理人代替债务人参与诉讼等法律程序；根据企业破产重整计划，处分债务人债权，清偿债务人债务。对于重整企业

---

① 《企业破产法》第25条规定："管理人履行下列职责：（一）接管债务人的财产、印章和账簿、文书等资料；（二）调查债务人财产状况，制作财产状况报告；（三）决定债务人的内部管理事务；（四）决定债务人的日常开支和其他必要开支；（五）在第一次债权人会议召开之前，决定继续或者停止债务人的营业；（六）管理和处分债务人的财产；（七）代表债务人参加诉讼、仲裁或者其他法律程序；（八）提议召开债权人会议；（九）人民法院认为管理人应当履行的其他职责。本法对管理人的职责另有规定，适用其规定。"

而言，管理人职责还包括：

一是全面承接债务人有关财务与资产的管理。其中包括财务报表、各种性质的印章、会计凭证、债务债权关系合同等，做到由公司管理层全面移交，管理人全面接管，以规避债务人转移资产、逃避债务清偿、虚构债务债权关系等风险。

二是重新调整公司经营管理。重整程序与和解、清算程序最大区别点在于公司在重整期间持续经营。专业管理人进入重整程序之日，即全面启动接管企业。管理人若不具备商业运营能力，可以根据《企业破产法》第74条规定，由管理人聘任更为熟悉企业的经营管理人员来负责经营事务，以避免管理人在经营中对业务合同是否履行等，作出错误决策。

三是接受债权人申报债权与审查债权。企业重整涉及的债权债务繁多，债权的明确与后期债务的偿还息息相关。因此，管理人需要对不同类型的债权的发生、存在、准确性进行识别，分类登记、分类处理。

四是组织重整计划草案的制定与表决。重整计划的制订是管理人的核心职责，其职责要求在法定期限内向法院提交重整计划。我国《企业破产法》对此项任务进行了明确的规定："若由管理人接管财产和经营事务的，由管理人制作重整计划草案。"[①] 按照法律相关要求，法院裁定受理债务人破产重整之日起6个月内，管理人可以根据企业实际财务和经营情况，询证专家意见，制定重整计划草案，并将草案同时提交给法院和债权人，最迟不超过法院所允许的3个月延期时间。企业破产重整计划确定后，由管理人负责组织债权人召开债权人会议，并对重整计划草案实施表决。

（二）重整期间的监督职责

在债务人管理模式下，《最高人民法院关于印发〈全国法院民商事审判

[①] 《企业破产法》第80条第2款规定："管理人负责管理财产和营业事务的，由管理人制作重整计划草案。"

工作会议纪要〉的通知》(以下简称《九民会议纪要》)①中明确规定管理人应承担的监督职责。主要体现在债务人出现严重损害其他利益相关者的行为，提出申请终止债务人自行管理的权利。管理人所监督的具体内容在于：债务人有无恶意转移企业或上市公司资产的行为；有无虚构合同或权利义务关系减损企业或上市公司的收入等。若有以上行为出现，管理人有权向法院申请，终止债务人自行管理，转由法院指定管理人承接管理。在破产重整期间，若债权人或利益相关者发现管理人存在包庇行为，未履行监督职责致使债务人做出损益行为的，可以向人民法院提出申请更换事务管理人。

(三) 重整计划执行期间的监督职责

我国《企业破产法》对管理人在破产重整执行期间的职责进行了规定。当管理人组织召开债权人会议，其制定的破产重整计划得到各方权利当事人一致认可后，由人民法院裁定批准重整计划实施，自此企业破产重整程序终止。也就意味着管理人的管理职责结束。在宣布重整程序结束后，为便于债务人执行计划，管理人应将所接管的财产和营业事务移交给债务人。在重整计划执行期间，管理人的职责转为监督职责，监督债务人按照重整计划逐步执行，监督职责主要跟踪计划执行的结果，结果通过报告的形式呈现。在执行监督职责的过程中，债务人懈怠于计划的执行，或存在恶意损害债权人的情形，管理人有权向法院申请终止债务人执行重整计划，并直接向法院申请宣告债务人破产。

第三节　企业破产重整计划的批准

破产重整制度是企业陷入困境时的重要挽救手段，重整计划是企业破产重整的重要依据。法院有必要对重整计划草案进行程序上及实体上的审查，在满足《企业破产法》相关规定的条件下予以批准。此外，法院在特殊情况下，还享有对重整计划草案的强制批准权，以达到尽可能地帮助

---

① 《最高人民法院关于印发〈全国法院民商事审判工作会议纪要〉的通知》(法〔2019〕254号)，2019年11月8日发布。

企业实现再生的目标。

一 重整计划草案的审查与批准

根据《企业破产法》第79条[1]，重整计划制定遵循"谁管理，谁制定"的原则，重整计划草案是指由重整人（债务人或管理人）编制的关于公司再生、债务清理的初步方案。重整人还应当向债权人会议和人民法院提交上述方案。收到上述方案后，法院应当限期召开债权人会议（通常是第一次债权人会议），并按照债权性质进行分组表决。[2] 在各表决组均通过重整计划草案后，重整计划即顺利通过。重整人应当在重整计划通过之日起10日内，向法院申请批准。法院经审查后，认为符合本法规定的，应当在收到申请之日起30日内裁定批准。

在我国，破产重整程序既不适用绝对的职权主义，也不采取完全的当事人主义。而是两者的结合，在当事人自治的基础上，进行公权力的监督。利益平衡原则贯穿于重整程序的始终，重整计划草案的制定、审查、批准过程也不例外。作为重整程序的核心文件之一，重整计划体现出多方主体利益平衡、利益博弈的精神。[3] 在重整计划草案的审查与批准过程中，当事人主义主要体现为通过债权人会议表决重整计划草案，实现平等主体的意思自治；职权主义主要体现为法院通过裁定批准重整计划，赋予其强制拘束力与执行力，实现司法权力的监督。法院在审查重整计划时，应当从程序和实体两方面出发。

---

[1] 《企业破产法》第79条第1款、第2款规定："债务人或者管理人应当自人民法院裁定债务人重整之日起六个月内，同时向人民法院和债权人会议提交重整计划草案。前款规定的期限届满，经债务人或者管理人请求，有正当理由的，人民法院可以裁定延期三个月。"

[2] 《企业破产法》第84条第1款规定："人民法院应当自收到重整计划草案之日起三十日内召开债权人会议，对重整计划草案进行表决。"《企业破产法》第82条规定："下列各类债权的债权人参加讨论重整计划草案的债权人会议，依照下列债权分类，分组对重整计划草案进行表决：（一）对债务人的特定财产享有担保权的债权；（二）债务人所欠职工的工资和医疗、伤残补助、抚恤费用，所欠的应当划入职工个人账户的基本养老保险、基本医疗保险费用，以及法律、行政法规规定应当支付给职工的补偿金；（三）债务人所欠税款；（四）普通债权。人民法院在必要时可以决定在普通债权组中设小额债权组对重整计划草案进行表决。"

[3] 刘敏、池伟宏：《法院批准重整计划实务问题研究》，《法律适用》2011年第10期。

一方面，对程序事项进行审查。第一，审查重整计划草案制作和提交主体是否适格，是否在重整期限内提交重整计划草案。第二，审查债权人会议召开程序合法性。债权人会议的参与主体既包含债权已经确定的债权人，也包含债权尚待确定的主体（债权确定之前不行使表决权）。需要特别注意，上述债权人当然也包含担保债权人。不享有债权的工会代表和职工出席会议，不享有表决权。还应当实现信息披露充分、及时。第三，审查债权人会议表决程序合法性。对于表决组，应当设立担保债权组、职工债权组、税收债权组及普通债权组，并由各类债权组对重整计划草案进行表决。为保障中小投资者合法利益，必要时可将小额债权组另设立于普通债权组中。对于表决比例，重整计划草案在各表决组内的通过应满足两项要件：第一，应当经表决组内过半数债权人同意。第二，表决同意债权人的债权数额占债权总额三分之二以上。此外，重整计划草案经各表决组均通过，重整计划即为通过。

另一方面，对实体事项进行审查。第一，审查债权调整和受偿方案的合法性。出于利益平衡的考虑，应当兼顾各类债权人合法债权。在公平有序清偿债务的基础上，对职工债权予以特殊保护。担保债权人作为既得利益者适度让利给未来获益者，其应当获得迟延价值补偿方为公允。此外，重整人还应当委托专业评估机构评估债务人偿债能力，制作偿债能力分析报告，作为法院审查重整计划草案的依据之一。第二，审查经营方案的可行性。适用重整制度的关键在于企业具有营运价值，因此，企业通过重整能够实现营运价值系重整计划得到批准的前提条件。换而言之，只有当经营方案满足可行性要求时，才能获得法院批准。从哪些方面审查经营方案是否具有可行性？这并非法律价值判断，而是商业判断，需结合上市公司治理结构、资本结构、研究能力、开发能力等因素综合判断。法院作为审判机关，凭借其力量难以实现对经营方案可行性的判断。因此，司法实务中，重整人（管理人、债务人）往往会借助会计师、税务师等专家力量，以此论证经营方案的可行性，并向法院提交书面说明。[①]基于我国上市公

---

① ［美］大卫·G·爱泼斯坦、史蒂夫·H·尼克勒斯、詹姆斯·J·怀特：《美国破产法》，韩长印等译，中国政法大学出版社 2003 年版，第 757 页。

司破产重整实践，笔者总结出目前被批准重整计划的 92 家上市公司重整时长，具体情况如表 2-3 所示。

表 2-3　　　　被批准重整计划的 92 家上市公司重整时长

序号	证券代码	证券简称	案件申请日	重整受理时间	申请到重整受理历时（天）	重整计划批准时间	受理到批准重整计划历时（天）
1	600155	S*ST 宝硕	2007/1/3	2008/1/25	387 天	2008/2/5	11 天
2	600722	*ST 沧化	2007/4/10	2007/4/30	20 天	2007/12/24	238 天
3	000688	S*ST 朝华	2007/11/6	2007/11/16	10 天	2007/12/24	38 天
4	000925	S*ST 海纳	2007/9/13	2007/9/14	1 天	2007/11/23	70 天
5	000631	S*ST 兰宝	2007/4/28	2007/6/14	47 天	2007/12/21	190 天
6	000670	S*ST 天发	—	2007/8/13	—	2007/10/11	59 天
7	600703	S*ST 天颐	2007/7/1	2007/8/13	43 天	2007/10/11	59 天
8	000892	*ST 星美	2007/12/17	2008/3/11	85 天	2008/4/22	42 天
9	000719	*ST 鑫安	2008/11/5	2008/11/7	2 天	2008/12/22	45 天
10	600242	*ST 华龙	2007/7/30	2008/3/10	224 天	2008/4/17	38 天
11	000561	*ST 长岭	2008/5/5	2008/5/14	9 天	2008/10/25	164 天
12	600705	*ST 北亚	2008/1/16	2008/1/28	12 天	2008/4/24	87 天
13	600094	*ST 华源	2008/8/11	2008/9/27	47 天	2008/12/17	81 天
14	600180	*ST 九发	2008/9/16	2008/9/28	12 天	2008/12/9	72 天
15	200160	*ST 帝贤 B	2008/11/5	2008/11/10	5 天	2008/12/30	50 天
16	600556	*ST 北生	2008/6/24	2008/11/27	156 天	2008/12/30	33 天
17	600728	S*ST 新太	2009/3/11	2009/3/17	6 天	2009/11/3	231 天
18	000498	ST 丹化	2009/5/12	2009/5/13	1 天	2010/4/20	342 天
19	600217	*ST 秦岭	2009/6/16	2009/8/23	68 天	2009/12/14	113 天
20	600057	*ST 夏新	2009/8/28	2009/9/15	18 天	2009/11/23	69 天
21	000587	S*ST 光明	2009/10/20	2009/11/9	20 天	2010/8/5	269 天
22	000034	*ST 深泰	2009/7/7	2009/11/10	126 天	2010/4/30	171 天
23	000557	*ST 广夏	2010/8/26	2010/9/16	21 天	2011/12/9	455 天
24	000757	*ST 方向	2010/12/7	2010/12/7	0	2010/12/15	8 天
25	600678	*ST 金项	2011/9/23	2011/11/27	64 天	2012/9/27	3 天
26	600757	*ST 源发	2010/8/30	2010/8/30	1 天	2010/11/29	90 天
27	000035	*ST 科健	2010/12/31	2011/10/8	309 天	2012/5/18	240 天
28	000787	*ST 创智	2010/8/12	2010/8/23	11 天	2011/5/27	277 天
29	600699	S*ST 得亨	2010/1/20	2010/4/14	84 天	2010/8/1	109 天
30	000818	*ST 化工	2010/1/4	2010/2/10	37 天	2010/3/19	37 天

续表

序号	证券代码	证券简称	案件申请日	重整受理时间	申请到重整受理历时（天）	重整计划批准时间	受理到批准重整计划历时（天）
31	000697	*ST偏转	2009/8/24	2009/11/25	93天	2010/5/17	173天
32	000030	*ST盛润A	2009/7/1	2010/4/14	287天	2010/6/22	69天
33	600817	*ST宏盛	2011/10/27	2011/11/24	28天	2011/12/23	29天
34	002145	*ST中核钛白	2011/4/22	2011/11/30	222天	2012/7/31	244天
35	600462	*ST石岘	2011/5/9	2011/12/30	235天	2012/7/21	204天
36	000677	*ST海龙	2012/3/1	2012/5/18	78天	2012/11/2	168天
37	000820	*ST金城	2012/5/22	2012/5/22	0天	2012/10/26	153天
38	000017、200017	*ST中华A、*ST中华B	2012/5/11	2012/10/12	154天	2013/11/5	389天
39	000972	*ST中基	2012/9/10	2012/10/19	39天	2012/12/25	67天
40	000751	*ST锌业	2013/1/10	2013/1/31	21天	2013/12/6	309天
41	600074	*ST中达	2012/12/24	2013/4/26	123天	2013/11/19	207天
42	600381	*ST贤成	2013/5/23	2013/6/18	26天	2013/12/23	188天
43	000520	*ST凤凰	2013/5/14	2013/11/26	196天	2014/3/18	112天
44	002506	*ST超日	2014/4/3	2014/6/26	84天	2014/10/28	124天
45	002015	*ST霞客	2014/9/24	2014/11/19	56天	2015/4/26	158天
46	000033	*ST新都	2015/7/24	2015/9/15	53天	2015/11/26	72天
47	600145	*ST新亿	2015/8/28	2015/11/7	71天	2015/12/31	54天
48	002608	*ST舜船	2015/12/24	2016/2/5	43天	2016/2/7	2天
49	000155	*ST川化	2016/2/15	2016/3/24	38天	2016/9/29	189天
50	600725	*ST云维	2016/6/20	2016/8/23	64天	2016/11/21	90天
51	601005	*ST重钢	2017/4/24	2017/7/3	70天	2017/11/20	140天
52	000912	*ST天化	2017/6/5	2017/12/13	191天	2018/7/3	202天
53	600423	*ST柳化	2017/9/18	2018/1/31	135天	2019/12/13	681天
54	600399	*ST抚钢	2018/4/8	2018/9/20	165天	2018/11/22	63天
55	600815	*ST厦工	2019/4/2	2019/7/26	115天	2019/11/1	98天
56	000982	*ST中绒	2018/11/15	2019/7/9	236天	2019/11/13	127天
57	000410	*ST沈机	2019/7/12	2019/7/17	5天	2019/8/27	41天
58	601258	ST庞大	2019/5/13	2019/9/5	115天	2019/12/10	96天
59	600186	*ST莲花	2019/7/5	2019/10/15	102天	2019/12/16	62天
60	300116	*ST坚瑞沃能	2018/12/12	2019/9/30	292天	2019/12/27	88天
61	000792	S*ST盐湖	2019/8/15	2019/9/30	46天	2020/1/20	112天
62	002260	*ST德奥	2019/7/22	2020/4/22	275天	2020/6/28	67天

续表

序号	证券代码	证券简称	案件申请日	重整受理时间	申请到重整受理历时（天）	重整计划批准时间	受理到批准重整计划历时（天）
63	002210	*ST飞马	2019/8/19	2020/9/16	394天	2020/12/16	91天
64	002716	*ST金贵	2019/12/18	2020/11/5	323天	2020/12/16	41天
65	601777	*ST力帆	2020/6/29	2020/8/11	43天	2020/11/30	111天
66	002501	*ST利源	2019/9/9	2020/11/5	423天	2020/12/11	36天
67	600157	*ST永泰能源	2020/8/6	2020/9/25	50天	2020/12/30	96天
68	002766	ST索菱	2020/8/21	2020/12/15（预重整）	116天	2021/12/27	377天
69	000980	*ST众泰	2021/6/9	2021/6/10	1天	2021/10/30	142天
70	603555	*ST贵人	2020/8/12	2020/12/8	118天	2021/4/26	139天
71	002445	*ST中南	2020/5/25	2020/11/24	183天	2020/12/25	31天
72	600595	*ST中孚	2020/10/13	2020/12/11	59天	2021/8/10	242天
73	002175	*ST东网	2021/6/24	2021/10/27	125天	2021/11/30	34天
74	002072	*ST凯瑞	2021/8/31	2021/11/5	66天	2021/12/8	33天
75	300278	*ST华昌	2021/5/25	2021/11/18	177天	2021/12/20	32天
76	600518	*ST康美	2021/4/22	2021/6/4	43天	2021/11/26	175天
77	600734	*ST实达	2021/2/9	2021/11/26	290天	2021/12/27	31天
78	600221	*ST海航	2020/1/29	2021/2/10	378天	2021/11/10	273天
79	002354	*ST天娱	2020/4/26	2020/7/31	96天	2020/11/6	98天
80	000595	*ST宝实	2020/3/20	2020/7/21	123天	2020/11/13	115天
81	300008	*ST天海防务	2019/3/20	2020/2/14	331天	2020/9/9	208天
82	000981	*ST银亿	2019/10/8	2020/6/23	259天	2020/12/15	175天
83	600179	*ST安通	2020/3/18	2020/9/11	177天	2020/11/4	54天
84	002323	*ST雅博	2020/6/18	2021/4/25	311天	2021/9/30	158天
85	600515	*ST基础	2021/1/29	2021/2/10	12天	2021/11/10	273天
86	000564	*ST大集	2021/1/29	2021/2/10	12天	2021/10/31	263天
87	002321	*ST华英	2021/5/13	2021/11/20（预重整 2021/6/5）	191天	2021/12/22	32天
88	002356	*ST赫美	2020/12/24	2021/11/29（预重整 2021/2/1）	340天	2021/12/29	30天
89	000523	*ST浪奇	2021/2/5	2021/09/29（预重整 2021/4/6）	236天	2021/11/11	43天
90	300362	*ST天翔环境	2018/12/26	2020/12/14	719天	2021/4/16	123天

续表

序号	证券代码	证券简称	案件申请日	重整受理时间	申请到重整受理历时（天）	重整计划批准时间	受理到批准重整计划历时（天）
91	300071	*ST 嘉信	2021/3/5	2021/10/28（预重整 2021/3/26）	237 天	2021/12/16	49 天
92	600225	*ST 松江	2021/3/26	2021/4/20	25 天	2021/11/15	209 天

二　重整计划草案强制批准的原则

法院除了对重整计划（经债权人会议表决通过的重整计划）享有正常的批准权外，为保证重整程序的顺利、有序开展，我国《企业破产法》第 87 条还明确了法院对重整计划草案的强制批准权力。①

从破产重整的立法目的考虑，赋予法院对重整计划草案的强制批准权力存在正当性。重整制度不仅着眼于解决债务人债务清偿问题，还致力于实现企业拯救。换而言之，恢复企业营运事业。特别是对于上市公司而言，集合了大量社会优质资源，对其重新拯救通常比破产清算更为效率。这种效率不仅体现在恢复其营运事业，还体现为助力实现债权人利益最大化，稳定社会经济秩序。因此，从社会整体利益出发，倘若少数债权人局限于自身利益，进而强烈反对重整计划，出现僵局，致使无法推进重整程序。此时，法院公权力机关应发挥适当的职权作用，以强制批准替代当事

---

① 《企业破产法》第 87 条第 2 款规定："未通过重整计划草案的表决组拒绝再次表决或者再次表决仍未通过重整计划草案，但重整计划草案符合下列条件的，债务人或者管理人可以申请人民法院批准重整计划草案：（一）按照重整计划草案，本法第八十二条第一款第一项所列债权就该特定财产将获得全额清偿，其因延期清偿所受的损失将得到公平补偿，并且其担保权未受到实质性损害，或者该表决组已经通过重整计划草案；（二）按照重整计划草案，本法第八十二条第一款第二项、第三项所列债权将获得全额清偿，或者相应表决组已经通过重整计划草案；（三）按照重整计划草案，普通债权所获得的清偿比例，不低于其在重整计划草案被提请批准时依照破产清算程序所能获得的清偿比例，或者该表决组已经通过重整计划草案；（四）重整计划草案对出资人权益的调整公平、公正，或者出资人组已经通过重整计划草案；（五）重整计划草案公平对待同一表决组的成员，并且所规定的债权清偿顺序不违反本法第一百一十三条的规定；（六）债务人的经营方案具有可行性。"

人的意思自治，进而打破债权人、债务人谈判僵局，提高重整效率，顺利推进重整程序。

法院强制批准重整计划草案时，也应限定权力行使的边界，遵循以下原则：

第一，清算价值保障原则。企业重整的前提是公司用在生产的资产价值（营运事业价值）高于零散出售的价值（清算价值）。因此，从理论上讲，倘若反对重整计划的债权人或利害关系人从重整程序中获得的清偿或利益高于清算所得，那么重整计划草案的批准是合理可行的。为协助法院科学判断是否裁定批准重整计划草案，重整人制定重整计划草案时，应当对债权人或利害关系人在重整程序和清算程序中所获清偿额或利益进行对比说明。企业重整实践中，往往需要借助第三方资产评估机构对债务人财产进行评估后，精准计算债权清偿率和剩余财产（如有）分配率。

第二，可行性原则。为防止重整程序的滥用，法院强制批准重整计划草案时，也应当对重整草案进行实质审查，尤其关注企业的经营方案。一般而言，法院在审查重整计划草案时，可以召集重整人、债权人、有关专家，由重整人对重整计划的可行性进行说明，并听取各方意见，以作出正确的裁判。

第三，绝对优先原则。我国《企业破产法》第113条[①]赋予了破产费用、共益债权等特殊债权优先清偿的顺位，这样的理念在重整程序中同样应当得到适用。一方面，任一表决组反对重整计划，重整计划必须保证受偿顺位低于该表决组的债权人在该组债权人获得充分清偿后，才能受偿。另一方面，受偿顺位高于该表决组的债权人在该组债权人获得充分清偿前，其获得的清偿不得超过债权数额。

---

① 《企业破产法》第113条第1款、第2款规定："破产财产在优先清偿破产费用和共益债务后，依照下列顺序清偿：（一）破产人所欠职工的工资和医疗、伤残补助、抚恤费用，所欠的应当划入职工个人账户的基本养老保险、基本医疗保险费用，以及法律、行政法规规定应当支付给职工的补偿金；（二）破产人欠缴的除前项规定以外的社会保险费用和破产人所欠税款；（三）普通破产债权。破产财产不足以清偿同一顺序的清偿要求的，按照比例分配。"

第四，公平原则。我国《企业破产法》规定①，对于同一表决组的成员，应公平对待。这既体现在实体上，同一债权组成员按比例清偿。又体现在程序上，同一债权组成员依据债权份额享有表决权。绝对优先原则主要关注不同清偿顺位的主体利益，实现债权的有序清偿。公平原则主要着眼于同一清偿顺位的主体利益，实现债权的公平清偿。

第五，最低限度通过原则。作为公权力一定程度介入，实现企业再生、债务清理的重整程序，应当遵循当事人意思自治为主，法院监督为辅的基本原则。向法院申请强制批准重整计划，须达到至少一个表决组通过的前提条件。这是当事人主义和职权主义的调和，否则意味着对当事人意思自治的漠视，不存在强制批准的必要性。同时，倘若无一表决组通过草案，也表明重整计划草案未实现利益平衡与协调，可执行性很低，容易激化矛盾，尚需进一步修改重整计划草案。

第四节　企业破产重整计划的执行

企业重整计划的执行是指债务人将重整计划内容在一定期限内实施的过程。重整计划的执行实质上是企业一系列重整活动的最终归宿，是使重整计划在企业重整实践中，从应然状态向实然状态过渡的途径。重整计划执行是否顺利对于债务人企业来说是至关重要的，甚至可以说将决定企业的生死存亡。我国《企业破产法》仅6个条文涉及重整计划的执行，有必要对重整计划执行所涉及的内容进行分析，厘清现行法律对相关方面的规定。

一　重整计划的执行人

我国《企业破产法》第89条②，明确重整计划执行主体为债务人。

---

① 《企业破产法》第87条第2款规定："……（五）重整计划草案公平对待同一表决组的成员，并且所规定的债权清偿顺序不违反本法第一百一十三条的规定……"

② 《企业破产法》第89条规定："重整计划由债务人负责执行。人民法院裁定批准重整计划后，已接管财产和营业事务的管理人应当向债务人移交财产和营业事务。"

根据法律规定可知，仅有债务人能作为重整计划的执行主体，该规定存在执行主体单一化的弊端。主要有两种观点：一是由债务人作为执行主体，其理由在于债务人能够更好地掌握企业经营的具体情况，其作为执行主体有专业性，有利于企业实现持续经营。① 二是由管理人作为执行主体，理由是管理人作为第三人，其属于居中地位，会更加公正。②

国外关于重整计划执行主体的规定主要有三类。一是，原则上由债务人作为主体。代表国家有美国和德国。美国《联邦破产法典》第 1141 条明确规定，债务人在通常情况下是企业破产财产的所有者，除重整计划中另有规定或存在重整计划批准的裁定中有其他规定。企业进入重整执行程序，债务人原有的管理层人员，除经内部程序被替换外，其仍可保留对企业的经营管理权，且在其重整程序中，若要委任管理人，则必须出现必要原因。从美国立法中可知，美国属于采用债务人自行管理模式的典型，同时，管理人也可能作为企业重整计划的执行主体，且司法实践中也有管理人作为重整计划执行主体的案例③。二是，原则上由管理人作为主体。代表国家是韩国，其《统合倒产法》第 257 条对执行主体进行了明确，即法院批准重整计划，管理人应承担执行该计划的义务。该规定从法律层面明确了管理人作为执行主体的规则。三是，债务人、管理人实行双轨制执行。采用该种模式的代表国家有俄罗斯，其将重整程序分为了两部分——"财产恢复程序"和"外部管理程序"。俄罗斯《破产法》第 92 条明确了债务人执行企业重整程序中的财产恢复计划以及涉及债务清偿表的内容；而外部管理人的任务，则是管理破产财产和处分破产财产。

结合当前理论界的讨论以及国外立法模式，并结合我国国情，笔者认为，在对重整计划执行主体方面的完善应在保留现有的规定的同时，增加管理人作为执行主体的补充角色。因此，要求在通常情形下，债务人仍旧作为重整计划的执行主体，当出现例如债务人拒绝执行，债务人实施欺诈

---

① 许德风：《破产法论——解释与功能比较的视角》，北京大学出版社 2015 年版，第 500 页。
② 薄燕娜主编：《破产法教程》，对外经济贸易大学出版社 2009 年版，第 195—198 页。
③ [美] 查尔斯·J. 泰步：《美国破产法新论》，韩长印等译，中国政法大学出版社 2017 年版，第 1303 页。

行为或导致债权人利益受损的行为等情形，作为补充执行主体的管理人可依法代替债务人，成为执行计划的主体，负责重整计划的继续执行。

二 重整计划的监督人

企业破产重整时，对债权人的权利进行限制是其实现重整的手段，以放弃债权人的暂时性利益作为代价，最终实现债务企业的重生。[①] 重整企业关乎多方利益，因而会受到多方力量的干预，厘清监督权限在重整计划中的规则，更有利于推动企业重整实践。

我国《企业破产法》中对重整计划执行的监督问题有相应的法律规定，其规定于第90条和第91条。第90条涉及重整计划监督主体的确定以及债务人负有的报告义务。第91条主要规定了三项内容：一是管理人负有的监督职责结束的时间；二是相关利害关系人在管理人提交监督报告后，享有一定的查阅权；三是监督期限延长规定。由此，当前我国关于重整计划监督方面的规定存在一些不足之处，其主要包括：监督主体和监督模式单一化；监督体系单一，无多层次监督结构。另外，监督主体负有哪些职责、应怎样行使监督权、监督主体更换等问题并未涉及，且对于执行主体，怠于履行其法定职责时的惩罚措施、监督报告应当记载的事项等均无相应的规定。[②]具体存在以下问题：

首先，从监督主体方面来看。域外监督模式主要有两种：一是以美国、日本为代表的法院监督模式，该模式的主导者为法院，但是在必要的时候（例如，重整计划执行时，出现了不当行为）亦可单独设置特别监督人。[③] 二是以德国为代表的管理人监督模式，该类模式的主导者是管理人，该种模式下，对重整计划进行监督是管理人的职责所在，且在监督期限内，对于涉及重整计划执行进度等情况方面的事项，管理人均应当按时

[①] 李震东：《公司重整中债权人利益衡平制度研究》，中国政法大学出版社2015年版，第231页。

[②] 崔明亮：《破产重整计划执行法律问题研究》，《中国政法大学学报》2018年第2期。

[③] 丁燕：《上市公司破产重整计划法律问题研究——理念、规则与实证》，法律出版社2014年版，第184—185页。

向法院进行汇报。若存在债委会，管理人也应同时向其汇报。① 因此，笔者认为，我国当前仅赋予管理人享有监督权的规定是不全面的，在现行规定基础上可考虑赋予债委会对重整计划执行享有监督权，或者也可设置专门的重整监督人机制。

其次，从监督主体的职责内容看。我国《企业破产法》对监督主体在对重整计划执行进行监督时，其负有哪些职责并未明确规定，故而企业重整计划监督的预期效果很难有效显现。因此，应从法律规定入手，对上述职责进行明确。其内容应包括但不限于以下各方面：对公司财务情况的检查；要求执行主体汇报执行中的重大事项；要求执行主体按时汇报执行情况与进度；对执行过程中，执行人违法违规行为以及可能导致损害公司利益的行为进行监督；于监督期限届满时，依法向法院提交其形成的监督报告；其他需要监督的情形。

再次，从监督方式方面看。我国现行法律并未对其进行详细的规定，《企业破产法》也仅赋予利害关系人事后查阅监督报告的权利。对此，在重整计划执行方面的监督，可赋予监督主体事前监督权与事后监督权。比如，可要求债务人对于重整计划执行的重大事项，向监督主体进行提前报告；若因客观原因未事先报告的，可采取事后监督模式，规定执行主体于事后及时向监督主体进行汇报，作相应的解释和说明。

最后，从监督主体违反监督职责后果方面看。对于监督人不履行监督职责的，我国现行法律并未规定是否追究其责任以及如何追究其责任。对于此类情形，法律应赋予债委会一定的权利，即当监督主体不履行其职责时，债委会可依法向法院提交变更重整计划监督主体的申请。对于重整中未设置债委会的，可由占债权总额一定比例（例如该比例可设定为 1/10）的债权人提出申请。此外，对于因监管人不履行或怠于履行其职责，从而导致利害关系人利益受损的，该监管人应承担相应的损害赔偿责任。

---

① 《德国支付不能法》，杜景林、卢谌译，法律出版社 2002 年版，第 132 页。

三 重整计划的变更

当债务人因某些原因而无法执行重整计划时，根据《企业破产法》第93条①规定，经相关主体申请后，法院裁定企业终止重整计划执行，对债务人作出破产宣告。我国《最高人民法院关于印发〈全国法院破产审判工作会议纪要〉的通知》（以下简称《破产审判会议纪要》）规定，当出现一定情形时，企业重整计划可以变更一次②。国外破产立法通常会对重整计划执行的变更作出相应的规定。比如，《美国破产法》中规定，重整计划在被法院批准后，若有需要，该计划仍有修改的可能，但是需要满足两方面的规定：一是在法律规定的时间限度内；二是重整计划并未实质履行。③日本《公司更生法》规定了重整计划批准后，其可修改的时间条件——更生程序结束前；并明确了提出修改申请的主体有四类，分别是债务企业、更生管理人、公司股东、已经通过合法途径向债务企业申报债权的主体。④重整计划实际上是重整执行程序的依据，是企业重整程序中至关重要的部分，其一旦经过法院批准，将立即具有法定性、稳定性，因此不能随意更改。但是，由于制定计划时所存在的时间局限性，无法对重整计划未来执行情况进行预测。因此，应允许特定情形发生时，企业重整计划可进行相应的变更。执行主体变更、执行内容变更、执行期限变更等均属于重整计划执行变更的内容，为了能更好地了解我国重整计划变更规定，应厘清上述三类变更情形的现状和规则。

---

① 《企业破产法》第93条规定："债务人不能执行或者不执行重整计划的，人民法院经管理人或者利害关系人请求，应当裁定终止重整计划的执行，并宣告债务人破产。"

② 《最高人民法院关于印发〈全国法院破产审判工作会议纪要〉的通知》（法〔2018〕53号）第19条规定："重整计划执行中的变更条件和程序。债务人应严格执行重整计划，但因出现国家政策调整、法律修改变化等特殊情况，导致原重整计划无法执行的，债务人或管理人可以申请变更重整计划一次。债权人会议决议同意变更重整计划的，应自决议通过之日起十日内提请人民法院批准。债权人会议决议不同意或者人民法院不批准变更申请的，人民法院经管理人或者利害关系人请求，应当裁定终止重整计划的执行，并宣告债务人破产。"

③ 潘琪：《美国破产法》，法律出版社1999年版，第234—237页。

④ [日]山本和彦：《日本倒产处理法入门》，金春等译，法律出版社2016年版，第322页。

1. 重整计划执行主体的变更。在企业重整计划执行程序中，债务人依法作为执行主体，尽管在实践中因各种客观原因而导致重整计划无法执行，也不能更换计划的执行主体。根据《企业破产法》第 93 条可知，目前我国在法律规定方面没有可更换执行主体的例外情形。该规定并不符合债务人企业、债权人的利益，也不利于推动企业重整程序进行。因此，应明确若债务人不能担任执行主体时，可变更执行主体，可由管理人或通过委托有资质的组织成为重整计划执行主体。

2. 重整计划执行内容的变更。企业重整计划执行的内容主要包含三方面的变更：一是出资人权益调整方案；二是各债权清偿方案；三是企业后续经营方案。我国《破产审判会议纪要》规定，若国家政策、法律修改等特殊原因出现，从而导致重整计划无法正常执行的，可修改一次重整计划，该规定虽然赋予了重整计划修改的权利，但是，该条件较为模糊，因此，法官在对原因的认定方面有很大的自由裁量权。而企业一旦进入重整程序，重整计划经法院批准后即按照既定规则实施，但是在实施期间，除政策变更外，企业重整也受到商业风险、市场变化等因素的影响，从而导致重整计划无法有效执行。①

3. 重整计划执行期限的变更。重整计划所包含的执行期限只能由制定者提前预估，重整计划在制定之初并不能够准确预估未来执行期内可能面临的各种风险变化，因而在重整实践中会出现实际执行期与预估执行期不一致的情形。虽然我国《破产审判会议纪要》对重整计划变更须满足的相关条件有相应的规定，但是其并未明确重整计划执行期变更是否适用该规则。因而，对于重整计划执行期变化能否适用《破产审判会议纪要》关于重整计划变更规则，在学界也存在一定的争议，且该争议点主要是针对执行期限变更次数的适用。重整计划执行期亦属于重整计划变更所包含的内容之一，故而其同样适用《破产审判会议纪要》中的规定。② 换而言

---

① Qi L., "The Corporate Reorganization Regime under China's New Enterprise Bankruptcy Law", *International Insolvency Review*, 2010, 17 (1), pp. 13-32.

② 许德风：《破产法论——解释与功能比较的视角》，北京大学出版社 2015 年版，第 502 页。

之,重整计划执行期能且仅能变更一次。笔者认为,执行期限仅允许变更一次的规定太过严苛,不利于企业推动重整计划的成功执行,且企业重整实践中,也曾有执行期限变更的次数大于一次的案例。[①] 因此,有必要考虑赋予法院一定程度的许可变更重整计划执行期限的自由裁量权。

基于我国上市公司破产重整实践,笔者总结出目前被批准重整的92家上市公司重整计划执行情况,具体情况如表2-4所示。

表2-4　　被裁定重整的92家上市公司重整计划执行情况

序号	证券代码	证券简称	重整计划规定的执行期限	重整计划规定监督期限	是否执行完毕
1	600155	S*ST宝硕	3年	3年	是
2	600722	*ST沧化	3年	3年	是
3	000688	S*ST朝华	3个月	3个月	是
4	000925	S*ST海纳	1个月	1个月	是
5	000631	S*ST兰宝	1个月	无	是
6	000670	S*ST天发	未披露	无披露	是
7	600703	S*ST天颐	6个月	未披露	是
8	000892	*ST星美	约8个月10天	约8个月10天	是
9	000719	*ST鑫安	未披露	未披露	是
10	600242	*ST华龙	未披露	未披露	未披露
11	000561	*ST长岭	未披露	未披露	未披露
12	600705	*ST北亚	970天	970天	是
13	600094	*ST华源	4个月	4个月	是
14	600180	*ST九发	8个月	8个月	是
15	200160	*ST帝贤B	2年	6个月	是
16	600556	*ST北生	10个月	10个月	是
17	600728	S*ST新太	10个月	10个月	是
18	000498	ST丹化	6个月	6个月	是
19	600217	*ST秦岭	10个月	10个月	是

---

① 长春北方五环破产重整案中,对于计划的执行期限,其缩短或者适当延长只要更有利于重整计划目标的实现,对其变更的次数不应当参照《破产审判会议纪要》"一次"进行严格限定,而应当由人民法院充分参考债权人会议的意见并结合实际情况综合判定。

续表

序号	证券代码	证券简称	重整计划规定的执行期限	重整计划规定监督期限	是否执行完毕
20	600057	*ST夏新	6个月	6个月	是
21	000587	S*ST光明	6个月	6个月	是
22	000034	*ST深泰	6个月	6个月	是
23	000557	*ST广夏	6个月	6个月	是
24	000757	*ST方向	3个月	6个月	是
25	600678	*ST金项	6个月	6个月	是
26	600757	*ST源发	6个月	6个月	是
27	000035	*ST科健	6个月	6个月	是
28	000787	*ST创智	6个月	6个月	是
29	600699	S*ST得亨	8个月	8个月	是
30	000818	*ST化工	2年	2年	是
31	000697	*ST偏转	12个月	12个月	是
32	000030	*ST盛润A	3个月	3个月	是
33	600817	*ST宏盛	6个月	6个月	是
34	002145	*ST中核钛白	4个月	4个月	是
35	600462	*ST石岘	6个月	6个月	是
36	000677	*ST海龙	6个月	6个月	是
37	000820	*ST金城	3个月	3个月	是
38	000017	深中华A	6个月	6个月	是
39	000972	*ST中基	3个月	3个月	是
40	000751	*ST锌业	24个月	24个月	是
41	600074	ST中达	6个月	6个月	是
42	600381	ST贤成	3个月	3个月	是
43	000520	*ST凤凰	6个月	6个月	是
44	002506	*ST超日	6个月	6个月	是
45	002015	*ST霞客	6个月	6个月	是
46	000033	*ST新都	6个月	6个月	是
47	600145	*ST新亿	6个月	6个月	是
48	002608	*ST舜船	11个月	11个月	是
49	000155	*ST川化	3个月	3个月	是

续表

序号	证券代码	证券简称	重整计划规定的执行期限	重整计划规定监督期限	是否执行完毕
50	600725	*ST 云维	3 个月	3 个月	是
51	601005	*ST 重钢	1 个月	1 个月	是
52	000912	*ST 天化	6 个月	6 个月	是
53	600423	*ST 柳化	6 个月	6 个月	是
54	600399	*ST 抚钢	39 天	39 天	是
55	600815	*ST 厦工	2 个月	2 个月	是
56	000982	*ST 中绒	6 个月	6 个月	是
57	000410	*ST 沈机	126 天	126 天	是
58	601258	ST 庞大	21 天	21 天	是
59	600186	*ST 莲花	2020 年 4 月 30 日前	2020 年 4 月 30 日前	是
60	300116	坚瑞沃能	/	/	是
61	000792	S*ST 盐湖	3 个月	3 个月	是
62	002260	*ST 德奥	6 个月	6 个月	是
63	002210	*ST 飞马	4 个月	4 个月	是
64	002716	*ST 金贵	4 个月	4 个月	是
65	601777	*ST 力帆	6 个月	6 个月	是
66	002501	*ST 利源	12 个月	12 个月	是
67	600157	永泰能源	5 个月	5 个月	是
68	002766	ST 索菱	6 个月	6 个月	是
69	000980	*ST 众泰	2021/12/31 前	2021/12/31 前	是
70	603555	*ST 贵人	2021 年 6 月 30 日前	2021 年 6 月 30 日前	是
71	002445	*ST 中南	2021 年 4 月 30 日	2021 年 4 月 30 日	是
72	600595	*ST 中孚	6 个月	6 个月	是
73	002175	*ST 东网	6 个月	6 个月	是
74	002072	*ST 凯瑞	25 天	25 天	是
75	300278	*ST 华昌	4 个月 10 天	4 个月 10 天	是
76	600518	*ST 康美	5 个月 4 天	5 个月 4 天	是
77	600734	*ST 实达	4 个月 3 天	4 个月 3 天	是
78	600221	*ST 海航	3 个月	3 个月	是
79	002354	*ST 天娱	3 个月	3 个月	是

续表

序号	证券代码	证券简称	重整计划规定的执行期限	重整计划规定监督期限	是否执行完毕
80	000595	*ST宝实	2020年12月31日前	2020年12月31日前	是
81	300008	天海防务	4个月	4个月	是
82	000981	*ST银亿	3年15天	3年15天	否
83	600179	*ST安通	1个月26天	1个月26天	是
84	002323	*ST雅博	6个月	6个月	是
85	600515	*ST基础	3个月	3个月	是
86	000564	*ST大集	3个月	3个月	是
87	002321	*ST华英	2022年4月30日前	2022年4月30日前	否
88	002356	*ST赫美	3个月	3个月	是
89	000523	ST浪奇	1个月	1个月	是
90	300362	天翔环境	9个月	9个月	是
91	300071	*ST嘉信	2021年12月31日前	2021年12月31日前	是
92	600225	*ST松江	3个月	3个月	是

第三章 企业破产重整纾困模式及其改进

第一节 预重整制度实践及改进

传统的企业"救治"方式主要为庭外重组和重整，这两种制度均存在一定的弊端，且相互之间缺乏有效的衔接，实践中凸显出固有的弊端和不足，难以满足对困境企业充分进行拯救的需要。为了发挥庭外重组和重整的优势并弥补不足，构建系统、完善、满足需求的企业挽救制度，预重整制度应运而生。预重整制度是在庭外重组和破产重整两种制度的基础上融合创新产生的一种企业挽救模式。[①] 该制度先在美国司法实践中产生，后为美国破产立法承认。英国、韩国、日本等国纷纷引入预重整制度拯救陷入困境的企业，欧盟亦颁布相关指令要求成员国建立"预防性重组"制度。近年来，预重整制度受到我国有关部门、企业、学者、公众的关注。国务院、最高人民法院、国家发展改革委等发布文件明确提出要建立预重整制度，鼓励、支持各地对预重整制度进行探索，我国多地纷纷试水，出台有关预重整制度操作指引（规范）文件。

一 预重整的概念和特征

关于预重整的概念，国内学者普遍认可《破产法立法指南》对其所下的定义，即指为使受到影响的债权人在程序启动之前自愿重组谈判中谈

[①] 王欣新：《预重整的制度建设与实务辨析》，《人民司法》2021年第7期。

判商定的计划发生效力而启动的程序。① 王佐发结合美国破产法专家Lopucki教授提出的整体预重整与部分预重整，指出所谓预重整就是部分或全部当事人之间在正式向法院申请重整救济之前已经就重整事项进行谈判并达成重整计划（也可能没有达成完整的计划），然后在已经达成谈判的条件下向法院正式申请重整。② 胡利玲认为，预重整是指在申请重整之前，债务人与债权人通过法庭外协商制定重整计划，并获得债权人多数同意后，借助重整程序使重整计划发生约束全体债权人的效力，以早日实现债务人复兴的一种法律拯救机制。③ 王欣新指出，预重整是在庭外重组和破产重整两种制度的基础上融合创新产生的一种企业挽救辅助模式，其分为两个阶段，一是法庭外重组阶段，二是法庭内重整审查批准阶段。④ 国内学者均认为预重整包括两个阶段，庭外协商谈判阶段和庭内审查批准阶段，庭内程序的提起是为了赋予庭外达成的协议法律效力，就庭外阶段是否需要形成重整（组）计划则观点不一。

我国现行法律、司法解释对预重整未作出规定，最高人民法院、国家发展改革委等发布的文件中有所涉及。2017年8月7日，最高人民法院印发《关于为改善营商环境提供司法保障的若干意见》将预重整界定为"庭外兼并重组与庭内破产程序的相互衔接的机制"。2018年3月4日，最高人民法院印发《全国法院破产审判工作会议纪要》指出在重整程序启动后，可以债权人与债务人、出资人等利害关系人通过庭外商业谈判拟定的重组方案作为依据拟定重整计划草案并提交法院审查批准。2019年11月8日，最高人民法院印发《全国法院民商事审判工作会议纪要》，指出"人民法院受理重整申请前，债务人和部分债权人已经达成的有关协议与重整程序中制作的重整计划草案内容一致的，有关债权人对该协议的同意视为对该重整计划草案表决的同意"。

从国内学者对预重整的定义以及我国国家层面文件对"预重整"的

---

① 联合国国际贸易法委员会：《破产法立法指南》（第1、2部分），2006年版，第212页。
② 王佐发：《预重整制度的法律经济分析》，《政法论坛》2009年第2期。
③ 胡利玲：《论困境企业拯救的预先重整机制》，《科技与法律》2009年第3期。
④ 王欣新：《预重整的制度建设与实务辨析》，《人民司法》2021年第7期。

规定可知：预重整在本质上是一种企业挽救辅助模式，其并不是一项全新的制度，而是为庭外重组和重整两种企业挽救制度搭建桥梁、建立链接的一种辅助性程序。预重整具有以下特征：

1. 预重整是一种企业挽救辅助模式，不是一项独立的、全新的制度，其是在现有庭外重组和庭内重整制度基础上产生的一种具有链接、桥梁作用的辅助性程序。

2. 预重整包括两个阶段，一是庭外重组阶段，即债务人与债权人谈判协商并达成有关协议包括但不限于重组方案、重整计划的阶段；二是庭内重整阶段，即借助重整程序赋予庭外达成的有关协议法律约束力的阶段。

3. 预重整为庭外重组和庭内重整搭建了桥梁，能够固定庭外重组的成果，防止花费大量心血的庭外谈判结果"流产"，在重整阶段对庭外达成的重整计划予以审核批准，能够降低制度性成本，提高破产重整效率。

二 国外的预重整制度

预重整制度首先在美国司法实践中产生，后为美国破产立法承认。英国、韩国、日本等国纷纷引入预重整制度拯救陷入困境的企业，欧盟亦颁布相关指令要求成员国建立"预防性重组"制度。

（一）欧盟预防性重组

2019年6月20日，欧盟立法机构通过《第2019/1023号指令》，规定了"预防性重组"制度，并要求成员国建立该制度。[①]

欧盟预防性重组的核心内容包括：（1）预防性重组程序针对的是诚实但濒临破产的债务人，若债务人存在毁损隐匿财务账簿的行为，则须采取补救措施并获得债权人的信任后，才能启动该程序。同时，要尽量限制司法或行政机关介入程序。（2）在该程序中，以债务人自行经营为原则，只有在特殊情况下，法院或行政机构认为有必要的，才指定破产执业者接

---

① 陈夏红：《欧盟"预防性重组"，一种新破产理念的崛起》（微信公众号"破产法快讯"），https://mp.weixin.qq.com/s/wMGhZ0oGfBOfrSuJ1p0lvw，2020年1月15日。

管债务人企业。(3) 程序启动后，中止所有的民事执行行为，以使债务人有足够的时间、空间与债权人谈判。(4) 法院或行政机关对重组计划拥有最终的决定权，重组计划经分组表决通过后，须经法院或行政机关批准才会产生法律约束力。法院认为分组表决通过的重组计划不能防止债务人破产并有助于拯救债务人企业，可以拒绝批准重组计划。法院或行政机关在特定情况下可以强制批准分组表决并不是每一组都通过的重组计划。(5) 债权人对重组计划有异议，可以向法院或行政机关申请对重组计划进行评估，异议债权人或利益相关方还可以就批准裁定提出上诉，上诉期间不影响重组计划的执行。

(二) 美国预重整制度

美国破产法并没有单独对预重整进行规定，而是在第1121条(a)款规定，可以在申请破产时提出重整计划，或者在自愿申请破产或非自愿申请破产的任何时间内提出重整计划。该条为预重整提供了法律依据。

关于重整计划，债务人享有有限的计划专属提交权，在120日内债务人有计划专属提交权，但该期间可以延长，最长为法院作出破产救济令之后的18个月内。超过该期间，任何利害关系人均可以提交重整计划。

法院对重整计划批准的前提之一是充分的信息披露，关于何谓充分的信息披露，《美国破产法》第1125 (a) 款将其定义为"根据债务人的性质和历史以及债务人账簿和记录的状况，在合理可行的情况下提供足够详细的信息，这将使权益持有人等典型的假设的理性投资者以及利益相关的人，能够对计划做出明智的判断，但是，充分的信息不需要包括关于任何其他可能的或拟议的计划信息"[①]。对于信息披露的具体内容，美国破产法并没有作出明确规定，而由法院在实践中具体把握，并赋予利害关系人异议权，以促使信息披露更具针对性。

关于表决，只有具有请求权或者有利益关系的人才可以接受或者拒绝

---

① Stephen H. Case and Mitchell A. Harwood, "Current Issues in Prepackaged Chapter 11 Plans of Reorganization and Using the Federal Declatory Judgement Act for Instant Reorganizations", *Annual Survey of American Law*, Vol. 1991, No. 1, p. 103.

重整计划。重整计划表决的征集,应当向同一组别的所有债权人和股权持有人发出请求,在充分披露的基础上,赋予利益相关方合理的表决限期,在此期间内利益关系人对重组计划进行表决。对于未受到重组计划影响的债权组别,不需征集他们的意见,可直接认定他们对重整计划予以认可。权益人在提起破产申请前对重组计划的接受或反对的效力在征集意见的程序合法、信息披露充分的情况下,效力可以延续到提起破产申请后。

庭外达成的重组计划经法院批准后,方能约束所有权益相关者。司法重整程序启动后,法院举行听证,并对庭外重组计划进行审查,符合要求的,法院予以批准通过。法院未批准的,当事人可以根据破产法的规定另行启动破产程序。

(三) 韩国预重整制度

韩国的预重整程序是在申请重整程序后至重整程序开始前。预重整计划草案的提出、磋商、表决发生在此阶段。在此过程中,法院有一定程度的介入。

韩国的预重整程序基本由主债权人主导,韩国《企业促进整改法》规定,债权额达到债务人总份额二分之一以上的债权人,或者得到这类债权人同意的债务人,可以在预重整期间提交重整计划草案。主债权人申请预重整后,债务人与各个债权人一般在主债权人的指导下进行磋商、谈判并制定重组计划草案。

重组计划草案制定后,由主债权人主持召开债权人会议,对重组计划草案进行表决。表决人的债权金额占债权总额四分之三以上,即为通过。当主债权人单独的债权金额达到前述标准时,有超过五分之二债权人(包括主债权人在内)同意即为通过。

异议债权人对表决有异议的,可以向法院提起表决撤销之诉。异议股东可以提起股权回购的诉讼。

三 我国预重整的司法实践

破产作为世界银行营商环境评价指标体系的其中一项一级指标,为了不断优化营商环境,推动我国经济的高质量发展,国务院、最高人民法院、国家发展改革委等均出台完善破产制度的相关文件（主要内容见表3-1），并将预重整制度的建立作为我国完善破产制度的一项重要举措。

表 3-1　　　　　　　国家层面有关预重整的规范性文件

序号	发布机构	文件名称	有关预重整的内容	发布时间
1	最高人民法院	《关于为改善营商环境提供司法保障的若干意见》	第16条积极推动构建庭外兼并重组与庭内破产程序的相互衔接机制，加强对预重整制度的探索研究。研究制定关于破产重整制度的司法解释	2017.08.07
2	最高人民法院	《全国法院破产审判工作会议纪要》	第22条探索推行庭外重组与庭内重整制度的衔接。在企业进入重整程序之前，可以先由债权人与债务人、出资人等利害关系人通过庭外商业谈判，拟定重组方案。重整程序启动后，可以重组方案为依据拟定重整计划草案提交人民法院依法审查批准	2018.03.04
3	国家发改委等五部门	《2018年降低企业杠杆率工作要点》	第15条研究完善庭外重组制度和建立预重整制度	2018.08.03
4	国家发改委等十三部委	《加快完善市场主体退出制度改革方案》	研究建立预重整制度，实现庭外重组制度、预重整制度与破产重整制度的有效衔接，强化庭外重组的公信力和约束力，明确预重整的法律地位和制度内容	2019.06.22
5	最高人民法院	《全国法院民商事审判工作会议纪要》	第115条探索推行庭外重组与庭内重整制度的衔接。在企业进入重整程序之前，可以先由债权人与债务人、出资人等利害关系人通过庭外商业谈判，拟定重组方案。重整程序启动后，可以重组方案为依据拟定重整计划草案提交人民法院依法审查批准	2019.11.08
6	最高人民法院	《关于依法妥善审理涉新冠肺炎疫情民事案件若干问题的指导意见（二）》	第17条企业受疫情或者疫情防控措施影响不能清偿到期债务，债权人提出破产申请的，积极引导债务人通过庭外调解、庭外重组、预重整等方式化解债务危机，实现对企业尽早挽救	2020.05.15
7	最高人民法院	《关于支持和保障深圳建设中国特色社会主义先行示范区的意见》	第12条深化企业破产重整、预重整、执行转破产制度改革，推动建立针对中小企业的重整机制，探索无产可破案件简易退出机制	2020.11.09
8	国务院	《关于开展营商环境创新试点工作的意见》	推行破产预重整制度	2021.10.31

(一) 各地对预重整制度的探索

在国家层面有关预重整的文件出台前,浙江省高级人民法院就在印发《关于企业破产案件简易审若干问题的纪要》中提出了有关"预重整制度"具体操作的规定。在最高人民法院、国家发展改革委等部门陆续印发有关鼓励、支持、要求建立预重整制度的文件后,全国各地纷纷试水,出台有关文件,就预重整制度的具体实施进行试行规定。据笔者不完全统计,截至2021年12月,我国各地已出台的有关预重整的规范性文件有32份,具体如表3-2、图3-1所示。

表3-2　　　　全国各地有关预重整制度的规范性文件

序号	发布机构	级别	文件名称	发布时间
1	浙江省高级人民法院	高院	《关于企业破产案件简易审若干问题的纪要》	2013.06.28
2	温州市政府	市政府	《企业金融风险处置工作府院联席会议纪要》	2018.12.27
3	深圳市中级人民法院	中院	《审理企业重整案件的工作指引(试行)》	2019.03.14
4	江苏省吴中区人民法院	基层法院	《关于审理预重整案件的实施意见(试行)》	2019.06.27
5	郑州市中级人民法院	中院	《审理预重整案件工作规程(试行)》	2019.12.04
6	北京市第一中级人民法院	中院	《北京破产法庭破产重整案件办理规范(试行)》	2019.12.30
7	南京市中级人民法院	中院	《关于规范重整程序适用提升企业挽救效能的审判指引》	2020.01.20
8	江苏省吴江区人民法院	基层法院	《审理预重整案件的若干规定》	2020.02.19
9	江苏省苏州工业园区人民法院	基层法院	《审理破产预重整案件的工作指引(试行)》	2020.04.20
10	厦门市中级人民法院	中院	《企业破产案件预重整工作指引》	2020.05.21
11	四川天府新区成都片区人民法院(四川自由贸易试验区人民法院)	基层法院	《预重整案件审理指引(试行)》	2020.05.22
12	广州市中级人民法院	中院	《关于破产重整案件审理操作指引(试行)》	2020.05.28
13	淄博市中级人民法院	中院	《关于审理预重整案件的工作指引(试行)》	2020.06.30

续表

序号	发布机构	级别	文件名称	发布时间
14	宿迁市中级人民法院	中院	《关于审理预重整案件的规定（试行）》	2020.07.09
15	北海市中级人民法院	中院	《破产重整案件审理操作指引（试行）》	2020.07.31
16	成都市中级人民法院	中院	《破产案件预重整操作指引（试行）》	2020.08.24
17	四川省青白江区人民法院	基层法院	《审理企业重整案件工作指引（试行）》	2020.08.27
18	银川市中级人民法院	中院	《关于审理破产预重整案件的工作指引（试行）》	2020.09.19
19	眉山市中级人民法院	中院	《破产案件预重整操作指引（试行）》	2020.09.18
20	青岛市中级人民法院	中院	《破产案件预重整操作指引（试行）》	2020.09.25
21	云南省南华县人民法院	基层法院	《审理破产预重整案件工作指引（试行）》	2020.12.10
22	攀枝花市中级人民法院	中院	《关于破产案件预重整操作指引（试行）实施的通知》	2020.12.11
23	自贡市中级人民法院	中院	《关于审理预重整案件的工作指引（试行）》	2020.12.24
24	陕西省高级人民法院	高院	《破产案件审理规程（试行）》	2020.12.30

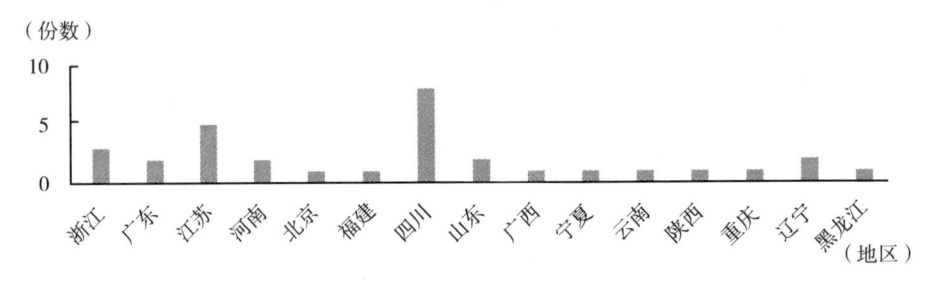

图3-1　预重整规则各地区分布情况

各地结合实践对预重整的具体实施作出试行规定，内容主要包括预重整的启动条件及程序、预重整期间、管理人的指定与转化、保全与执行措施、信息披露与保密、临时管理人的报酬、临时管理人的义务、债务人的义务、预重整程序与重整程序的衔接等。笔者选取其中的启动条件及程序、管理人的指定与转化、保全与执行措施、信息披露与保密四项内容进行分析。

1. 预重整启动条件及程序

关于预重整的启动条件，32 份样本文件中有 23 份作出了规定。有 14 份文件对债务人适用预重整程序的条件作出了明确规定，具体条件多为债权人人数众多、债权债务关系复杂、职工安置数量较大、企业规模大、影响社会稳定；其中 5 份还要求交纳预重整启动费用。6 份文件对适用预重整的债务人的条件仅进行概括性规定，要求具有挽救可能，符合国家产业政策，行业前景好等；其中有 1 份还要求交纳预重整启动费用（管理人履职保证金）。（参见表 3-3）

表 3-3　　　　　　　　　　预重整的启动条件

序号	启动条件		文件数
1	未规定		9
2	符合一定条件的企业	概括性规定（具有重整原因、重整可能或挽救可能）	6
		明确相关标准	11
3	符合一定条件的企业+预重整启动费用/管理人履职保证金		5
4	预重整启动费用		1

关于预重整的启动程序。32 份样本文件中，1 份规定预重整程序由属地政府决定启动，3 份规定由债务人自主启动，其余 28 份文件规定的预重整程序均由法院决定启动。此 28 份文件中，有 16 份要求债务人同意或不反对；有 9 份要求债务人书面承诺同意履行预重整义务；有 7 份要求债务人股东（大）会决议同意履行预重整义务；有 11 份要求进行听证；有 2 份要求获得政府、主管部门等支持意见；有 1 份要求申请人同意，债务人有异议的进行听证后决定。（参见表 3-4）

表 3-4　　　　　　　　　　预重整的启动程序

序号	程序	文件数
1	属地政府决定	1
2	债务人自主启动	3

续表

序号		程序	文件数
3	法院决定	无其他程序	1
		申请人同意	1
		债务人同意	3
		申请人、债务人同意	4
		申请人、债务人同意+听证	1
		债务人同意+政府、主管部门等支持意见+听证	2
		债务人同意（不反对）+债务人书面承诺履行预重整相关义务+听证	2
		债务人同意（无异议）+债务人股东（大）会决议同意履行预重整义务	2
		申请人、债务人同意+债务人书面承诺履行预重整相关义务	1
		申请人、债务人同意+债务人书面承诺履行预重整相关义务+听证	1
		债务人书面承诺（股东大会决议同意）履行预重整相关义务	5
		债务人书面承诺（股东大会决议同意）履行预重整相关义务+听证	5

2. 管理人的指定与转化

关于管理人的指定。32份文件中有26份规定决定预重整应当指定（临时）管理人，4份规定可以指定管理人（聘任辅助机构）。（参见表3-5）管理人的产生方式主要为随机、竞争、协商确定、协商（共同）推荐和推荐，其在32份样本文件中出现的频次分别为22次、23次、4次、12次、14次。（参见图3-2）协商（共同）推荐、推荐临时管理人的主体，包括债务人、债务人的出资人、主要债权人、重整投资人、有关监管部门或主管部门。有8份文件规定有关监管部门或主管机关可以单独推荐临时管理人，有3份文件规定有关监管部门或主管机关可以与其他当事人共同推荐临时管理人。

表3-5　　　　　　　　　临时管理人的指定

序号	临时管理人的指定	临时管理人的产生方式	文件数
1	未规定	未规定	1

续表

序号	临时管理人的指定	临时管理人的产生方式	文件数
2	政府指定管理人	征求债务人和债权人的意见	1
3	法院（应当）指定管理人	随机、竞争、协商确定、协商（共同）推荐、推荐、招投标、轮候、评审小组选任	26
4	法院可以指定管理人（选任辅助机构）	未规定	1
		经申请，以随机、竞争方式产生	2
		协商确定，经请求由法院随机选任	1

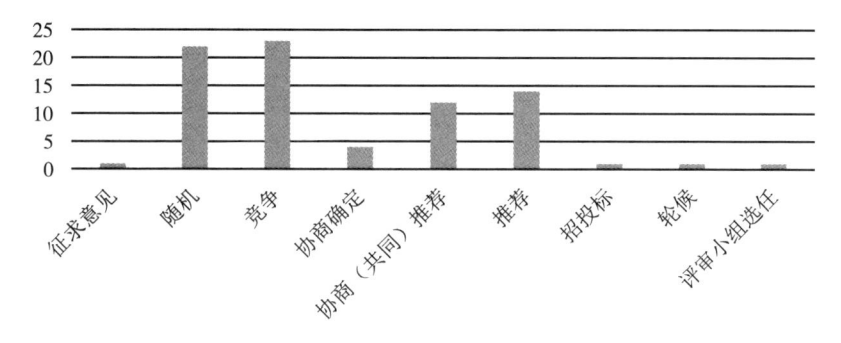

图 3-2　临时管理人产生方式频次

关于管理人的转化。32 份文件中有 29 份对管理人的转化进行了规定。预重整转入重整程序的，有 5 份文件规定一般应当指定预重整阶段的临时管理人为重整阶段的管理人；有 14 份文件规定应（可以）指定临时管理人为重整阶段的管理人，但存在法律规定或有证据证明不能依法、公正履职或不能胜任情形的除外；有 5 份文件规定，在临时管理人是否转化为管理人时，要根据或考虑临时管理人的履职表现；有 2 份文件规定在临时管理人转化为管理人时，要征询债权人的意见。（参见表 3-6）

表 3-6　临时管理人的转化

序号	临时管理人的转化	文件数
1	未规定	3
2	应指定预重整阶段的临时管理人担任重整管理人	5

续表

序号	临时管理人的转化	文件数
3	应指定预重整阶段的临时管理人担任重整管理人,但存在不能依法、公正履职或不能胜任的情形除外	3
4	可以指定预重整阶段的临时管理人担任重整管理人,但存在不能依法、公正履职或不能胜任的情形除外	11
5	根据预重整管理人履职表现决定是否转为重整管理人	3
6	可以指定预重整阶段的临时管理人(辅助机构)担任重整管理人	3
7	可将临时管理人转为重整案件管理人,但临时管理人履职表现不佳或因出现回避情形等客观原因无法继续履职的除外	1
8	征询债权人的意见后确定是否将临时管理人指定为重整管理人	2
9	可以在征询债权人、债务人意见的基础上,指定预重整管理人为重整案件管理人,但预重整管理人存在履职表现不佳不能胜任管理人工作或因出现回避情形等原因不宜担任管理人的除外	1

3. 保全与执行措施

关于保全措施的采取,32 份文件中有 12 份未进行规定,有 20 份规定可以对债务人的全部或部分财产采取保全措施,且均规定可以依申请启动,另有 4 份规定法院可以依职权采取保全措施。对于依申请采取保全措施的情形,该 20 份文件均规定临时管理人有权申请,其中 4 份文件仅将该项权利授予管理人,有 13 份文件规定债权人、债务人亦有权申请。对于债权人申请采取保全措施的,赋予其申请权的 15 份文件均规定"法院可以要求其提供担保,不提供担保的,裁定驳回保全申请"。(参见表 3-7)

表 3-7　　　　　　　　　　保全的启动

序号	保全的启动	申请主体	文件数
1	未规定	未规定	12
2	依申请	预重整阶段的临时管理人	1
		预重整阶段的临时管理人、债权人	2
		预重整阶段的临时管理人、债务人、债权人	12
3	依申请或依职权	预重整阶段的临时管理人	3
		预重整阶段的临时管理人、债务人	1
		预重整阶段的临时管理人、债务人、债权人	1

关于保全的中止（暂缓）或解除，32 份样本文件中有 10 份进行了规定，其中有 5 份规定辖区内的法院应当中止相关保全措施；有 2 份规定债务人、临时管理人申请解除保全措施的，经担保债权人同意或法院认为确有必要的，辖区内法院应解除保全；有 3 份规定经协调，解除或暂缓保全措施。（参见表 3-8）

表 3-8　　　　　　　　　　　保全的中止或解除

序号	保全与执行的中止	文件数
1	未规定	22
2	辖区内法院应当中止相关保全措施	4
3	辖区内法院应当中止相关保全措施，与辖区外的法院沟通、协调获取支持	1
4	经协调，解除（暂缓）保全措施	3
5	债务人、临时管理人认为需要解除保全措施的，提出书面申请，经担保债权人同意，或法院认为确有必要解除保全措施的，本市辖区内法院应解除保全	2

对于执行的中止，32 份样本文件中有 21 份进行了规定。有 7 份文件规定应中止执行，其中 1 份将范围限于辖区内法院；有 4 份规定，与法院（部门）协调、沟通，取得其支持中止（暂缓）执行；有 2 份规定，债务人、临时管理人申请中止执行的，经申请执行人同意或法院认为确有必要的，辖区内法院应中止执行；有 3 份规定，临时管理人应通过执行部门函告申请执行人商榷中止执行；有 1 份规定，由临时管理人或申请法院协调，暂缓执行；有 1 份规定，由债务人与债权人协商，争取债权人暂缓执行。（参见表 3-9）

表 3-9　　　　　　　　　　　中止（暂缓）执行

序号	中止（暂缓）执行	文件数
1	未规定	1
2	属地政府与相关法院协调，暂缓执行	1
3	应当中止执行	6
4	辖区内法院应当中止执行，与辖区外的法院沟通、协调获取支持	1
5	与执行法院（部门）沟通、协调，暂缓（中止）执行	4

续表

序号	中止（暂缓）执行	文件数
6	临时管理人可通过执行部门函告申请执行人商榷中止执行	3
7	合议庭通知所有已知执行法院中止执行，也可以由临时管理人协调债权人，向执行法院申请中止执行	1
8	预重整管理人协调或申请法院协调，暂缓执行措施	1
9	债务人与债权人协商，争取暂缓执行	1
10	债务人、临时管理人认为需要中止执行的，提出书面申请。经申请执行人同意，或法院认为确有必要采取中止执行措施的，本市辖区内法院应中止执行	2

4. 信息披露与保密

关于信息披露，32 份文件中有 28 份对此作出了规定。其中 11 份文件将信息披露规定在债务人义务中，要求债务人（全面）如实向利害关系人披露有关信息并作出说明、回答询问或全面、准确、真实、合法披露有关信息。15 份文件对信息披露进行了单独规定，其中有 5 份规定了披露标准并对标准进行了详细阐释，6 份规定了披露标准并列举了应当披露的事项，4 份对信息披露进行了概括性规定。（参见表 3-10）全面、准确、合法、如实（真实）是各地比较认可的信息披露标准，在样本文件中出现的频次最高，分别为 16 次、13 次、14 次、17 次。（参见图 3-3）

表 3-10　　　　　　　　　信息披露的规定

序号	信息披露		文件数
1	未规定		4
2	规定在债务人或出资人义务中		13
3	单独规定	披露标准+详细阐释	5
		披露标准+列举式规定披露事项	6
		概括性规定	4

关于保密义务，32 份样本文件中有 9 份规定了保密条款，要求相关人员进行保密，若违反，造成损失的承担损害赔偿责任。

(二) 我国预重整制度存在的问题

当前我国的预重整制度尚处于探索阶段，还存在诸多问题。从启动条

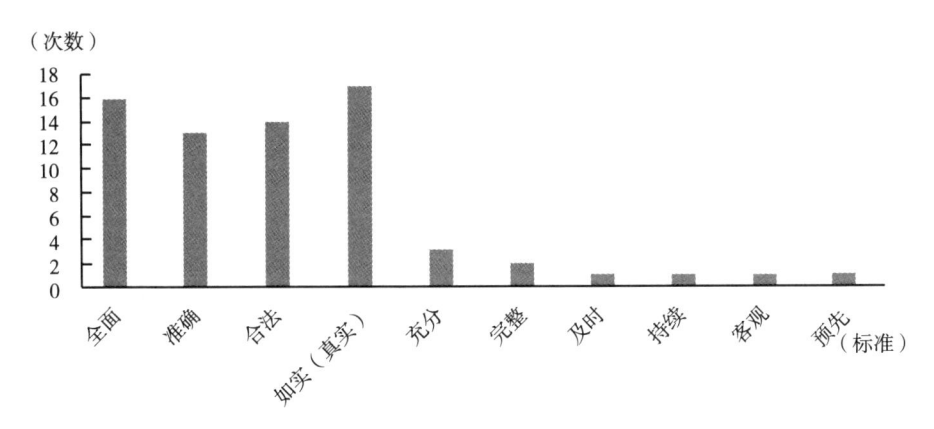

图 3-3 信息披露标准频次

件和程序、管理人的指定和转化、保全与执行、信息披露与保密规则的制定情况看，主要存在以下问题。

1. 预重整启动"门槛高"，程序烦琐

各地设置的预重整启动条件包括债务人自身的状况和交纳预重整启动费用（管理人履职保证金）。债务人需要满足的条件有债权人人数众多、债权债务关系复杂、职工安置数量较大、企业规模大、影响社会稳定等。启动预重整须交纳的费用为10—50万元。预重整启动与否多由法院决定，债权人、债务人等利害关系人享有的是申请权和异议权，部分地区预重整的启动不仅需要文件所规定的主体同意或债务人书面承诺（债务人股东会决议同意）履行相关义务，还需要获得政府、主管部门的支持意见，经过听证程序，启动程序烦琐。从严苛的启动条件和烦琐的启动程序看，有的地方将预重整作为重大、疑难、复杂案件的"专属程序"，视为在法庭外集合各方力量共同对企业开展"救治"的平台。预重整作为保护市场主体、优化营商环境的创新举措，被运用在重整难度高的企业上，能够限制该项制度适用的范围，以便集中精力，更谨慎、稳妥地开展探索活动，同时结合各方力量实施"救治"，可以提高重整的成功率，充分凸显预重整的价值和意义。但预重整制度的设立是为企业提供便捷、高效的"救治"路径，激发企业尽早"就医"的积极性，"高门槛"的启动条件以及烦琐的程序与该目的相背离。结合各方力量采取个别化、私密化的方式进行"救治"易使预重整偏离法治化的轨道,一旦发生错误,又缺乏相应的力量纠正。

2. 管理人的指定与转化市场性不足

32 份样本文件中有 26 份规定预重整阶段应当指定(临时)管理人,指定方式主要为随机、竞争、协商(共同)推荐、推荐。参与协商(共同)推荐、推荐的主体包括债务人、主要债权人、投资人、相关部门等。债务人、债权人、投资人的参与反映出各地在预重整阶段确定管理人时一定程度上尊重当事人的意愿,但是否需要管理人以及管理人的最终确定多由法院决定,市场性不足。各地预重整规则对管理人的指定主要援引或参考现行破产法、破产法司法解释和最高人民法院关于指定管理人的规定。为实施预重整的企业指定管理人能够解决我国现行破产法发展不充分,企业对如何形成法院认可的协议或重整计划(重组方案)不了解的问题,避免庭外协商谈判取得的成果"流产",提高重整成功率。但预重整的特征之一便是低成本,不顾当事人的意愿以及企业的具体情况,对所有适用预重整程序的企业"一刀切"均要求指定管理人,可能会增加企业挽救的成本,不利于充分发挥预重整制度便宜的优势。在预重整结束进入正式重整程序时,预重整阶段的(临时)管理人是否转化为重整阶段的管理人多由法院决定,主要根据(临时)管理人是否存在法律规定或有证据证明不能依法、公正履职或不能胜任的情形等管理人的履职表现决定,未考虑债务人、债权人等利害关系人的观点和想法。

3. 保全与执行缺乏法律依据

32 份样本文件中有 20 份规定可以对债务人的全部或部分财产采取保全措施,且均规定可以依申请采取,少数地区规定可以由法院依职权采取。保全措施的申请主体包括管理人、债权人、债务人,其中管理人是各地均认为可以申请保全的主体。预重整程序的庭外协商谈判阶段,属于非司法程序,法院应当不介入或保持最小限度介入,在此阶段并不需要法院依职权采取保全措施。未正式立案前由法院依职权采取保全措施亦无法律依据。

有的文件规定预重整阶段应当中止保全和执行。保全与执行的中止能够保护债务人的财产和营业,对重整具有重要作用,《企业破产法》第19条规定,"人民法院受理破产申请后,有关债务人财产的保全措施应当解除,执行程序应当中止"。预重整作为各地挽救困境企业的创新举措,并没有在破产法规定其是庭外重组与重整相衔接的制度。在法庭外当事人自主进行协商谈判的非司法阶段,预重整工作应当遵循市场规律,以市场化的方式推进,不宜在没有法律规定的情况下,作出预重整阶段应当中止(解除)保全与执行的规定。

4. 信息披露规定不详,保密规定缺失

信息披露对于保证预重整参与人做出真实意思表示具有重要意义,但多份样本文件对信息披露只做了概括性规定,既未对信息披露的具体标准作出说明,也未对信息披露应当包括的内容予以明确,信息披露的标准和内容不详,在实践中操作性不强,信息披露是否符合要求难以把握,易产生诸多负面影响,降低各方适用预重整的积极性。我国预重整规则关于信息披露的规定不详,一方面是因我国破产法和司法解释对信息披露并没有直接做出规定,预重整阶段信息披露的标准缺乏参考。另一方面是由于各地在重整案件中积累的经验尚不足,对信息披露的标准、内容和范围尚没有深刻的认识。披露的信息若随意泄露、使用则可能给他人造成损失,《最高人民法院关于适用〈中华人民共和国企业破产法〉若干问题的规定(三)》[以下简称《破产法解释(三)》]第10条规定债权人查阅的资料涉及商业秘密的,应当依法承担保密义务或者签署保密协议,但大多数样本文件均未涉及保密事宜,保密规定缺失。

四 我国预重整制度的改进

预重整制度设置的目的,是要在庭外重组与庭内重整之间建立一个以市场化谈判、法治化约束为基础,以债权人对重整计划草案表决效力向重整程序顺向延伸为手段的新型企业挽救模式[①]。当前我国预重整制度尚无法律、司法解释规定,对预重整规则的制定也无相关指导、规范文件,各

---

① 王欣新:《预重整的制度建设与实务辨析》,《人民司法》2021年第7期。

地根据自身对预重整制度的认识制定的预重整规则存在一定的问题，预重整规则的整体现状比较混乱。为了保持制度的稳定性，充分发挥预重整制度的优势，有必要对这些问题予以回应，以构建符合我国实际的市场化、法治化、国际化的预重整制度。

（一）预重整的启动条件和程序

预重整的启动条件和程序决定了预重整的适用范围以及便利度。联合国国际贸易法委员会《破产法立法指南》建议各国规定的预重整的启动条件主要为两项：一是已经或可能全面丧失支付其到期债务的能力（债务人资不抵债或可能资不抵债的）；二是已经谈判了一项重整计划，且该计划已为每一类受影响债权人所接受[①]。该建议指明了预重整制度的适用范围为已经"濒临"破产但尚有自行协商谈判空间的债务人。我国部分地区预重整规则对预重整的启动条件主要关注企业的产业规模、"挽救"难度等，设置的条件比重整程序更严苛[②]。预重整是为庭外重组与重整搭架桥梁的辅助性程序，庭外重组完全由当事人自主进行，不需要企业满足任何条件，预重整的开始阶段是庭外重组，且预重整制度的设立目的之一是鼓励和便利采取非正式谈判[③]，鼓励债务人尽早开展"救治"活动。我国在制定预重整规则时，可以将预重整的启动条件设置为有能力自行进行协商谈判的债务人。这样设置能够扩大预重整的适应范围，为完善相关制度积累足够的经验。

关于预重整的启动程序，作为预重整制度发展较完善的美国破产法并没有设置特别的程序。我国部分地方文件要求获得政府、部门的支持意见，进行听证，并由法院决定，这对于保障后期预重整活动的顺利推进并提高重整成功率具有积极的作用，但与预重整制度的性质不符，也与预重整制度的价值冲突。预重整是衔接庭外重组与重整的制度，其开始是由当

---

① 联合国国际贸易法委员会：《破产法立法指南》（第1、2部分），2006年版，第2018页。

② 我国《企业破产法》对企业适用重整程序规定的条件为"不能清偿到期债务，并且资产不足以清偿全部债务或者明显缺乏清偿能力"或"有明显丧失清偿能力可能的"。

③ 王欣新：《预重整的制度建设与实务辨析》，《人民司法》2021年第7期。

事人自主决定的协商谈判。预重整制度最重要的价值便是为债务人提供简便、快捷、成本低廉的企业挽救方式。预重整的启动应尽量便宜,因此我国预重整规则不用为预重整的启动特别设置程序,是否启动预重整交由当事人通过市场化的方式决定。法院和政府则不干预,因为其没有合适的资源来做出商业拯救的决策[1]。

(二) 管理人的指定与转化

中介机构的专业素养和实践经验[2]对于预重整的顺利推进有着重要作用。在预重整中聘用中介机构或破产从业者辅助自愿重组谈判是英美等国的普遍做法[3]。我国各地的预重整规则普遍要求在预重整程序中指定管理人,个别地区预重整规则规定债务人可以自主决定是否聘用社会中介机构辅助实施预重整。预重整的个案具体情况不同,债务人管理层的水平存在差异,并非所有的债务人都必须借助中介机构的辅助才能成功实施预重整。我国在制定预重整规则时应坚持市场性原则,充分尊重市场主体的意愿,由当事人自主决定是否聘任以及聘任何种社会中介机构辅助开展预重整活动。预重整活动不仅关系债务人的生死存亡,也对债权人、投资人等各方利益的实现具有重大影响,因此预重整规则应当赋予相关当事人在债务人管理层存在欺诈、不能胜任、实施损害其他当事人行为的情形下,请求法院指定相关机构接管债务人的营业和组织实施制定重整计划的权利。同时为了保障预重整规则的灵活性,应当允许债务人在符合条件的情况下恢复对企业的运营和控制。

由预重整阶段转入重整阶段,不论债务人是否在预重整阶段聘请相关机构辅助开展工作,都不必当然指定管理人。而应当根据当事人的意愿和重整工作的需要确定,对于申请重整时,债务人提交的重整计划草案符合批准要求的完全没有必要再指定管理人,无谓地增加债务人重整的负担。对于提交的重整计划草案不完全符合法院批准要求,但当事人能够在重整程序中自行处理的,亦无须指定管理人。

---

[1] 徐阳光:《困境企业预重整的法律规制研究》,《法商研究》2021年第3期。
[2] 徐阳光:《困境企业预重整的法律规制研究》,《法商研究》2021年第3期。
[3] 徐阳光:《困境企业预重整的法律规制研究》,《法商研究》2021年第3期。

(三) 保全与执行

对债务人的财产采取保全措施，是一柄"双刃剑"，一方面其能保障债权人的合法权益，防止企业逃废债；另一方面其将限制债权人的行为，即使是已经设定担保的债权也难以得到优先受偿，债权实现受到拖延。保全在预重整中具有重要意义，我国多地预重整规范文件对保全作出了规定。保全属于强制性保护措施，其实施应当具有法律依据，当前预重整非司法程序阶段的保全可以从诉前保全的规定中找到法律依据，要求保全措施依申请采取，保全申请人须提供担保，保全错误或因保全给他人造成损失的，承担赔偿责任。同时为了平衡各方的利益，赋予利害关系人异议权，当事人认为且有证据证明保全将严重损害其合法权益的，可以申请变更或解除保全。我国诉前保全的期间固定且有限，未必适应企业重整的需求，未来破产法改革中，可以考虑对预重整阶段的保全设置灵活的期间，在设置基本期间的同时，赋予债务人、利害关系人协商确定、变更预重整保全期间的权利。我国多地预重整规范性文件规定预重整阶段的（临时）管理人可以申请保全的做法是有待商榷的，申请保全的主体，宜限定为债务人、一定比例的利害关系人。在庭外协商谈判阶段"临时管理人"的作用应当是辅助性的，其不是利害关系人，也不是预重整阶段开展相关活动的"主角"，因此，其不应当具有申请保全的权利。

中止（解除）保全与执行有利于债务人正常运营，能够避免个别清偿，对预重整的顺利实施具有积极的意义。欧盟《第 2019/1023 号指令》规定"预防性重组"（即预重整）程序启动后，所有债权人的民事执行行为；无论是有担保债权还是无担保债权，都必须中止。[①] 中止（解除）保全与执行也将对债权人的权益产生重大影响，导致个别债权人在先的执行受到阻断，甚至影响其债权实现的范围和程度。我国各地对预重整阶段的保全与执行的中止认识不同，有的预重整规则规定应中止保全与执行；有的规定应对保全与执行的中止，进行协调；有的未作出规定。中止（解除）保全与执行并不是预重整活动的必需，有的债务人即使没有中止保

---

① 陈夏红：《欧盟"预防性重组"，一种新破产理念的崛起》，（微信公众号"破产法快讯"），https://mp.weixin.qq.com/s/wMGhZOoGfBOfrSuJ1p0lvw，2020 年 1 月 15 日。

全与执行，仍然能依法、良好地开展预重整活动。因此，对于在预重整阶段是否中止保全与执行这一问题，应当在与保全申请人、申请执行人沟通、协商，取得其支持的情况下，由相关申请人向法院申请中止保全或执行。预重整作为庭外重组与庭内重整的衔接，在预重整的非司法程序阶段不宜直接设置对各方当事人权利、义务产生消极影响的规则。

(四) 信息披露与保密

预重整阶段的信息披露不仅能够保障利益相关者的知情权，而且将影响利害关系人作出决策，其在预重整中是不可或缺的，法院在决定赋予庭外重组协议法律约束力时应重点审查信息披露的情况。美国破产法要求进行充分的信息披露。美国南方公司（Southland Corporation）因向法庭申请前的征集程序和信息披露存在缺陷，被美国法庭宣布预先包装的重组计划无效。何谓充分的信息披露，《美国破产法》第1125（a）节将其定义为"根据债务人的性质和历史以及债务人账簿和记录的状况，在合理可行的情况下提供足够详细的信息，这将使权益持有人等典型的假设的理性投资者以及利益相关的人，能够对计划做出明智的判断，但是，充分的信息不需要包括关于任何其他可能的或拟议的计划信息"[1]。对于信息披露的具体内容，《美国破产法》并未作出明确规定，而由法院在实践中具体把握，并赋予利害关系人异议权，以促使信息披露更具针对性。我国各地制定的预重整规则普遍将全面、准确、合法、如实（真实）作为信息披露的标准。然而，要求所有预重整的债务人均进行全面的信息披露可能会增加不必要的成本，可借鉴美国信息披露的标准，以充分替代全面作为信息披露的标准，同时亦赋予利害关系人对信息披露的异议权，以不断改进、完善披露的信息。关于信息披露的范围，采取原则性规定加列举的形式更符合我国立法、司法的特点。比如规定信息披露应遵循充分、准确、合法、真实的标准，并具体阐释每种标准的确切含义，列举应当披露的信息的大致范围，比如企业的资产情况、债权债务情况、所属行业状况、对公

---

[1] Stephen H. Case and Mitchell A. Harwood, "Current Issues in Prepackaged Chapter 11 Plans of Reorganization and Using the Federal Declatory Judgement Act for Instant Reorganizations", *Annual Survey of American Law*, Vol. 1991, No. 1, p. 103.

司重整后未来的预期、对比模拟清算和重整中的分配情况、重整的风险等。同时对于不同的企业信息披露的标准可以有一定的差异性和灵活性，对于债权债务关系简单、债权人单一、资产规模小的企业，可以酌情减少披露程序，以减少小企业的披露成本①。

有权利便有义务，在通过信息披露制度赋予利害关系人获悉信息的权利的同时也应当为其设置一定的义务，以平衡各方当事人的利益。在预重整阶段，债务人披露的信息可能涉及商业秘密，若随意泄露、使用则可能给他人造成损失，预重整规范性文件有必要在对信息披露作出规定的同时，也规定相应的保密义务，以防止因信息泄露或随意使用给他人造成损失。

第二节 出售式重整制度实践及改进

破产重整制度是挽救企业危机的重要制度，但在适用中暴露出周期长、资产变现困难等问题。方正、沈阳机床在破产重整中适用"出售式重整"处理企业非核心资产，及时地剥离不良资产，摆脱厚重的企业外壳，有力地实现了资产处理的高效，保障了债权人等利益相关方的权益。本节将在借鉴各国立法经验的基础上，有针对性地提出我国"出售式重整"规则的构建。

一 出售式重整的概念和特征

出售式重整制度作为一种应运而生的重整新模式，尚未在我国立法中进行明确规定，更多的是理论界探讨。对于出售式重整制度的概念，存在"清算说"和"重整说"两种学说。准确把握出售式重整制度的概念，能够推导出该制度所具有的特征，进而从宏观上把握出售式重整法律制度。

（一）出售式重整的概念

学界对于出售式重整的概念，存在"清算说"和"重整说"两种争

---

① 高丝敏：《论破产重整中信息披露制度的建构》，《山西大学学报》（哲学社会科学版）2021年第3期。

议。持前种学说的学者认为，出售式重整制度有悖于《企业破产法》的现有规定，实际上是打着重整之名，行清算之实。[①] 持后种学说的学者认为，重整的目的是维持公司之事业，而不是企业的外壳。笔者认为，出售式重整制度亦是特殊的重整制度，它秉承着重整制度挽救企业的理念。正如王欣新所言，出售式重整是指将债务人具有活力的营业事业之全部或主要部分出售让与他人，使其在新的企业中能够继续经营，而以转让所得对价及企业未转让遗留财产的清算所得清偿债权人的重整模式，其核心在于主要营业事业的存续，而并非债务人主体的保留。[②] 之所以称为出售式重整，关键在于企业将营业转让给第三方主体后，将注销原有的企业，原企业的营运价值在第三方主体中实现拯救，并得以继续经营。[③] 出售式重整有别于破产清算。

首先，出售式重整的理念与清算不同。出售式重整秉承的是"保留企业营运价值，但不保留企业外壳"另辟他径实现企业涅槃重生，其本质还是再生程序。而清算程序则秉承消灭公司法人资格，进而了结债权债务的理念。

其次，出售式重整制度中出售财产的目的有别于清算中的变卖财产。出售式重整模式中出售财产系为摆脱原有企业厚重的外壳，将原有企业中有价值、有活力的优质资产转移到新的企业中继续经营，进而清偿债务、实现企业再生。而在破产清算程序中出售、变卖财产主要在于积极追求企业清算价值的实现，公平、有序清偿债务，使得企业整体退出市场。

最后，两种程序的主动程度不同。出售式重整模式下，因原有营运事业得以存续，企业职工的就业能够得到更大程度的保障，这成为投资人积极推动出售式重整得以完成的内在动力。而对于破产清算而言，一般是在企业资不抵债的情况才进行，投资者通常不能获得剩余财产分配，所以投资人积极推动破产清算程序的热情不高。由此可见，出售式重整模式法律

[①] 贺小电：《破产法原理与适用》，人民法院出版社2012年版，第601页。
[②] 王欣新：《重整制度理论与实务新论》，《法律适用》2012年第11期。
[③] 王欣新：《营商环境破产评价指标的内容解读与立法完善》，《法治研究》2021年第3期。

性质在于重整。

(二) 出售式重整的特征

1. 以出售资产所得清偿债务

出售式重整最显著的特征就是"出售",这也是整个制度的核心所在。一方面,管理人将优质资产对价用于清偿债务。另一方面,管理人将营运事业出售后,继续推动原有企业外壳进行破产清算,原有企业之前的不良担保债权和劣质资产也会随同一起变价。变价款当然也得用于清偿原外壳企业的债务。因此,出售式重整制度中,用于清偿债务的费用主要源于资产出售价款和剩余破产财产的清算款项。

2. 重整计划可操作性强

通过出售式重整制度挽救困境企业的优势主要在于,拥有盈利能力的优质资产能够从债务人企业剥离,重整计划可操作性较强。对于接受营运事业的企业而言,不存在债务负担,能够实现轻装上阵,有序参与市场竞争。此外,还有助于后续的融资,提升未来公司的运营能力。

3. 债权的清偿额度确定

相比于存续式重整制度,债权人能够获得的清偿通常是确定的。一方面,营业转让所得价款是确定的,并且通常能够近期实现。另一方面,债务人旧壳上剩余资产也是确定的,并且能够通过清算的方式得以实现。因此,对于债权人而言,用于清偿的财产是确定的,其获得清偿的债权数额通常也是确定的,并且能够在清偿比例确定的情况下,及时获得现实清偿。而不是未来不确定的期权。

4. 重整的推进效率较高

当重整计划结构简单,可操作性较强时,重整程序的推动效率往往较高。只要所出售的资产具有营运价值,那么投资人推进重整计划执行的内在动力就会很强。投资者为尽快掌控营运事业,激发生产要素活力,进而实现更多的经济价值,往往会让渡某些利益,这样便缩短了磋商时间,进而提高效率。

5. 防止或有债权人增加重整成本

存续式重整程序中,即便债权人尚未及时申报债权,在重整计划执行完毕后，依然可以要求债务人清偿。① 而在出售式重整模式中，旧壳的法人资格最终将会被注销。因此，根据合同相对性，未申报债权人相对的债务人在法律上不复存在，故而也不会给新设实体带来或有债权风险。

二 国外的出售式重整制度

出售式重整制度起源于美国，并得到了广泛的适用。日本在吸收美国经验的基础上，创建了营业转让型重整模式。研究国外关于出售式重整模式的立法和实践，对我国出售式重整制度的改进具有极大的借鉴价值。

（一）美国的出售式重整制度

美国《联邦破产法》第363条规定，法院允许破产管理人或债务人以使用、出售或者出租等处分方式来利用破产财团的财产。此外，本条还规定，若在企业正常经营范围内的出售，只需要受到法院和债权人的一般约束；否则，将受到债权人和法院的严格审查。② 对于"正常经营范围"，采用双重判断标准。一是纵向标准，即该交易是否属于利害关系人可预测、可期待的交易。二是横向标准，即比较同业竞争者来确定是否超过正常范围。③ 从出售式重整制度的特性来看，其对营业进行转让，显然超过"正常经营范围"，需要受到法院和债权人的特殊约束。

美国司法实务中，出售式重整的流程主要包括以下三点。第一，债务人申请破产重整；第二，将全部资产出售给新设实体，由新设实体承担债务人部分债权债务。第三，债权人会议通过重整计划，进而分配出售资产对价及剩余资产。④ 对于破产财产的管理，以债务人自行管理为原则，以委托管理人接管企业为例外。因此，为防止欺诈破产，必须经法院组织的

---

① 《企业破产法》第92条第2款规定："债权人未依照本法申报债权的，在重整计划执行期间不得行使权利；在重整计划执行完毕后，可以按照重整计划规定的同类债权的清偿条件行使权利。"
② 贺丹：《通用公司重整模式的破产法分析》，载李曙光、郑志斌主编《公司重整法律评论》（第2卷），法律出版社2012年版，第26页。
③ 丁燕：《论"出售式重整"的经济法品格》，《法学杂志》2016年第6期。
④ 贺丹：《通用公司重整模式的破产法分析》，载李曙光、郑志斌主编《公司重整法律评论》（第2卷），法律出版社2012年版，第26页。

听证及批准后，方可进行营业转让。在美国，适用出售式重整制度的典型案例便是克莱斯勒重整案和通用重整案。作为重要的汽车企业巨头，因 2008 年金融危机导致资金链断裂，面临大规模职工安置问题，无论是法院，还是政府都高度关注。

在克莱斯勒重整案中，美国与加拿大政府、意大利汽车公司共同出资 70 亿美元设立新实体（新克莱斯勒公司）。原克莱斯勒公司以 20 亿美元的对价将商标、工厂、营销网络等营运资产整体打包出售给新克莱斯勒公司，并用价款清偿债务人 69 亿担保债权。同时，对于无担保债权，新克莱斯勒公司通过向工会和社保基金会让渡 55% 股权的方式予以冲抵。

在通用公司重整案中，通过设立新通用公司，新通用以债权投标的方式获得了原通用的资产。新通用主要以接受美国财政部对债务人的担保债权转让、新通用 10% 股权和 10% 股权的优先购买权及承担债务人部分担保债权为对价。本案中，债务人通过清算剩余财产及享有的新通用公司的股权，偿还了所有债权。新通用公司发展势态良好，不到一年半便成功上市，原通用公司的营运事业也得到持续发展。[①]

（二）日本的出售式重整制度

日本《民事再生法》传达出重整制度在于存续法人人格、继续营业的精神。日本再生程序主要特征在于：第一，吸取了美国的 DIP 模式，由债务人对企业进行管理；第二，重整效率极高，从裁定重整申请之日起到法院批转重整计划基本上都在 6 个月内；第三，强调债权人的自我责任。债权人在重整程序中的参与度不高，《民事再生法》赋予了利害关系人的阅览请求权，完善了信息披露措施，加强事后救济。[②]

日本的营业转让型重整模式主要分为两种。第一种是基于普通破产原因而实施的出售。此种情形下，债务人要转让全部或大部分营业时，必须在听取债权人与劳动工会的意见后，获得法院的批准。第二种是根据日本

[①] 徐阳光、何文慧：《出售式重整模式的司法适用问题研究——基于中美典型案例的比较分析》，《法律适用》（司法案例）2017 年第 4 期。

[②] ［日］山本和彦：《日本倒产处理法入门》，金春等译，法律出版社 2016 年版，第 119—120 页。

《民事再生法》第 42 条①规定，法院应当秉承"为了营业的再生确有必要"这一判断标准，广泛吸收债权人、职工、股东等意见，综合考虑转让合同的价格能否体现事业的价值、社会和经济的影响程度等，以此决定是否许可企业营业转让。

此外，对于股份公司的营业转让，《民事再生法》第 43 条②还做了特殊规定。满足一定条件的股份公司，可以不通过股东大会决议，而由债务人向法院申请"代替许可"，进而转让营业。这一规定主要考虑以下两点：第一，从权利顺位角度出发，在重整程序中，股东权利要次于债权人实现。并且通常而言，当企业进入破产后，公司往往资不抵债，股东能够获得剩余财产分配的概率不高。因此，对于股份公司的股东权益进行了一定程度的削弱。第二，法院作为公权力机关，手持正义天秤，其裁决依据是事实和法律，并且考虑公共利益，因而相比较其他利害关系人以实现自身利益最大化的行动基准，由法院裁决营业转让，公众较为接受。

三　我国出售式重整的实践

我国《企业破产法》虽未明确出售式重整制度，但我国司法实践中出现了适用出售式重整的典型例子，并取得了显著成效。

（一）淄博钜创公司重整案

山东淄博钜创纺织品有限公司（以下简称淄博钜创公司），成立于 2002 年，以服装生产与销售为主营业务。2013 年 12 月，经债权人申请，淄博市中级人民法院裁定受理了淄博钜创公司重整一案。

不同于一般破产重整案件，本案积极探索重整新模式，采取了出售式

---

① 日本《民事再生法》第 42 条第 1 项规定："再生程序开始后，再生债务人等行使下列行为的，应当经裁判所许可。此情形，法院作出许可应当限于认为该再生债务人的营业的再生确有必要的情况。"

② 日本《民事再生法》第 43 条第 1 项规定："再生程序开始后发现股份公司再生债务人不能用全部财产清偿债务人全部债务的，法院经再生债务人等的申请，可以对该再生债务人的营业的全部或《公司法》第 467 条第 1 款第 2 项规定的营业的重要的部分转让予以代替股东大会决议认可的许可。但作出该许可仅限于该营业的全部或者重要部分的转让对营业的继续必要的情形。"

重整模式。具体而言，高青如意公司作为战略投资人，经资产评估后整体受让了淄博钜创公司设备、厂房、土地等资产，这部分资产系担保财产。① 此外，高青如意公司还溢价收购了债务人未担保财产。② 之后，管理人以出售价款清偿债权人后，将淄博钜创公司予以清算并注销。

本案之所以适用出售式重整制度，主要在于以下三点：第一，淄博钜创公司资产严重不足，股权价值低迷，无法吸引战略投资者购买股权参与重整。第二，淄博钜创公司法人治理结构混乱，经营状况很难改善。第三，淄博钜创公司还存在许多隐性债务，潜在风险较高，即便保留原有企业并重整成功，也会面临债务增加的风险。以上困境使得淄博钜创公司无法适用存续式重整制度，必须加以探索，寻找适合如此困境企业的拯救模式。③

此外，为配合出售式重整制度在本案发挥强有力的作用，推进提高重整成功率，法院探索相应配套制度和机制，建立破产联系人制度，创设"普通债权差额累进受偿""不良债权立体承接""公司资产整体托管"等机制。④ 另外，管理人在本案中也发挥出优秀的履职能力，按照债权数额，对普通债权清偿比例做出了一些调整。⑤ 最终，该重整计划草案获得了债权人多数表决通过。

出售式重整制度在本案的高效运用，成为我国探索重整新模式的重要尝试。一方面，钜创公司的主营业务能够得到继续存续，充分发挥资源的价值。另一方面，能够缓解因债务人破产所带来的职工安置问题，维护社会稳定，还能优化营商环境。

---

① 根据《淄博钜创纺织品有限公司重整计划草案》的内容，此部分资产为建设银行、农业银行、齐商银行、高青农商行等银行贷款债权所对应的抵押物。
② 此部分未抵押、未质押资产评估价值为3769.35万元，收购价为5600万元。该款项在优先支付破产费用后，按照破产清偿顺序，依次支付共益债务、职工债权、税收债权、普通债权。
③ 赵玉忠、张德忠：《关于企业重整过程中几个问题的思考与应对——以淄博钜创纺织品有限公司重整案为视角》，《山东法官培训学院学报（山东审判）》2015年第3期。
④ 张德忠：《淄博中院为经济发展清障解难》，《人民法院报》2014年12月10日第4版。
⑤ 普通债权额不足5万元（含5万元债权）的，按100%比例清偿。普通债权额超过5万元的，5万元以内部分全额清偿，超出5万元部分按6%比例清偿。

(二) 浙江玻璃公司重整案

浙江玻璃股份有限公司（以下简称浙江玻璃公司）作为海外上市公司，虽陷入经营困境，但具备一定的生产能力，极具重整价值。2012 年 6 月，经债权人申请，绍兴市中级人民法院裁定受理浙江玻璃公司重整一案。浙江玻璃公司四家关联公司因管理不善等原因，同样陷入债务危机。同年 7 月，法院裁定浙江玻璃公司与四家关联公司进行实质合并重整。① 这是我国首例境外上市公司实质合并重整案。

浙江玻璃公司进入重整程序后，因债务负担繁重，难以吸引投资者承接巨大外壳。考虑到玻璃生产的特殊性，一旦停工，将引发危险品处置、停火冷窑、资产维护等问题。因此，为避免债务人资产急剧贬值和费用的显著增加，破产管理人经研究思考、广泛征求债务人意见后，决定对债务人企业外壳进行清算注销，将营运事业（即玻璃生产线）转让给福建某公司继续营业。并且，在维持营运事业后，管理人及时制定财产变价方案并成功通过。最终，浙江玻璃公司以 23.02 亿元的价款成功实现了剩余破产财产的变价处置，摆脱了厚重的企业外壳，实现了再生。

本案中，经过多方努力，实现了浙江玻璃及关联公司资产的高效处置，也实现了企业再生。破产费用、共益债务、职工债权及税收债权均获得了全额清偿，还大幅清偿了普通债权，有效平衡了各方利益。此外，还有效缓解了就业问题，达到了良好的社会和经济效益。虽然看似破产清算，但实质上进行创新，采用即为出售式重整模式。②

四 我国出售式重整制度的改进

随着重整制度的普遍实施，企业挽救工作在取得良好社会成效的同时，也暴露出破产立法还存在一些不能适应现实需要、有待补充完善之

---

① 这四家公司分别是：浙江工程玻璃有限公司、浙江长兴玻璃有限公司、浙江平湖玻璃有限公司、浙江绍兴陶堰玻璃有限公司和青海碱业有限公司。参见宋玉霞、李政印、周迈《论"出售式重整"模式的美国经验和本土实践》，《现代管理科学》2018 年第 1 期。

② 宋玉霞、李政印、周迈：《论"出售式重整"模式的美国经验和本土实践》，《现代管理科学》2018 年第 1 期。

处。这就需要借鉴国外立法经验，结合我国实践，有针对性地对重整制度加以改进和创新。

（一）完善出售式重整的法律框架

1. 立法明确规范出售式重整模式

我国《企业破产法》虽然未明确出售式重整制度，但本法第 69 条赋予了管理人转让债务人营业的职权；第 112 条规定破产企业可以全部或者部分变价出售。因此，通过出售方式拯救企业营运价值存在法律支撑。[①] 换言之，既然立法肯定采用出售方式挽救企业营运价值的做法，《企业破产法》应如何确立出售式重整制度？

第一，鉴于我国立法存在"重整"专章，故而可以将出售式重整引入本章，作为一种特殊的重整模式。

第二，细化出售的方式。现有《企业破产法》仅对债务人营业转让进行了概述，但未规定债务人出售的方式。借鉴国外有益经验，应当以重整计划内的出售为原则，以重整计划外的出售为例外。这种例外情形，应当经法院审查并批准。而法院审查的标准主要在于出售的资产占债务人财产的比例，在债务人常态经营下该部分资产所带来的利润占总利润的比例，出售溢价，等等。

第三，对于出售时间。原则上，应当以重整计划生效为时点。但存在例外情形，即当营业事业不及时转让，其价值将会遭受严重贬损的情形下，法院可以允许债务人及时（于重整计划发生法律效力前）进行营业转让，以实现资产的保值，避免债权人利益遭受不当损失。

2. 司法解释细化出售式重整的程序

当出售式重整上升为立法制度时，则应考虑其具体的程序框架，从而确保其广泛适用。现阶段，可以从以下三个方面对出售式重整程序进行细化。

第一，明确出售式重整制度适用的对象。单纯从挽救困境企业，维系营运事业出发，似乎不应当限定该制度的适用对象。但是，为减少司法资

[①] 王欣新：《营商环境破产评价指标的内容解读与立法完善》，《法治研究》2021 年第 3 期。

源的浪费，避免"为重整而重整"的无序现象，应当依法、科学限定其适用对象。从成本效益的角度出发，我国现阶段出售式重整制度应主要适用于拥有优质资源、营运价值较高的困境企业。但至于如何评估这一标准，还需要管理人等专业人员进行实质判断，并经法院批准。

第二，科学评估出售资产的价值。资产的出售价格能否真正体现营运价值，将直接影响债权人对资产出售的态度，并影响债权清偿率，还将影响投资者的收购决心。《企业破产法》第112条对破产财产的变卖进行了规定，除非债权人会议另有决议，变价出售破产财产应以拍卖方式进行。因此，出售式重整模式中出售相关资产也应当以市场为导向，经专业的清算中介机构评估资产价值后，以拍卖的方式出售资产。另外，可以考虑将相对独立的重整企业交易板块建立于企业产权交易市场。[1] 如此，将企业资产明确于广阔的平台，不仅能有效防止"暗箱操作"，还能吸引更多潜在投资人，进而科学判断资产价值，提高交易价格。

第三，结合预重整模式，提高出售式重整制度运行效率。出售式重整制度相较于存续式重整制度，能够实现更高效率地清理债权债务，近期实务界广泛运用的预重整模式和庭外重组方式与之高度契合。预重整，即在法院受理重整申请前，根据相关规则，制定重整计划，并经债权人多数决后，借助重整程序使得重整计划发生法律拘束力，进而实现企业拯救。[2] 从实践来看，预重整机制与出售式重整制度存在强烈的耦合性，均追求程序高效及债务人财产保值增值。对于结合方式，可以在重整申请受理前，对债务人资产进行评估，说明该资产存在出售的可能性，进而形成以"债权清偿原则，清偿比例、清偿方式以及重整融资、经营方案等框架性原则"[3] 为核心的预重整方案。

(二) 明确"可售资产"的范围

可供出售的资产是出售式重整制度的核心，明确"可售资产"的范

---

[1] 宋玉霞、李政印、周迈：《论"出售式重整"模式的美国经验和本土实践》，《现代管理科学》2018年第1期。

[2] 徐阳光、毛雪华：《破产重整制度的司法适用问题研究》，《法制与经济》2015年第1期。

[3] 池伟宏：《论重整计划的制定》，《交大法学》2017年第3期。

围对于重整程序的有序进行至关重要。一方面,应当合理划分"可售资产"的种类,采取概括加列举的方式予以明确。出售式重整财产转让的重点在于企业运营资产,且该资产具有很好的市场竞争力和前景。主要包括土地、厂房、成熟的生产线、技术工人、完善的销售网络、知识产权等,可以将这些资产明确规定为可供出售的资产种类。

另一方面,合理设定可供出售的资产边界。可以选择借鉴前文所述美国法上的纵向标准和横向标准。根据《公司法》的规定,若要出售公司重大资产,应当经过股东(大)会同意。何为"重大资产"?《公司法》第121条规定,上市公司一年内购买、出售重大资产或者担保金额超过公司资产总额的百分之三十。但这是公司常态化经营下如此规定。考虑到上市公司已经陷入经营困境,为实现再生,不应当将出售财产的范围限定在百分之三十以内,且当上市公司陷入经营困境后,股东大会通常不能正常发挥作用,不能形成有效决议。因此,应当考虑综合纵向和横向标准,结合资产性质认定能否出售。实践中,可以在最高人民法院指导下,各省高级人民法院根据当地实际情况制定出售财产比例和金额。

(三)健全信息披露义务

1. 明确信息披露的范围

美国破产法第11章重整程序中规定了首次信息披露义务,披露范围包括资产负债表、收支表、债务人名单、财务状况说明书等。[1] 对于具体的披露内容,因为不同公司的困境不同,不同债权人从不同角度审视困境上市公司,因而信息披露的内容也存在差异。但是,对于债务人背景,债权债务清单,资产负债表,现金流量表,出售资产性质、内容、数量、价格,债权人可获得清偿比例、清偿额等影响债权人及其他利害关系人决策的事项,应当以列举的方式加以明确。对于披露的标准,应达到"及时、真实、准确、完整"。[2]

2. 明确信息披露的主体

对于信息披露,需要明确实施主体和监督主体。对于信息披露的实施

---

[1] 王欣新:《重整制度理论与实务新论》,《法律适用》2012年第11期。
[2] 丁燕、黄涛周:《绝对优先原则的重新审视》,《东方论坛》2017年第1期。

主体，除了常规理解的债务人与管理人外，实施主体同样包含发起人、高级管理人、股东。此外，在实务中，第三方资产评估机构，论证资产出售可行性的专家学者同样掌握某些资产信息，理应成为披露主体。对于信息披露的监督主体，除了债权人、职工等利害关系人外，债权人会议同样有权对信息披露进行监督。此外，对于监督整个重整程序的法院，作为公权力机关，可以经上述主体申请，强制信息披露。

(四) 府院合理联动

一方面，政府作为多方利益协调者，应当表明对重整的支持态度，为企业重整提供财政支持并帮助解决职工安置和社会保障问题。具体而言，可以建立困境企业职工失业补贴基金；合理发挥自身公信力，吸引战略投资者进入重整；营造良好的营商环境，并提供政策支持和财政补贴，以助力战略投资者接受营业转让后顺利、及时恢复运营。另一方面，法院应当发挥在重整程序中的主要监督作用。建立破产管理人名册，建设专业化破产法官团队，加强法院与工商、税务、社保、海关等政府部门的联系与配合，协调解决企业税务征收，工商变更或注销登记，职工安置等问题。

第三节　关联企业实质合并破产重整

公司作为一种法律拟制人格，在法律上具有独立性。但公司不能凭空产生，它背后是股东。随着资本的积累，公司背后的"人"往往会选择通过集团化的运作方式或设立关联公司来降低交易成本、优化资源配置、提高经济效率。集团公司、关联公司内部的成员在法律层面上具有独立性，但在实际运行中往往具有一体性，投、融资，经济活动等往往不分彼此由集团公司或关联公司中的核心控制"人"进行决定、支配。当企业陷入非常态破产状态中，这种"一体性"极可能给破产法公平价值、程序价值带来严峻挑战[①]。

---

① 王欣新、周薇：《论中国关联企业合并破产重整制度之确立》，《北京航空航天大学学报》（社会科学版）2012年第2期。

一 实质合并破产的概念

实质合并的理论源于 Adolf Berle 教授在 1947 年提出的企业整体上说（Enterprise Entity Doctrine）。Adolf Berle 教授认为，如果数个股东设立数个公司，该数个公司之间由于关联关系而形成了经济上的共同体，其他公司实际上已经成为其中某一控制公司的附庸。从经济实施的角度出发，这些公司应当被视为同一整体[①]。《联合国贸易法委员会破产法立法指南》（以下简称《破产法立法指南》）指出，实质性合并是指将企业集团两个或两个以上成员的资产和负债作为单一破产财产的组成部分对待。[②] 徐阳光认为，实质合并是美国破产法官创造的一种公平救济措施，核心要义在于否认各关联公司的独立人格，消灭所有关联企业间的求偿要求，各成员的财产合并为一个整体以供全部关联企业的债权人公平清偿。[③] 王欣新认为，关联企业实质合并破产，是指将两个以上关联企业视为一个单一企业，合并全部资产与负债，在统一财产分配与债务清偿的基础上进行破产程序，各企业的法人人格在破产程序中不再独立[④]。

从《破产法立法指南》和国内学者对实质合并破产的界定看，对资产和债务进行统一是大家公认的实质合并破产应当具备的内容。但对实质合并破产是否限于企业集团内，存在一定的分歧。关联企业实质合并破产，其实是对公司独立人格的否认，在企业集团中进行实质合并破产的原因是企业集团中的企业之间可能存在业务、人员、财产的混同，甚至存在控制关系。除了集团企业外，现实中一个或数个人（法人、自然人）同时控制几家企业，企业之间存在业务、人员、财产混同的情况很多。因此，关联企业实质合并破产不一定要限于集团企业内，普通企业之间能够认定为关联企业，可以认定企业人格否认的，就可以适用关联企业实质合

[①] 朱黎：《美国破产实质合并规则的实践及其启示》，《浙江学刊》2017 年第 1 期。

[②] 联合国国际贸易法委员会：《破产法立法指南》（第 3 部分），2006 年版，第 2、72、73 页。

[③] 徐阳光：《论关联企业实质合并破产》，《中外法学》2017 年第 3 期。

[④] 王欣新：《〈全国法院破产审判工作会议纪要〉要点解读》，《法治研究》2019 年第 5 期。

并破产。因此，实质合并破产重整是指将两个以上的关联企业或集团公司视为一个整体，合并各企业的资产与债务，统一进行财产分配、债务清偿或重整的程序。实质合并破产重整中否认关联企业成员或集团企业成员的独立人格，被视为一个整体，若关联企业或集团公司相互之间存在债权债务，则在破产重整程序归于消灭。

二 实质合并破产的司法实践

我国《企业破产法》中并没有规定实质合并破产重整，《破产纪要》基于我国破产审判的需要对适用关联企业实质合并破产的原则、审查、管辖、法律后果等进行了规定，为全国法院适用实质合并破产重整提供了指导。我国部分地方法院也出台了企业实质合并破产规则，对关联企业实质合并破产的具体适用和操作进行了规定。当前，我国司法实践中已有300多件适用实质合并破产规则的案例[①]。适用实质合并破产的案件有的入选了年度十大商事典型案例，有的被最高人民法院发布为指导性案例。

(一) 实质合并破产审理规则

实质合并破产产生于破产审判实务，但需要有一定的规程才能保证其适用规范，为了规范关联企业实质合并破产，最高人民法院在《破产纪要》中对其适用作出了一定的规定，我国各地法院也在规范性文件中对关联企业实质合并破产作出了一些规定，其中厦门市中级人民法院等八家中级人民法院专门针对该制度出台了指引。(参见表3-11)

表3-11 全国各地有关关联企业实质合并破产制度的规范性文件

序号	发布机构	级别	文件名称	发布时间
1	云南省高级人民法院	高院	《破产案件审判指引（试行）》	2019.05.20
2	河北省高级人民法院	高院	《破产案件审理规程（试行）》	2019.09.11

---

① 赵惠妙、左常午：《我国关联企业实质合并破产的裁定标准》，《法律适用》2022年第4期。

续表

序号	发布机构	级别	文件名称	发布时间
3	山东省高级人民法院	高院	《企业破产案件审理规范指引（试行）》	2019.09.26
4	南京市中级人民法院	中院	《关于规范重整程序适用提升企业挽救效能的审判指引》	2020.01.20
5	厦门市中级人民法院	中院	《企业破产案件关联企业实质合并破产工作指引》	2020.05.21
6	安阳市中级人民法院	中院	《关于关联公司实质性合并破产操作指引（试行）》	2020.08.10
7	周口市中级人民法院	中院	《关于关联企业实质合并破产工作指引（试行）》	2021.03.16
8	长治市中级人民法院	中院	《关于关联企业实质合并破产工作操作指引（试行）》	2021.05.10
9	三门峡市中级人民法院	中院	《关联企业破产实质合并审理工作指引（试行）》	2021.05.28
10	青岛市中级人民法院	中院	《关联企业实质合并破产工作操作指引》	2021.10.29
11	东营市中级人民法院	中院	《关联企业实质合并破产案件审理规程》	2021.10.30
12	北京市第一中级人民法院	中院	《关联企业实质合并重整工作办法（试行）》	2022.04.28

1. 实质合并破产的原则

在最高人民法院《破产纪要》为关联企业实质合并破产确定了审慎适用原则的基础上，全国各地出台的有关关联企业实质合并破产的规范性文件均规定了审慎适用原则，对具备破产原因的关联企业以单独适用破产程序为基本原则，例外适用关联企业实质合并破产方式进行审理。

2. 实质合并破产的标准

最高人民法院在《破产纪要》中提出的适用关联企业实质合并破产方式审理的标准为法人人格高度混同、区分各关联企业成员财产的成本过高、严重损害债权人公平清偿利益（以下简称"三标准"）。12份地方规范文件中有9份规定的实质合并破产重整的标准与《破产纪要》一致。北京第一中级人民法院在"三标准"的基础上增加规定了由于企业运营、资产配置等客观原因，关联企业成员的加入为整体重整所确实必需，且实质合并重整预计将不损害个别债权人的清偿利益；以及由于节省区分和清理成本、降低破产费用等原因，上述成员加入实质合并重整预计将使全部债权人受益。三门峡市中级人民法院在"三标准"的基础上增加了兜底性规定，即法院认为应当进行合并破产的。最高人民法院确认的实质合并破产的"三标准"得到了各地法院普遍认同。

3. 实质合并破产的规则

《破产纪要》对实质合并破产重整进行规定后，各地出台的实质合并破产规范性文件对《破产纪要》已经规定的内容基本没有突破，而是进行了细化。对《破产纪要》未涉及的申请人、管理人作出了规定。以下（表3-12）主要考察各地实质合并规范性文件关于申请人、管辖、审查与异议、管理人选任的规则。

表3-12　　　　　　　　《破产纪要》对考察内容的规定

序号	考察内容	具体规定
1	申请人	未规定
2	管辖法院	由关联企业中的核心控制企业住所地人民法院管辖。核心控制：企业不明确的，由关联企业主要财产所在地人民法院管辖。多个法院之间对管辖权发生争议的，应当报请共同的上级人民法院指定管辖
3	审查与异议	法院在收到实质合并申请后，应当及时通知相关利害关系人并组织听证，审查可以综合考虑关联企业之间资产的混同程度及其持续时间、各企业之间的利益关系、债权人整体清偿利益、增加企业重整的可能性等因素，同时是否进行实质合并审理的裁定应当在收到申请之日起三十日内作出。相关利害关系人对受理法院作出的实质合并审理裁定不服的，可以自裁定书送达之日起十五日内向受理法院的上一级人民法院申请复议
4	管理人的选任	未规定

（1）申请人

《破产纪要》没有规定实质合并的申请人。各地颁布的规范性文件中规定的申请人包括债务人、债权人、管理人、清算责任人、出资人，其中债务人、债权人、管理人是公认的申请人。12份地方规范性文件中，2份未规定申请主体，10份对申请主体作出规定的文件均认可债务人、债权人，破产程序中的管理人可以申请进行实质合并破产重整。有2份文件规定赋予了清算责任人申请权。有3份文件赋予出资额占债务人注册资本十分之一以上的出资人申请权。其中河北高级人民法院还规定申请主体在向法院提出实质合并破产的申请前应经管理人审核。

（2）管辖法院

关于实质合并破产重整案件的管辖，《破产纪要》作出了明确的规定。各地在制定规范性文件时普遍遵循《破产纪要》规定的管辖原则，同时做了一定的细化规定，东营中级人民法院规定对注册地不在本辖区的关联企业，核心控制企业住所地或者关联企业主要财产所在地人民法院可以直接受理关联企业破产案件，但受理时应明确关联事宜并报上级人民法院备案。北京第一中级人民法院制定的文件同时规定部分成员住所地位于本市的，由本院管辖，一定程度上对《破产纪要》确定的管辖法院的范围进行了扩大。

（3）审查与异议

《破产纪要》对审查从形式、内容、期限均作出了明确规定，为各地开展实质合并破产重整的审查工作提供了指引。各地在制定规范性文件时并没有突破该纪要规定的内容，而是对其中的具体操作流程进行了细化。如东营中级人民法院规定了听证会的参加人员、流程、异议等。北京第一中级人民法院规定审查除通过审查材料、调查询问、组织听证等方式进行判断之外，还可以结合相关中介机构所对企业关联关系、财务混同情况作出的专项报告，以及预重整工作报告等进行综合判断。青岛中级人民法院规定听证可以通过线上进行。

《破产纪要》规定对于实质合并的裁定不服的可以申请复议。各地关于对实质合并的异议的处理均遵循了《破产纪要》的规定，东营中级人民法院在《破产纪要》的基础上，规定了对复议的审查组织为合议庭，复议的方式原则上为听证，案情简单的可以书面审查，复议的期限为收到申请之日起三个月内。

（4）管理人的选任

《破产纪要》对实质合并后的管理人的选任没有规定。各地关于管理人的选任普遍遵循以不"解雇"已有管理人为原则的方式进行，如果进入破产程序的关联企业只指定了一个管理人，则指定该管理人为实质破产重整案件的管理人。在进入破产程序的管理人为多家时,则指定他们组成联合管理人共同推进实质合并破产重整。同时为了明确职责、统一行动,由法院决定联合管理人的负责人以及管理事务的分工。这样的指定方式能够避免管理人前期所做的工作被浪费,还能够避免管理人之间多头工作或推诿扯皮。

(二) 实质合并破产典型案例

实质合并破产重整虽然在我国法律中并没有规定,但在司法实践中,其适用越来越多,并产生了良好的效果。海航集团有限公司等321家公司实质合并重整案、北大方正集团有限公司等5家公司实质合并重整案入选2021年全国法院十大商事件。最高人民法院发布的第29批共3件指导性案例,均为企业实质合并破产案例。

1. 江苏省纺织工业(集团)进出口有限公司及其5家子公司实质合并破产重整案

(1) 基本案情

南京中级人民法院先后受理了江苏省纺织进出口公司、江苏省轻纺公司、江苏省针织公司、江苏省机电公司、无锡新苏纺公司、江苏省服装公司六家公司破产重整六案,对该六案均指定统一管理人。2017年8月11日,管理人以以上六家公司人格高度混同为由,申请对上述六家公司进行实质合并重整。

南京中级人民法院经审理查明,江苏省纺织进出口公司的资本来源于江苏省纺织集团及其工会。在江苏省轻纺公司、江苏省针织公司、江苏省机电公司、无锡新苏纺公司、江苏省服装公司五家公司(以下简称五家子公司)是江苏省纺织进出口公司的子公司。六家公司存在住所地一致、法定代表人互相交叉任职、财务人员及行政人员共用的情形,且五家子公司的法定代表人均为江苏省纺织进出口公司的高管人员,五家子公司的业务也由江苏省纺织进出口公司具体安排。

(2) 裁判理由

法院认为,案涉六家公司人员任职高度交叉、共用财务及审批人员、业务高度交叉混同、收益难以区分,存在高度人格混同,且六公司存在大量关联债务及担保，资产、债务混同，清理困难。对涉案企业进行实质合并重整符合破产法的立法原则和宗旨，有利于公平清理债权债务，有利于公平保护债权人，有利于维护债务人合法权益。故裁定对六家公司进行合并重整。

（3）典型意义

该案产生于《破产纪要》之前，该案裁定进行实质合并重整有利于公平清理债权债务，有利于公平保护债权人，有利于维护债务人合法权益。为我国适用实质合并提供了参考标准，对推进关联企业实质合并破产重整在我国的适用具有积极的意义。"有利于公平清理债权债务，有利于公平保护债权人，有利于维护债务人合法权益"后来在《破产纪要》中确立，应该也有该案的贡献。

2. 海航集团有限公司等 321 家公司实质合并重整案

（1）基本案情

海航集团等 7 家公司进入破产程序后，管理人向海南省高级人民法院申请将大新华航空有限公司等 324 家公司纳入海航集团重整一案，适用关联企业实质合并破产的方式进行审理。

法院经审理查明，考虑剔除关联应收/投资及负担对外担保债务后，海航集团等 321 家公司的总体资产远低于总体负债。海航集团等 321 家公司的管理架构为"集团总部—事业部/产业集团—其他公司"的三级管控结构，海航集团的董事局为海航集团等 321 家公司的核心决策机构，中间层"事业部/产业集团"等是由海航集团设计的不具有独立法人资格的管理平台，底层的各公司依据海航集团、管理平台的指令开展各项工作。海航集团制定了一系列的制度，对海航集团等 321 家公司的人员、业务、资产、资金进行统一的管理，海航集团等 321 家公司内部法人治理机构并无独立的财务、人员、业务决策权。海航集团等 321 家公司的董事、监事、高级管理人员及财务人员存在大面积的兼职及交叉任职情况。海航集团等 321 家公司的经营、管理由海航集团、各事业部/产业集团进行统一安排、管理，海航集团等 321 家公司无权自主对外签署合同，部分业务开展时也不是以海航集团等 321 家公司为主体。海航集团对固定资产进行系统化统一管理，获取固定资产后由各公司混用。海航集团总体安排融资并统一调配 321 家公司的资产和融资款，资产混同使用，债务混同承担，并存在广泛的相互担保情况，资产、债权债务严重混同、难以区分。

（2）裁判理由

法院认为，海航集团等 321 家公司存在法定破产的原因，且集团公司成员在管理、人员、财务、业务等方面存在的混同事实，法人人格高度混同。海航集团等 321 家公司在行政化、垂直化管理模式下运行，不具有独立法人意志，丧失了财产独立性，321 家公司相互之间存在巨额资金调度以及巨额相互担保等现实情况，强行区分各公司的财务和资产费用高，耗时长，难度大。海航集团等 321 家公司绝大部分的资产被登记在少数公司的名下，大多数公司无资产清偿其名下债务，统一安排偿债资源，才能对全体债权人作出公平的清偿。同时，海航集团等 321 家公司在实质合并重整的情况下，有利于整合资源，引入重整投资人，从整体上提高债权人的债权清偿比例。因此法院裁定对海航集团有限公司等 321 家公司进行实质合并重整。

（3）典型意义

海航集团实质合并重整案，是目前亚洲地区债务规模最大、债权人数量最多、债权人类型最多元、重整企业数量最多、法律关系最复杂、程序联动最复杂的破产重整案件。海航集团等 321 家公司通过重整，实现了对业务、管理、资产、负债、股权的全方位重组，既解决了破产原因，化解了债务困境，又纠正了公司在集团化运作过程中存在的违法违规问题，成功拯救了该公司，达到了法律、社会、经济效果的统一，为大型集团企业重整以及实质合并破产立法、司法提供了样本。

三 实质合并破产的适用规则改进

由于实质合并破产会对作为公司基石的法人人格独立制度造成冲击，同时可能损害不知情债权人的权益，尤其是资产较高、清偿率较高的债务人的债权人[①]，因此实质合并破产的适用应当从严把握，必须有一定的原

---

① 彭插三：《论美国破产法中的实质合并规则》，《财经理论与实践》2010 年第 2 期。

则、标准。实质合并破产涉及两个以上的企业,具有不同于单个企业破产案件的特点,因此需要制定规则,明确实质合并破产的申请主体、管辖法院、管理人的制定等。

(一) 实质合并破产的基本原则

确立适用实质合并破产的基本原则,有助于法院深刻理解实质合并破产制度的立法意旨,更好把握适用标准,快速、准确判断其关联企业是否符合适用实质合并的标准,对符合标准的企业及时确定适用实质合并,对不符合标准的企业适用一般破产重整程序尽快处理,推动企业重整顺利进行。

1. 审慎适用原则

《破产审判会议纪要》明确提出关联企业实质合并破产要审慎适用,法院在审理企业破产案件时,应当尊重企业法人人格的独立性,以对关联企业成员的破产原因进行单独判断并适用单个破产程序为基本原则。《破产审判会议纪要》确立的该原则为适用实质合并破产明确了最基本的原则,该原则亦受到理论界和实务界的普遍认可,许多学者认为适用实质合并破产应当坚持审慎适用原则,我国各地出台的有关实质合并破产重整的规范性文件亦将审慎适用作为适用实质合并破产的首要原则。从《破产纪要》的规定看,(1) 公司人格独立依然是破产重整首先要尊重的,一般情况下对企业破产重整均以单个企业的方式进行,特定情形下,为了保证公平,才能突破公司人格独立制度,适用实质合并破产重整;(2) 对关联企业并不都"一刀切"适用实质合并破产重整,要根据关联企业的具体状况确定,只有在关联企业符合特定条件的情况下才适用实质合并。既要通过实质合并处理符合条件的关联企业破产重整案件,确保全体债权人公平清偿,也要避免不当采用实质合并方式损害相关利益主体的合法权益。

2. 偿债公平原则

破产立法的目标之一就是要保证债权人的公平清偿[1]。实质合并破产

---

[1] 王欣新、周薇:《关联企业的合并破产重整启动研究》,《政法论坛》2011年第6期。

产生的原因与立法的该目标是一致的。若关联企业实际上由一个"人"控制，各企业的资产、运行、人事、财务均由同一个"人"控制，这种情况下若坚持单个企业破产可能会对债权人明显不公平。实质合并对符合标准的企业进行一体破产重整，资产、债权债务统一处理，能够保障债权人公平受偿。实质合并会使部分资产优质、运营良好的企业一起进入破产程序，会对该部分企业带来不利影响，也会对该部分企业的债权人、投资人造成一定的损害。但符合实质合并条件的企业之所以进行实质合并，是由于这些企业在进入破产程序之前是存在很多有违法人独立人格、破坏公平交易的违法行为，该部分资产优质的企业的资产大多离不开其他债务负担沉重的企业的贡献。因此进行实质合并，采取一体化方式对这些企业进行处理其实是对先前违法行为的纠正，而且避免了认定众多个别无效行为或可撤销行为，降低追回财产的高额成本。体现了保护债权人整体利益，实现实质公平的立法宗旨。[①]

3. 效率原则

市场经济瞬息万变，企业一旦进入"非正常"状态，其价值随着时间的推移会不断贬损。破产对企业来说就是一种"非正常"状态，企业长期处于破产程序中，会对企业、债权人、出资人甚至社会造成损害。效率不仅是一般民事案件审判的需要，也是破产案件必须考虑的。各国不断对破产法进行改革，目标之一便是使破产制度更加具有效率。有利于提高效率应当是适用实质合并破产重整坚持的原则之一。关联企业之间紧密的关系，可能会导致给破产程序中关联公司的资产、债权债务无法区分或者区分需要花费大量的时间、金钱，这就会使破产程序拖延，给各方造成损害。为了更好维持债务人的资产，保障债权人、出资人、利害关系人以及社会的整体利益，在此情况下就应当适用实质合并破产重整。

4. 破产拯救原则

关联公司的出现具有经济上的合理性，关联企业往往存在着上下游供应链的关系或者专业化分工合作的模式，这不仅有助于企业降低交易的成本，还能够降低企业运营风险，提升企业对抗外部冲击、市场环境变化的

[①] 王欣新、周薇：《关联企业的合并破产重整启动研究》，《政法论坛》2011 年第 6 期。

能力。同时关联企业的形成是资本规模不断积累形成的，其能够发展壮大形成规模，说明其具有盈利性和发展性，同时也凝聚了很多的财富和心血，因此往往具有拯救的可能。实质合并对关联企业重整意义重大。分别出售、分别破产重整可能会破坏关联公司长期形成的体系性和抗风险性，降低企业的价值和以后盈利的空间。在实质合并对企业的资产、债权债务进行一体处理的情况下，有利于保留企业间已经建立的合理经济关系，保持企业经营体系的完整性，妥当解决分别重整容易出现的经营结构不完善情形，实现企业价值的提升或者资产的快速市场化处置，实现资源的有效整合，从而最大限度地发挥重整拯救的功能。[①]

（二）实质合并的标准

确立关联企业实质合并破产的标准，对符合标准的企业适用实质合并破产程序，对不符合标准的企业严格尊重法人人格独立，才能充分发挥关联企业实质合并破产程序的作用，公平、高效处理关联企业破产问题。徐阳光提出，实质合并破产应当关注关联企业之间的混同情形，以及破产程序的价值、债权人的权益保障、经济效率与司法效率[②]。王欣新、周薇总结美国判例中所采用的标准的基础上，概括出美国实质合并破产的标准为"另一自我"标准、利益平衡标准和资产分离难度标准[③]。曹文兵在分析16件关联企业实质合并破产案件的基础上提出实质合并破产的适用条件包括：关联企业之间法人人格高度混同、债权人的整体利益因实质合并而受益、已经穷尽其他救济方法且无法实现公平偿债、各关联企业成员原则上已经达到破产界限，同时，以资产负债分离困难、分离成本高、有助于推进破产程序顺利进行作为辅助性条件[④]。从专家学者的观点看，国内专家普遍认同美国判例中形成的标准，并认为应当将实质"同一性"或人格高度混同作为适用实质合并破产制度的主要标准，兼顾资产、债务分离

---

① 肖彬：《实质合并破产规则的立法构建》，《山东社会科学》2021年第4期。
② 徐阳光：《论关联企业实质合并破产》，《中外法学》2017年第3期。
③ 王欣新、周薇：《关联企业的合并破产重整启动研究》，《政法论坛》2011年第6期。
④ 曹文兵：《供给侧改革背景下实质合并破产制度的构建与完善——以16件关联企业合并破产案件为分析样本》，《理论月刊》2019年第7期。

的难度，成本以及利益平衡的标准。我国在确立实质合并破产适用标准时，可以以上述标准为标准，并赋予该标准一定的灵活性，以应对发展中不断产生的新情况、新问题。

1. 实质"同一性"标准

实质"同一性"是公认的适用实质合并破产制度的首要标准，其产生与法理与公司人格否认制度息息相关。实质"同一性"标准有时也叫"另一自我"标准。在一公司与其他公司的人格完全混同时，多个法律实体实际上具有同一性，互为"另一个自我"。如母子公司之间，母公司将子公司的资产、盈利作为自己的对待，对子公司的业务、人员、运营实施控制时，子公司实际上已经丧失了独立人格，与母公司的部门或分支机构无异，成为母公司的一部分，与母公司成为"同一体"，在破产时应该进行实质合并。实质"同一性"标准应当比法人人格否认制度的要求更高，因为法人人格否认制度是对法人独立人格和股东有限责任的一时否认而非永久全面否定，具有个案性，而关联企业实质合并破产是对公司人格的全面否认，产生的法律效果影响更广、更深刻。只有在关联公司之间存在资产、财务、人员管理、发展运营严重混同，相互控制，各关联公司实际上失去了独立性，实质上成为同一经营体，达到无法区分各公司人格的界限、无法界定各公司的资产和债务时，才能在关联企业破产时全面地否定其法人人格。

2. 利益平衡标准

适用实质合并破产会对公司的人格进行全面的否认，这对公司法律制度的基石——法人人格独立和股东有限责任会造成巨大的冲击，在适用该制度时应当充分进行利益衡量，非必要不适用实质合并破产制度。美国进行实质合并破产往往会进行利益平衡，即在实质合并产生的利益以及弊端之间进行比较，如衡量实质合并是否有利于增加重整成功率、对资产较多的公司债权人造成损害的大小等。利益平衡原则要求进行实质合并破产重整能够带来的利益大于所产生的损害。同时还应平衡适用实质合并破产重整是否对关联企业的债权人、利害关系人更公平，只有在适用实质合并破产重整更公平的状况下，才选择适用实质合并破产重整。当然，利益平衡标准具有一定的主观性和模糊性，我国在确立该标准时，可以考虑设定一些具体的衡量内容和衡量方法。同时赋予企业、当事人异议权，以避免法官运用自由裁量权造成利益平衡的偏颇。

3. 无法分离或分离成本高

《联合国国际贸易法委员会破产法立法指南》指出，法院确信企业集团成员的资产和债务相互混合，以至没有过度的费用或迟延就无法分清资产所有权和债务责任①。适用实质合并破产重整主要考察的应当是企业的资产和债权债务关系。无法分离或分离成本高则指的是企业的资产、债权债务严重混同不能分离或者分离需要花费大量的时间、金钱和精力，严重影响企业破产重整效率。为顺利推进破产重整工作，保障债权人的整体利益，提高破产重整的经济效率和司法效率，此时就不区分不同的企业进行破产重整，而是采取实质合并破产重整的方式对企业进行破产清算或拯救。

（三）实质合并重整的规则

实质合并破产重整涉及的企业不止一个，为了有序推进实质合并破产重整工作就需要制定一定的规则，对实质合并破产重整的申请主体、启动模式、管辖法院以及具体的实施进行一定的规定。

1. 申请主体

实质合并破产重整的申请主体应当包括债权人、债务人、出资人、管理人，同时法院原则上不应当主动启动合并破产重整程序。

就一般的企业重整程序而言，根据《企业破产法》第70条规定，债务人或者债权人可以直接提出重整申请。债务人或出资额占债务人注册资本十分之一以上的出资人可以在人民法院受理破产申请后、宣告债务人破产前申请重整。重整的程序的推进离不开债权人、债务人、出资人的参与，重整的结果与债权人、债务人、出资人关系重大，他们当然也具有申请实质合并重整的权利。但仅依靠这些主体申请合并重整，会存在一定的局限性。

---

① 联合国贸易法委员会：《联合国国际贸易法委员会破产立法指南》（第3部分），2006年版，第72页。

债权人都想自己的利益最大化,拥有资产较多的企业的债权人没有申请合并破产重整的积极性,资产少的企业有可能还没有进入破产重整程序,其债权人难以及时提出合并申请。即使资产少的企业已经进入了破产重整程序,但债权人对关联企业的状况并不了解,可能存在不知晓企业是否符合实质合并重整标准、应当申请实质合并重整的对象的情况,同时举证能力也有限。这些障碍都会导致在具备适用实质合并破产重整的情况下,没有债权人主动申请合并。

债务人虽然在法律上具有独立的人格,但其运营、决策的决定主体其实是企业背后的股东,股东投资企业的目的是获得利益。在企业进入破产程序后,关联企业的共同股东,通常也是债务人的大股东们会选择将债务负担重、盈利空间小、未来发展不明朗的企业抛弃出清,而缺乏申请合并重整的积极性。关联企业之间存在人、财、物混同,表明企业经营管理混乱,在进入破产重整程序后,企业会担心申请实质合并重整会暴露企业在生产经营过程中的一些违法、违规行为,导致产生法律责任。以上均会使出资人缺乏申请合并重整的意愿。

基于以上原因,有必要赋予处于中立地位的管理人申请合并重整的权利。管理人是破产重整程序的主要推动者,其在全面接管债务人的资产、营业,清理债权债务的过程中,对债务人的运营情况会有比较深入的了解,同时管理人一般具有专业的法律知识,对实质合并破产申请所需要的材料更明确,在申请实质合并破产重整方面具有优势。同时破产重整程序的高效推进有利于快速处理案件并获得应得的报酬,因此管理人也具有申请实质合并破产的动力。

实质合并破产制度是为了纠正企业在运营过程中的混同,从而公平地维护当事人的合法权益,提高经济效率和司法效率,从理论上讲,法院应当具有启动实质合并破产程序的职能。但《联合国国际贸易法委员会破产立法指南》表明,法院自行下令进行实质性合并破产重整会产生严重影响,所以通常法院不宜依职权启动实质合并程序。我国破产法的立法、适用应始终坚持市场化的原则,而实质合并受到严重影响的为债权人、债务人、出资人,因此在适用实质合并时应当充分尊重市场主体的意愿,法院在发现存在符合实质合并破产重整的标准时，可以采取诉讼引导、主动释明等方式告知当事人适用实质合并的规则，以保障当事人的知情权和处分权。

2. 启动模式

破产审判实践中，实质合并破产程序启动模式通常有三种，第一种是关联企业中的各企业先后或同时进入破产程序，在程序进行的过程中，经申请人申请对关联企业实行实质合并。第二种是关联企业中有一家以上的企业已经进入破产重整程序，在程序进行过程中，法院裁定对其他未进入程序的企业一并纳入破产程序，并进行实质合并处理。第三种是在申请破产前关联企业已经合并，后一并申请进入破产重整程序①。第一种模式中的企业都已经进入了破产重整程序，进行实质合并基本没有什么障碍，也是极为稳妥的。但是第二种模式，由于部分企业并没有进入破产程序，此时对未进入破产程序的企业纳入实质合并破产重整容易引起未进入破产程序、企业未达到破产状态的债权人、出资人的反对、抗拒，但通过实质合并对关联企业的资产债务进行一体处理，公平维护债权人的合法利益是实质合并制度产生的基础，因此对未达到破产状态的企业纳入处理是实践中会遇到的问题，也是实质合并破产必须考虑的问题。此种情况下的实质合并破产应当严格遵守实质合并破产重整的原则和标准，并采取当事人申请、法院审查的方式决定是否进行实质合并。第三种模式可能在预重整制度中具有适用的空间，但预重整的非司法阶段法院应当尽量不介入，完全当事人达成实质合并的决定存在很大的障碍，资产较多、清偿率高的企业的债权人并没有同意实质合并的基础，因此该种情况在我国实质合并破产重整中适用的空间极其有限。

3. 管辖法院

单个企业的破产重整案件根据企业破产法的规定由债务人住所地管辖，管辖法院较明确。但实质合并涉及的企业数量不止一个，债务人住所地也不一定在一个地方，因此对实质合并破产的管辖法院确定应遵循一定

---

① 曹文兵：《供给侧改革背景下实质合并破产制度的构建与完善——以 16 件关联企业合并破产案件为分析样本》，《理论月刊》2019 年第 7 期。

的规则。对于实质合并破产重整的管辖法院有"利益中心说",即以关联企业中的核心企业所在地确定管辖法院;有"先入为主"说,即以在先进入破产程序的企业所在地法院为管辖法院。我国在实践中,可以考虑以"利益中心说"为主、"先入为主说"为辅确定实质合并破产重整的管辖法院。关联企业的核心企业往往集中了关联企业的主要资产和负债,也是关联企业的实际控制中心,由核心企业所在地的法院管辖有利于破产重整程序的顺利推进,保证破产案件的审理效率和程序经济。在关联企业中的一家企业进入破产重整程序,进行破产重整的过程中该企业与其他企业具有关联关系,符合实质合并的标准,则可以由已经在审理破产重整案件的法院对关联企业的实质合并破产重整进行统一管理。对于在关联企业中多家企业均进入了破产重整程序的情况,则以核心企业所在地法院管辖为主。多家法院对于企业实质合并破产重整案件的管辖存在争议时应当参照现行法律的规定确定管辖法院,即先协商解决,解决不了的,报请共同的上级人民法院指定管辖。

4. 通知及异议

澳大利亚2007年公司法修正案(破产)规定"一项合并动议的通过,需要集团每个成员的债权人分别表决。表决不仅需要参加表决的债权额和债权人人数符合一定条件,而且要求每个成员的债权人会议均表决同意"[①]。这对实质合并破产重整的要求过高,而且关联企业的债权人之间必然存在利益对抗关系,若资产多、清偿率高的企业债权人多,那债权人会议通过实质合并的概率极低,而关联企业的数量可能较多,召开债权人会议需要支出大量的时间和费用,不利于经济、效率原则。在当事人申请,法院审查裁定实质合并破产重整的情况下,及时通知当事人并赋予当事人在一定期限内提出异议的权利,能够保障当事人的合法权益,同时有利于保障程序的经济和效率。

实质合并破产重整必然会对债权人的利益产生重大影响,致使债权人的受偿比例发生变动。为了防止实质合并破产重整被不当适用,赋予债权人异议权是实质合并制度必须具有的内容。法院应当为异议债权人提供便

---

① 王欣新、周薇:《关联企业的合并破产重整启动研究》,《政法论坛》2011年第6期。

捷的异议渠道，并采取有效的方式对债权人的异议进行审查。法院应当在审查债权人提出异议的事实与理由基础上，尽量结合管理人对合并前后债权人的清偿率，在平衡各方利益，且单独破产重整确实不能够平等保护债权人利益，对清偿率低的债权人确实不公平的情况下，才驳回债权人的异议。若法院审查认为，合并会产生不利于债权人的严重后果，不利于平等保护债权人利益的，应当决定不予合并、终止合并程序或调整合并方案。对异议不成立的债权人法院和管理人应当在告知异议结果后进行详细的释明，尽量让异议债权人清楚并理解实质合并的意义和必要性。

5. 管理人的选任

管理人是破产程序的主要推动者，是破产事务的具体执行者，在破产程序中发挥着极其重要的作用，在重整程序中对企业的挽救和未来发展也具有重要影响，实质合并破产的企业数量多、资本结构以及债权债务关系复杂，管理人的选任极为关键。对只有一家关联企业正式进入破产重整程序的案件，在决定合并指定管理人时可以在综合考量管理人的业务能力、工作业绩、履职表现的基础上指定已有的管理人和其他具有资质、业务能力的管理人共同组成管理人团队。对于实质合并的多家企业均已经进入破产程序的，同样可以在考量管理人业务能力、工作业绩、履职表现的基础上指定现有的管理人组成管理人团队，当然如果有必要还可以增加管理人队伍的力量。对已有的管理人原则上应当保留，以避免引发不必要的问题，包括增加事务交接成本，可能失去业务的管理人的消极、对抗[①]。同时为了避免管理人相互推诿、重复工作、互不配合，法院在指定管理人时，应当确定总负责人以及管理人内部的分工情况，管理人之间出现争端时，应协商解决，协商不成的亦应当由法院进行协调。

第四节 财产权信托在破产重整中的运行

在破产重整实践中，当前重整工具在企业进入破产清算程序后易被搁

---

① 王欣新、周薇：《关联企业的合并破产重整启动研究》，《政法论坛》2011年第6期。

置、拖延①；传统债转股方式改变破产企业原有股东构成，易陷入内外经营两难；整体出售式重整将导致后续债务难理清，影响区域金融秩序；存续性重整中因余债问题企业易面临二次破产。为迎合市场需求，破产企业也会采取 SPV 的模式达到资产隔离的效果，但在投资人破产时，因为部门法位阶较低不能对抗法律，资产依旧会被纳入投资人的破产财产。伴随海航、方正重整引入财产权信托方式处置资产，"财产权信托"作为重整纾困的新模式渐进人们的视野。财产权信托是指以特定的财产或财产权作为信托财产建立的信托关系。把财产权信托引入破产企业重整程序中，能够提升破产企业非核心资产的市场价值并以信托收益提升债权人的受清偿率。

一 财产权信托引入破产程序的现实基础

破产企业招募重整投资人是实现自救的常规方法，而待处置资产是破产企业招募合意重整投资人的先决问题。破产企业的资产分为物权性财产、债权性财产、人身性财产这三类②。这三类资产都面临变现难的问题，导致破产企业的债权人受清偿的比率普遍偏低。对于物权性的资产，面临所有权归属难以确定、资产变现困难、部分资产因搁置而贬值等问题。债权性资产需债务人积极配合，变现的时间成本高、难度大。对于人身性资产而言，企业的市场地位、品牌效益都是在破产程序中无法估价和变现的。同时，仓促变卖待处置资产会损害破产企业的利益以及降低债权人受清偿比率。因此破产程序需要新重整工具的加入，解决破产企业重整路上的阻碍以实现重整目的。

（一）破产程序中重整工具供给不足

目前传统的重整工具已不能满足破产企业的需求。＊ST 创智在连发数次业绩预亏公告后，于 2006 年 12 月 21 日发出特别风险提示公告，表

---

① 张艳丽：《破产重整制度有效运行的问题与出路》，《法学杂志》2016 年第 6 期。
② 王玲芳、孙立尧：《破产程序中债务人财产处置面临的困境及应对建议》，《人民法院报》2021 年 10 月 14 日第 7 版。

明"公司股票将被暂停上市"①。2007年1月30日披露上一年度亏损金额约为2.7亿,累计亏损金额约为8亿②。为实现自救,*ST创智在2007年底引入大地集团,采取股权拍卖的方式获得资金,2008年1月23日出售资产,受让方为成都川汇杰工程机械有限公司③。2010年8月,深圳中院受理*ST创智破产案件,2011年6月3日*ST创智披露了重整计划书,主要采取"收债转股"的方式,具体清偿方式如表19所示。但方案遭到中小债权人的强烈反对,2012年9月13日新的重整计划再次被否,企业重整失败,深交所宣布其退市。债转股、出售式重整、存续性重整等传统工具存在的不足易使企业错失重整时机。

表3-13　　　　　　　　*ST创智确定受偿情况④

债权人名称	债权金额(元)	800万以内可受偿的股票(股)	超过800万可受偿的股票(股)
中国工商银行股份有限公司长沙金鹏支行	6869267.67	412156	0
中国证券报	70000.00	4200	0
湖南创智信息系统有限公司	10249000.00	480000	74860
四川大地实业集团有限公司	100000.00	6000	0
中国信达资产管理股份有限公司深圳分公司	219332605.27	480000	7034417

1. 股价与股权架构变动增加企业重整难度

目前债转股主要有三种模式,一是"收债转股",一般由银行打包收购再打折出售给第三方;二是"两步走",开设子公司发股收资以偿还债务,再发新股换回子公司股权;三是"发股还债",也是最常见的增股增资⑤。三种模式会带来几种不利后果:第一,经营风险高。在第一种模式

---

① *ST创智《创智信息科技股份有限公司特别风险提示公告》,深圳证券交易所,公告编号:2006-046。

② *ST创智《创智信息科技股份有限公司预亏及股票暂停上市风险提示性公告》,深圳证券交易所,编号:2007-008。

③ 《创智信息科技股份有限公司 出售资产公告》,深圳证券交易所,公告编号:2008-003。

④ 《创智信息科技股份有限公司重整计划》第14页。

⑤ 薛龙齐:《市场化债转股问题讨论》,《中国管理信息化》2022年第2期。

中不仅银行容易亏损，作为第三方的实施机构债权变股权导致企业破产后清偿位次后移，可能会降低受清偿比率。第二，交易双方公平性低。无论是哪一种模式都面临一次或两次的股权定价和债权定价。尤其是股权的价格受市场、政策影响大，价格波动会引起交易双方的利益不平衡。第三，企业管理难度大。债转股最直接的影响就是降低老股东的股权占比，新老股东的磨合可能错过破产企业重整的好时机。大地集团收购*ST创智股权后，表明"对创智科技进一步实施重组，最大限度保护全体股东特别是中小股东的权益"[1]，但后续，大地集团并未做出挽救公司的实质行为，草拟的重整计划因忽略中小股东利益被叫停，错失重整时机。对于破产企业而言，若没有及时改善债转股后企业的管理模式，存在同股不同权的情况，还会出现管理权与股权的不匹配，造成内部管理模式混乱，严重阻碍破产企业的重整进程，原债权人的利益也得不到保障。

2. 盲目出售、扶持增加区域金融风险

出售式重整是指，债务人把企业营业整体或部分出售给其他人，使相关资产在市场中存续，并用转让所得清偿债务，剩余资产通过破产清算来清偿债务。出售式重整利于保持核心资产的竞争力和存续，但仍有不利影响。第一，增加该区域的金融风险。破产企业涉及多方贷款、投资的关系，关系链中一方倒塌会引起其他主体[2]，例如保证人、参股公司等的连锁破产。*ST飞马于2020年12月在深交所披露重整计划，2021年2月9日发公告称"参股公司东莞市飞马物流有限公司被债权人申请重整于2021年2月5日被深圳市中级人民法院裁定受理"[3]。连锁破产造成实体经济更加紧张，银行提高贷款门槛以规避投资风险。第二，资产转让制度不清损害各方利益。在我国，《深圳经济特区商事条例》中首适用"营业转让"一词，该条例于2014年1月2日废止[4]。其他地区仅有实践中形

---

[1] 《创智信息科技股份有限公司详式权益变动报告书》第11页。

[2] 王照洪：《企业出售式破产重整增加地方金融风险》，《时代金融》2018年第2期。

[3] *ST飞马《深圳市飞马国际供应链股份有限公司关于参股公司被债权人申请重整的提示性公告》，深圳证券交易所，公告编号：2021-023。

[4] 《深圳市人民代表大会常务委员会关于废止〈深圳经济特区商事条例〉的决定》，深圳市第五届人民代表大会常务委员会公告第141号。

成的商事规则来规范资产出售、产权转让，导致资产转让不规范引发纠纷，损害债权人、买受人利益。第三，易产生"僵尸"企业。在破产企业重整过程中，政府自我定位模糊，过多干预，盲目扶持破产企业存续而忽略企业市场的配置淘汰，部分企业无法真正实现破产重整。第四，债务人恶意避债风险增加。最高人民法院发布针对"逃废债"处理办法的通知①，但破产法中未规定破产企业选择出售式重整的条件，实践中债务人故意采取出售式重整的方式来躲避债务的情况难以避免。

3. 余债风险使企业易陷入二次破产

采取存续性重整，债务人主体资格存续，主要采取减免企业债务或债务展期等方式来维持企业主要经营业务，仍以债务人为经营主体。在上海明虹投资有限公司（以下简称明虹公司）重整案中②，明虹公司在法院审理期间继续经营主业务，企业营收4000余万元，通过减免企业债务的方式完成重整计划，实现明虹公司的存续性重整。但人民法院批准的减免债务只针对特定的债务，并不针对所有债权人的债权。根据《企业破产法》第92条第2款③的规定，债权人未依法申报债权的，虽在重整计划执行期间不得行使权利，但在重整计划执行完毕后，可要求根据重整计划中同类债权的清偿条件，来实现其债权。此时，重整后的企业面临余债风险。若重整计划中预留的金额不足以清偿余债，则又会对重整后的企业带来负债压力。重整后的企业在前期一年内，闲余资金短缺，负债压力可使企业陷入二次破产。

（二）财产权信托与破产程序的耦合

虽然财产权信托的性质与大陆系法律国家的本土法律概念在兼容性上

---

① 《最高人民法院关于人民法院在审理企业破产和改制案件中切实防止债务人逃废债务的紧急通知》（法〔2001〕105号）。
② 上海破产法庭2020年度典型案例之二，上海市第三中级人民法院、上海知识产权法院发布10起服务保障"六稳""六保"典型案例之二：上海明虹投资有限公司重整案——存续式重整模式整体盘活资产实现共赢。
③ 《企业破产法》第92条第2款规定："债权人未依照本法规定申报债权的，在重整计划执行期间不得行使权利；在重整计划执行完毕后，可以按照重整计划规定的同类债权的清偿条件行使权利。"

存在争议①，但在实践中，财产权信托能有效规避传统重整工具的弊端。为在重整中将各方利益最大化，在破产程序中引入财产权信托，已成为我国实践中的首要选择。

1. 资产分类减轻核心资产债务压力

发挥财产权信托资产隔离功能，信托资产承接大部分债务以减轻核心资产的清偿压力。以渤钢集团破产为例，采取"出售式重整"的模式，对渤钢集团的资产进行划分，具体构架如图3-4所示。发挥财产权信托的资产分离功能，一方面，有效解决了原渤钢集团资产体量大、重整投资人没有足够的资金实力帮助渤钢集团完成所有的资产重整的问题，以确保原渤钢集团的核心资产的存续；另一方面，资产分离后，将非核心资产设立财产权信托交由信托公司管理，非核心资产承接了原渤钢集团的大部分债务，减轻核心资产的负债比率，减轻重整投资人的资金压力。在新加坡，信托的资产隔离功能被视为保护客户资金的监管制度，且为该制度的关键部分②。我国根据《信托法》的规定，信托财产具有独立性，信托公示制度进一步确定了信托的隔离功能，③保护破产企业的非核心资产免遭破产清算，避免了非核心资产因不能在破产程序时限内找到适格重整投资人被折价变卖，为后期资产创造收益提供了时间基础。

与出售式重整模式相同的作用是对破产企业的资产进行了分离，但两者之间最大的区别在于，财产权信托是针对非核心资产设立的，由此分离核心资产，目的是盘活破产企业的非核心资产；而出售式重整是针对核心资产，目的是维持核心竞争力的存续而摒弃掉其他资产。

---

① Ho, Lusina. "The Reception of Trust in Asia: Emerging Asian Principles of Trust?", *Singapore Journal of Legal Studies*, No. Dec 2004 (2004), pp. 287-304.

② Leo, Zhen Wei Lionel. "Recent Developments on the Protection of Customers' Moneys through Segregation and Trust Obligations: Vintage Bullion DMCC v Chay Fook Yuen", Singapore Academy of Law Journal 29, No. 2 (2017), pp. 518-539.

③ 田田、王玉红：《我国信托财产权制度的经济学分析》，《东北大学学报》（社会科学版）2007年第1期。

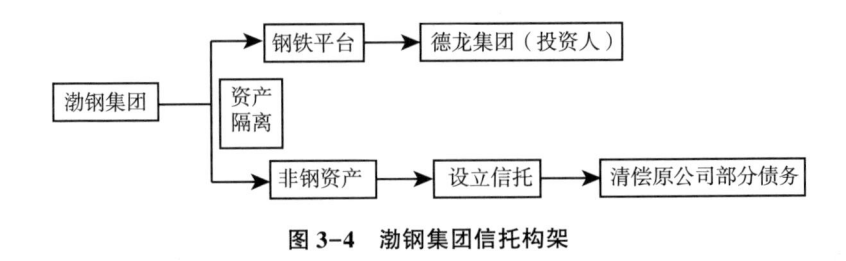

```
渤钢集团 → 资产隔离 → 钢铁平台 → 德龙集团（投资人）
                  → 非钢资产 → 设立信托 → 清偿原公司部分债务
```

图 3-4　渤钢集团信托构架

2. 盘活非核心资产提高债权人受清偿率

加拿大学者将信托产生的利益视为一种独特的财产利益[1]，我国也认为信托作为一种理财方式，具有收益功能。将信托下的利益视为一种独特的财产利益，我国将财产利益总结为受益人的受益权。信托财产收益功能是指，信托公司在管理、处分信托财产过程中产生的利益，受益人可以获得该收益。*ST 康美于 2021 年 11 月 27 日在上交所披露的重整计划中明确"以债务清偿为目的设立信托平台公司承接信托底层资产，由受托人通过平台公司管理、处分信托底层资产"，并且指出"在信托计划项下实现待处置资产清理、确权和处置等工作，处置所得在优先支付相关费用后向受益人分配"，此处的受益人"为债权最终得到确认、债权金额超过 50 万元、需要按照本重整计划以信托受益权进行清偿的债权人"[2]。在财产权信托关系中，借助信托公司的资源和平台，盘活信托财产，产生的经营利润用于清偿。信托财产产生的收益由信托公司直接发放给受益人，不用经过委托人的账户，在一定程度上保障了债权人实际受清偿，节约了时间成本。

与其他清偿途径相比，财产权信托分别具有以下优势。第一，较于出售式重整，财产权信托充分再利用非核心资产，受益人（原债权人）可购买信托份额获得持续收益，使债务人受清偿率远高于出售式重整对非核心资产破产清算后的清偿率，实现市场资源再利用。第二，较于直接清算，财产权信托有效解决了司法破产变价、折价处理资产，债权人受偿比

---

[1] J. E., Penner, "The (True) Nature of a Beneficiary's Equitable Proprietary Interest under a Trust", *Canadian Journal of Law & Jurisprudence*, 27, No. 2, (July 2014): 473-500.

[2] 《康美药业股份有限公司重整计划》第 29 页。

率低的问题。第三，较于债转股，财产权信托降低债权人将债权转股权后再次面临企业破产的风险，避免债权人成为股东后，企业破产受清偿位次延后而导致受清偿比率低于债权受清偿。第四，较于公开招募，财产权信托由信托公司进行管理、处分，比个人或公司成为重整投资人拥有更多的资源和信息，获利额更高，债权人受清偿率自然也更高。

3. 融资贷款业务解决投资人资金问题

信托不仅是一种理财方式，也是一种金融制度，财产权信托的金融功能主要由融资、投资和放贷三部分组成。华翰科技的信托架构模式如图3-5 所示。设立集合资金信托，信托公司将出售份额获得的融资通过信托贷款的方式贷款给重整投资人。在重整资金的支持下，华翰科技完成复工复产，回归到正常运营状态。通过信托发放贷款，华瀚科技要向信托机构提供股权质押、保证担保，同时将原企业作为共同债务人，充分保障投资人的利益，将投资风险降到最低。在这个模式中，财产权信托发挥了其融资和贷款功能。

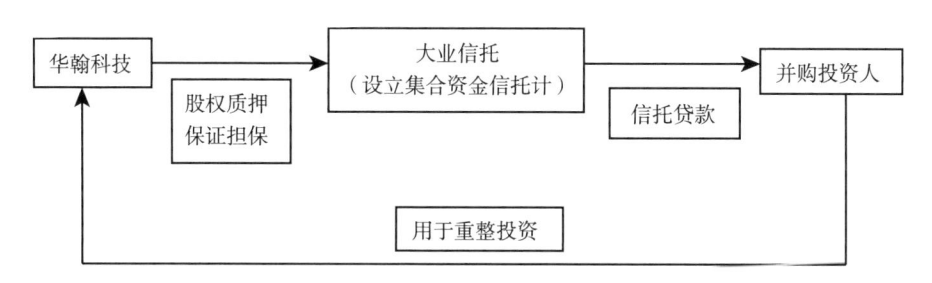

图 3-5　华翰科技信托构架

财产权信托的金融功能，公开招募和出售式重整都具备，但存在差异。第一，公开招募模式也具备融资的特性，但与财产权信托相比，二者的差异在于前者的主体是个人或企业，后者主体是作为中介平台的信托公司。显然后者具有更广的融资渠道以及雄厚的资金实力解决资金问题，包括信托的贷款功能都解决了公开招募中重整投资人资金不足问题。第二，缓解出售式重整模式中的金融秩序问题。避免一次性对巨额资金的需求，维持市场资金稳定，财产权信托的信托目的是盘活信托财产实现盈利，减少一个企业破产带来的牵连破产，维护金融秩序。

4. 受托人独立于债权债务关系

信托公司的独立性是指信托公司独立于委托人和受益人，以自己的名义管理、处分信托财产，为信托公司高效管理信托财产提供了制度保障。信托公司作为引入破产程序中的第三方享有管理信托财产的义务，与破产程序中清算人、管理人享有一部分类似的义务和责任，但也存在不同。

信托公司的独立性主要和司法破产中的清算组以及由法院指定管理人形成对比。第一，规避清算组权力过大、监督不到位的问题。明晰债务关系，降低清算组实施违法行为的空间。第二，更加完善的监督体系保障债权人利益。根据上文论述可知，受益人、委托人依法享有对信托公司的监督权有效规避了破产程序中债权人话语权低带来的损害。但需要注意的是，委托人（原破产企业）行使监督权时不得侵犯受益人的利益，同时委托人和受益人行使监督权时不得干预信托公司独立管理信托财产的权利。

二 财产权信托在破产程序中运行的困局

财产权信托作为重整工具引入破产程序，分担了大部分的债务压力，但信托作为金融产品，具有一定金融风险。在信托资产管理过程中，委托人缺位、受益人的监督权受到管理层的限制，市场竞争性导致信托财产亏损，信托计划份额退出规则不明确，是财产权信托在破产程序中运用不可规避的问题。

（一）无风险缓释工具保障信托清偿

财产权信托在实践中并未配备相应的"保险产品"，当事人均无过错时，信托亏损由委托人、受益人自担风险，而这与"清偿债务"的目的相违背。陕西神木农村商业银行股份有限公司在诉讼中主张华融信托未履行风险导致其利益受损，但北京市第二中级人民法院认为"根据中国银保监会榆林监管分局于2016年4月13日作出的榆银监罚决字［2016］3号行政处罚决定书，监管部门已认定原告借信托通道跨省对第一被告进行大额授信"①，驳回原告请求，原告上诉，二审法院以"本案的信托性质

---

① 北京市第二中级人民法院（2019）京02民初566号。

为事务管理类（通道被动管理类）信托，华融信托已全面履行了事务管理类信托受托人应履行的义务"为由维持原判①。可知风险并非受托人积极履行告知义务就可避免的，委托人、受益人存在自担损失的情形。但在重整程序中，财产权信托作为重整工具，应当受重整程序的规制，应具备清偿债务的肯定性，这与信托的金融风险性相矛盾。如何从信托本身配套产品完善的角度出发，在重整程序外实现财产权信托清偿债务的肯定性。

（二）信托财产经营亏损无弥补途径

市场不稳定性使经营信托财产存在亏损的可能，除配套"保险产品"在重整程序外降低财产权信托风险，在信托亏损后，如何通过重整程序保障债权人受清偿权的二次实现？江某在北京市高级人民法院的再审程序中，主张中信信托有限责任公司未履行"平仓义务"导致信托财产亏损，要求赔偿。但再审法院以"为了受益人的最大利益，中信信托公司接受了2750万元注入资金，并且在信托单位净值得到了较大提升的情况下未立即平仓，并无明显不当"为由驳回江某的再审申请②。受托人尽到管理义务，充分利用信托公司的资源，但市场的竞争性或情势变更事由皆可使信托产品在经营管理过程中存在亏损的可能。中海信托于2022年4月在其官网上披露了2021年的财务数据，营业利润为"-139596.22万元"，净利润为"-157415.48万元"，在目前披露的信托公司净利润排行中位于末尾。2020年度的营业利润为"51704.12万元"，净利润为"29999.98万元"③，两年数据的巨大差异，中海信托在《年度报告》中总结主要归因于信用风险与市场风险。市场风险是指由于证券价格波动、商品价格波动、利率变化、汇率变动等金融市场波动而导致公司自营或信托资产损失的风险④。鉴于财产权信托成立的目的是清偿债务，市场不稳定性使得信托财产亏损的概率大，亏损形成后，如何在重整程序中二次实现债权人的受清偿权值得关注。

---

① 北京市高级人民法院（2020）京民终155号。
② 北京市高级人民法院（2019）京民申4133号。
③ 《中海信托股份有限公司2021年度报告摘要》第26页。
④ 《中海信托股份有限公司2021年度报告摘要》第19页。

(三) 监督缺位导致受托人谋私

因信息的不对称性和市场主体的趋利性，道德一直是金融市场的主要风险之一。在"章某、宁波圣莱达电器股份有限公司证券虚假陈述责任纠纷"中，再审法院认为被告宁波圣莱达电器股份有限公司作虚假陈述，导致原告购入该公司股票造成的损失存在因果关系①。加之成立信托关系后，债务人部分财产游离于企业破产法之外，企业管理层保留自己的管理权，受益人（债权人）监督权受限，增加受托人谋私的风险。

1. 信托财产脱离企业破产法的规制

债权人会议在审议重整计划时，不能看到管理信托财产的具体方案。＊ST康美在重整计划中仅写明了"信托主体""信托财产""信托计划的成立及生效"及"信托计划存续期限"②。各方商讨信托计划的具体内容时，债权人会议就信托财产不再享有管理、变价、分配的法定职权。信托财产脱离债权人会议的管控，即债务人财产脱离企业破产法的规制，债权人后续清偿不受企业破产法保护，使债权人丧失了对于财产处置中间环节的决定权。

2. 债务人保留对信托财产的管理权

企业管理层过多介入信托财产运营，阻碍受益人（原债权人）的监督权。内蒙古兴业矿业股份有限公司于2021年7月31日在深交所披露的重整计划（草案）中明确规定"兴业集团作为信托运营平台""信托运营平台资产、业务经营等管理性权利归属于兴业集团实际控制人吉某某所有""在信托计划存续期间，信托计划将信托运营平台财产的变价出售、收益等财产性权利以外的其他股东职权、表决权均不可撤销地授权委托吉某某行使"③。过度保留管理层对信托资产的控制权，此情况下委托人与管理层合谋私利，限制受益人（原债权人）的监督权，侵害其受益权。

---

① 章某、宁波圣莱达电器股份有限公司证券虚假陈述责任纠纷再审民事判决书，(2021) 浙02民再53号。
② 《康美药业股份有限公司重整计划》第30页。
③ 《内蒙古兴业矿业股份有限公司关于公司作为债权人对兴业集团等三家公司重整计划（草案）表决的公告》第5页。

3. 委托人缺位降低监督力度

委托人缺位，受托人行使财产管理权的监督力度降低，受益人（原债务人）的受益权易遭到侵害。在费雷德里克斯案①中，表明受托人在具体情况下有一定处分财产的自由裁量权，得克萨斯州最高法院的判决也确定了受托人的自由裁量权②。而我国对受托人权利规定较笼统，受托人管理财产受主观意志影响大，监督缺位，易增加受托人谋私利的风险。在我国企业重整实践中，一般由管理人代原企业（委托人）行使选任委托人，信托关系成立后，管理人退出信托关系，仅剩受益人与委托人，受益人的监督权受到限制，受托人易谋私利以损害受益权。

（四）信托计划退出、变现规定不明

债权人在将债权兑换成相对的信托计划份额后，是否可以退出信托计划，是否有权转让、转售信托计划份额，相关法律并未明确规定相关的退出、变现的实质条件以及程序。没有确切的法律指引，企业可在重整计划中规定退出信托计划的要求。内蒙古兴业矿业股份有限公司在重整协议采取"根据信托计划文件约定获得信托财产收益、按受益人大会作出的信托计划终止清算决议对信托计划进行清算"③的方式。债权人随意退出信托计划破坏原定的重整计划，导致债权债务关系混乱，会降低债权人对财产权信托清偿方式的信任。国内无统一的信托计划份额转让二手平台，目前多采取私下协议转让，委托人与受益人无法及时知晓，受让人不明，受益人大会无法正常召开，拖慢信托计划开展进度，侵害其他受益人权益。协议转让信托计划份额对受益人（原债权人）而言相当于变相实现债权的一次性清偿，大部分或全体受益人采取同样行为，信托将失去作为重整工具清偿债务的特征，沦为完全的金融产品，信托设立目的实现不能，重整计划也就无法视为执行完毕。退出信托计划规则不明，转让协议产生的

---

① 274 S. W. 2d 431（Tex. Civ. App. 1954），reud，155 Tex. 79, 283 S. W. 2d 39（1955）.

② Ward H. Texas Trust Act, "Discretionary Power of a Trustee", *Journal of Tex. L. Rev.*, 1961, p. 356.

③ 《内蒙古兴业矿业股份有限公司关于公司作为债权人对兴业集团等三家公司重整计划（草案）表决的公告》第4页。

纠纷波及委托人、受托人或其他受益人时，无法界定各主体责任，致使内部债权债务关系混乱。

三 财产权信托在破产程序中运行的破局

（一）引入信托产品风险缓释工具

为避免我国债券市场风险过于集中导致金融市场的不健康发展，2010年10月29日我国银行间市场交易商协会正式推出了信用风险缓释工具（CRM）作为我国信用风险缓释工具的业务试点，在试点期间推出两项核心产品，分别为信用风险缓释合约（CRMA）[①]、信用风险缓释凭证（CRMW）[②]。两者最大的区别就是，前者信用保护买方和卖方是一对一的关系，后者是非一对一的关系。2016年出台了《银行间市场信用风险缓释工具试点业务规则》，增加了信用违约互换（CDS）[③]、信用联结票据（CLN）两项产品，CLN则是在CDS的基础上增加了现金担保。2019年5月7日，中国银保监会办公厅颁布的通知进一步规定风险缓释工具的使用规则[④]。根据银行业信用风险缓释工具的四种架构，考虑以信托业保障基金会作为主体，发起设立"信托业风险缓释合约"[⑤]，在重整程序外保障原债权人受清偿权的实现。

首先，基金会的形成。第一，信托行业可以自发形成一个自己管理的基金会，由参与的信托公司组成管理委员会受国家金融监督管理总局（中国银行保险监督管理委员会于2023年5月18日改名为"国家金融监督管理总局"）的监督管理，参会的信托公司定期向基金会和国家金融

[①] CRMA是指信用保护买方按照约定的标准和方式向卖方支付信用保护费用，由卖方就约定的标的债务向买方提供信用风险保护的金融合约。

[②] CRMW是指由标的实体以外的机构创设的，为凭证持有人就标的债务提供信用风险保护的，可交易流通的有价凭证。

[③] CDS是在一定期限内，买卖双方就指定的信用事件进行定期支付费用信用保护卖方不违约、不付费信用保护买方参考债项单一债项非一对一违约则付费风险转换的一个合约。

[④] 2019年5月中国银行保险监督委员会发布《关于保险资金参与信用风险缓释工具和信用保护工具业务的通知》。

[⑤] 《关于信托产品风险缓释工具的研究》，2019年信托行业研究报告，第80—99页。

监督管理总局报送报告,报告内容包括但不限于业务开展、风险对冲、稽核审计及合规等情况①;第二,国有资金直接参与基金会的形成,例如中国中央银行代表公权力成为基金管理委员会的一员,监督管理基金会的行为并发挥对市场资金宏观调控的职能,稳定市场利率②,避免商主体一股脑涌入信托行业,大笔资金流通市场影响利率变动过大。

其次,"信托业风险缓释合约"的交易模式。由于信托的目的是实现信托财产的收益,委托人为避免风险可选择购买,信托公司也可购买自己的信托产品以吸引更多的购买者。在破产程序引入信托中,委托人(破产企业)和信托公司可以协商确定由谁购买,然后由该方与基金会签署"信托业风险缓释合约",明确赔付事由以及赔付对象为信托关系中的受益人(原债权人)并按合约缴纳保险金,当约定事由发生时,双方按合约履行。

最后,"信托业风险缓释合约"的配套机制。第一,市场信息披露机制。"信托业风险缓释合约"转移了信托公司一部分的经营风险,对于基金会而言,信托公司和信托业务的信息披露越高越有利于基金会控制风险。披露信息度越高,基金会更能判断信托公司、信托业务是否具备可信度,信托业务盈利率是否客观,以此来决定是否要与信托公司或信托委托人签订"信托业风险缓释合约"。第二,基金会成立运行的相关审批、税收等制度以及法律依据。基金会毫无疑问要受到国家金融监督管理总局的监管,但基金会存在的合法依据,成立时应向哪个部门申报审批,在运行过程中的税收应当依照哪个标准,以及该基金会的经营"负面清单"的范围界定都未明确,需在《信托法》《基金会管理条例》等相关法律中明确。

(二)信托亏损的补救措施

破产程序中引入财产权信托,将部分债权人的债权转化成了物权,而

---

① 《中国银保监会办公厅关于保险资金参与信用风险缓释工具和信用保护工具业务的通知》第六条,保险机构应实时监测信用风险缓释工具和信用保护工具的交易情况,定期评估相关风险,并按照《保险资金参与金融衍生产品交易暂行办法》要求,向银保监会报送月度、季度和年度报告,报告内容包括但不限于业务开展、风险对冲、稽核审计及合规等情况。

② 郭琪、彭江波:《基于市场风险缓释的利率市场化研究》,《金融研究》2015年第7期。

信托份额作为金融属性的投资本质上应是盈亏自负。但在破产企业重整过程中，引入财产权信托的目的是清偿债务，但正常经营信托财产仍存在亏损的可能性，为在该情况下仍保障原债权人受到清偿，笔者提出两种方法避免信托亏损导致清偿不能。

1. 引入非信托资产为主体的留债

留债是指重整计划方案中，将一部分债务采取延长还款期限、调整还款利率等方式清偿债权。在海航和大集重整计划中，有财产担保的债权和小额救助贷款一般采取留债的方式进行清偿，并在重整计划中明确了担保方式，在清偿完成后，担保消灭，并注销抵押登记，未及时注销抵押登记的，也不影响担保物权消灭。为避免将财产权信托引入破产程序中造成信托财产亏损以损害受益人（原债权人）的利益，加之信托清偿的方式也是延长了还款期限，改变了债权人受清偿利率，具有一定的留债性质，因此，笔者考虑可以在信托架构中引入留债。

将非信托资产作为信托中受益人（原债权人）的留债主体的架构方式如下：首先，将非信托资产重整成功后的部分资产或部分未来收益作为担保，在此基础上消除部分债权人选择财产权信托方式清偿可能亏损的顾虑。其次，担保消灭的条件是选择信托清偿的债权人受清偿率达到最低受清偿率。信托财产经营状况好，受益人（原债权人）会得到比直接清算更多的清偿。设立留债的目的是避免信托亏损导致该部分债权人受清偿率低于直接参与破产清算，因此达到破产清算比率后的亏损，以非信托资产为主体的留债不对该部分负责，担保自动消灭。最后，该构架的具体操作方式在各方协商一致后，应当以书面的形式在重整计划中明确，避免后期救济无由。

2. 重启破产程序保障最低清偿标准

在海航的重整计划书"八、重整计划的执行（四）执行完毕的标准"中"6. 按照本重整计划的规定，已向留债债权人发出留债清偿方案确认书，明确留债安排"① 表明，留债清偿方案确认书发出即可作为重整计划执行完成的标准，而后续的清偿实际状况并未成为考量标准，剥夺了该部

---

① 《海南航空控股股份有限公司及其十家子公司重整计划》第63页。

分债权人受重整程序保护的权利。

信托受偿的概念与留债的概念相似，若受益人（原债权人）拿到信托计划份额即达到重整计划书执行完毕的标准，则在后续信托财产经营过程中，受益人（原债权人）则丧失了破产程序的保护。若信托财产经营失败，该部分债权人面临再破产，导致时间成本高以及受清偿率低，此时启动的破产程序不等同于最先的破产程序。因此笔者建议在《破产法》或重整计划中法定或约定，确保选择信托清偿的债权人在信托财产亏损、清偿不能的情况下，可有权再次进入破产企业的重整程序，请求破产清算或其他清偿方式实现债权。

（三）规避监督权缺位

受托人违反信托义务时，根据我国《信托法》第49条第一款的规定[①]，受益人享有与法律赋予委托人一致的权利，因此救济主体可以为委托人或受益人。英美法系中，在发生该损害时，受益人的请求权不能直接向受托人提出而要基于平衡法向平衡法院提起诉讼。但由于管理层过多介入信托关系，以及委托人缺位导致受益人监督权受限，受益人难以独立行使解任权。因此，笔者从法院、债权人委员会、受托人出发提出完善建议。

1. 履行债权人委员会的监督权

《企业破产法》第68条，明确债权人委员会享有"监督债务人财产的管理和处分"，并规定管理人、债务人的有关人员拒绝监督的法律救济[②]。信托作为重整工具引入，是债务人对其财产的处分形式之一，根据文义解释，债权人会议对信托关系享有监督权。债务人（原破产企业）作为信托关系的委托人，与信托公司有法律关系，应当属于法条所述的"债务人的有关人员"的范畴中。因此，债权人委员会有权在执行

[①] 《信托法》第49条："受益人可以行使本法第二十条至第二十三条规定的委托人享有的权利。受益人行使上述权利，与委托人意见不一致时，可以申请人民法院作出裁定。"

[②] 《企业破产法》第68条："债权人委员会执行职务时，有权要求管理人、债务人的有关人员对其职权范围内的事务作出说明或者提供有关文件。管理人、债务人的有关人员违反本法规定拒绝接受监督的，债权人委员会有权就监督事项请求人民法院作出决定；人民法院应当在五日内作出决定。"

职务时，要求受托人出具相关文件或作出相关说明。委托人拒绝的，债权人委员会有权请求法院作出决定。弥补信托财产具体处分方式脱离债权人会议管控造成的监督缺失，让财产权信托重整工具处于重整的规制之下。

2. 细化受益人大会的审议事项

中国银行业监督管理委员会发布的《信托公司集合资金信托计划管理办法》（简称《管理办法》）中明确规定，"信托计划文件约定需要召开受益人大会的其他事项"[①] 需通过受益人大会审议决定。但该规定并未罗列完受益人大会的审议事项，若信托协议中无其他约定，则受益人大会的审议事项比较受限。洛尔·韦伦斯、马克·杰格斯也提出受益人大会对决策的做出能产生影响力，但本质上受益人大会与决策的关联性很弱[②]。

为避免信托计划脱离重整程序规制、债务人保留管理权给受益人（原债权人）造成损失，增强受益人大会与决策的关联性，可在信托计划中细化受益人大会的决定事项。首先，债权人会议通过重整计划时，要求在"信托方案"里载明后续订立的信托计划需通过受益人大会审议决定才对受益人产生（原债权人）效力。其次，为防止受托人或受托人与委托人合谋滥用管理权损害受益人权利，在信托计划文件里约定"受托人单次处分较大财物需通过受益人大会审议决定，通过标准适用《管理办法》第46条[③]"。受托人的重大处分行为受到受益人大会三分之二以上表决通过的规制，为受益人（原债权人）提供重整程序外的保护。最后，允许受益人在知悉受益人大会审议事项的前提下，就该事项的表决权书面委托给其他参会受益人。未解决在表决上述事项时，部分受益人因故无法

---

① 《信托公司集合资金信托计划管理办法》第42条：出现以下事项而信托计划文件未有事先约定的，应当召开受益人大会审议决定：（一）提前终止信托合同或者延长信托期限；（二）改变信托财产运用方式；（三）更换受托人；（四）提高受托人的报酬标准；（五）信托计划文件约定需要召开受益人大会的其他事项。

② Wellens L., Jegers M., "From Consultation to Participation: The Impact of Beneficiaries on Nonprofit Organizations' Decision Making and Output", *Nonprofit Management and Leadership*, Vol. 26, No. 3, 2016, pp. 295-312.

③ 《信托公司集合资金信托计划管理办法》第46条：受益人大会应当有代表百分之五十以上信托单位的受益人参加，方可召开；大会就审议事项作出决定，应当经参加大会的受益人所持表决权的三分之二以上通过。

出席导致权利不能行使，认可委托行为的有效性。受托人的处分行为或其他事项，应经受益人会议审议而未审议的，不对受益人发生效力，侵权人应承担相应的赔偿责任。

3. 确定法院固有管理权

在《信托法》中明确规定法院可依职解任受托人。美国强调法院对企业重组的管辖权，企业可以自由抵押贷款、选择适宜的重组方案，但所有行为必须受法院的规范①。大卫·拉塞尔（David Russell）提出，在受托人明显出错或毫无理由拒绝按信托协议执行时，法院享有干预信托的固有管辖权②。根据我国信托法规定，法院只能依申请解任受托人③，不利于三方监督体系发挥作用，受益人因专业知识有限难以发现隐性损害。尤其委托人缺位的情况，受益人的监督权受限，难以行使解任权以督促受托人履行义务或终止信托关系。法院作为中立方，受理破产案件后，应当对重整过程尽监督之责，及时行使固有管辖权，防止损害扩大，完善司法监督。

4. 构建监督激励制度

为尽量规避因受托人道德风险使信托财产减损，除了法律权利义务的规定，笔者认为可建立合理的监督激励制度。第一，构建三方监督体系，引入保管人。在信托协议中约定就非现金类信托财产实行第三方保管④。受托人依照《管理办法》第19条的规定使用信托资金，委托人提交的资

---

① Cook, William W., "Fraud and Ultra Vires in Reorganizations", American Bar Association, Vol. 10, No. 11, 1924, pp. 780-787.

② David Russell, Toby Graham, "The Origins and Scope of the Court's Inherent Jurisdiction to Supervise, and if Necessary to Intervene in", *The Administration of Trusts*, *Trusts & Trustees*, Volume 24, Issue 8, October 2018, pp. 727-728.

③ 《信托法》第23条规定："受托人违反信托目的处分信托财产或者管理运用、处分信托财产有重大过失的，委托人有权依照信托文件的规定解任受托人，或者申请人民法院解任受托人。"

④ 《信托公司集合资金信托计划管理办法》第19条，信托计划的资金实行保管制。对非现金类的信托财产，信托当事人可约定实行第三方保管，但中国银行业监督管理委员会另有规定的，从其规定。信托计划存续期间，信托公司应当选择经营稳健的商业银行担任保管人。信托财产的保管账户和信托财产专户应当为同一账户。信托公司依信托计划文件约定需要运用信托资金时，应当向保管人书面提供信托合同复印件及资金用途说明。

金用途说明可作为受益人、委托人核实受托人履行其职责的证明材料,督促委托人尽责。委托人出现不当行为时,保管人有权及时督促其改正或及时报告国家金融监督管理总局①。根据信托目的的特殊性发挥法院监督、监护的作用,委托人、受益人积极行使监督权,形成"受托人、委托人与保管人与法院"的三方监督体系。第二,保证金监督。为了避免信托行为享有合法外观却内藏避债目的,监管部门可直接要求信托公司为进入破产程序的信托业务缴纳一定的保证金,确保受益人权利受到侵害时可直接向法院申请执行保证金实现信托财产收益权。第三,构建动态激励制度。受托人产生道德风险的根本原因是趋利性,将支付给受托人的管理费用和信托财产的经营状况联系起来,形成合理的波动趋势来激励受托人尽责实现信托目的。

(四) 完善信托计划份额退出变现制度

原债权人通过信托受清偿,具体方式分为两种,一是委托人(原破产企业)和信托公司在信托协议中约定债权人为受益人,债权人因约定享有受益权;二是在财产权信托设立后,委托人和受托人将信托财产上设立的信托计划份额,将部分份额分予原债权人,原债权人因所占信托份额享有受益权。针对第一种方式,《中华人民共和国信托法》第四十八条明确规定受益权可依法转让。针对第二种,内蒙古兴业矿业股份有限公司在重整协议中规定了信托计划份额退出的方式,但受益权成立后,作为财产性权利本身具有可转让性,"获得信托财产收益"是当事人合意的附加条件而非法定前提,因此受益人(原债权人)退出、变卖信托计划份额的相关规则和程序提出如下建议。

第一,权利义务的概括转移。受益权与信托计划份额具备可转让性。原债务人的债权兑换成相对应的信托计划份额时,原债务人享有的权利就从债权变更成为物权,所有权人对所有物享有处分权。在受益人(原债权人)对信托计划份额的转让是标的物所有权的转让,与信托计划份额

---

① 《信托公司集合资金信托计划管理办法》第22条,遇有信托公司违反法律法规和信托合同、保管协议操作时,保管人应当立即以书面形式通知信托公司纠正;当出现重大违法违规或者发生严重影响信托财产安全的事件时,保管人应及时报告中国银行业监督管理委员会。

相关的权利也随所有权的转让一并转让。受让人代替转让人（受益人）在信托关系中的地位，以不得损害信托关系中其他主体的合法利益为前提。信托关系中的委托人、受托人、其他受益人适用过错原则。因法定事由导致信托计划份额转让协议无效或可撤销，按照《民法典》中相关规定处理。第二，信托计划份额转让之前，转让人应当提前告知信托公司，保障信托公司的知情权。第三，信托计划份额转让时间应在信托公司按照信托协议将份额转让到所有相关债权人名下之后，并在信托计划份额转让之后向信托公司缴纳一定的手续费。鉴于该信托设立时具备清偿目的，必要时信托公司应当将变更情况通知给相关受益人（原债权人）和委托人。

第五节 共益债融资的认定及法律保障

近年来，共益债务融资成为破产程序中常见的资金引进方式。共益债务融资主要是通过投资人向债务人提供借款资金来帮助破产企业维持营运，债务人在完成生产、续建之后将所得收益，以共益债务或其他优先清偿的方式将本息返还支付给投资人的一种新型投资方式。

一 共益债融资的必要性

破产重整当中新资金的投入往往是破产企业重焕新生的关键，也间接证明了共益债投资具有较大的市场需求，在企业破产重整程序中发挥着重大作用。

（一）维护企业重整期间的营运价值

债务人获得现金流后，有利于恢复营运价值，实现收益。一方面，通过共益债融资的方式，能够在重整的关键时刻为债务人提供充足资金，利于企业成功执行重整计划，保持其运营价值，这对债务人的重整成功有巨大的帮助。另一方面，共益债务本身具有优先性，以破产财产优先、随时清偿，投资者则可以从企业的恢复经营收益中收回借款本金及获得利息收益。

（二）有效保证债权人利益的实现

一旦企业正式进入破产程序，在市场中的商业信誉将会受到严重影响，使投资者不愿再提供资金融资。《企业破产法》中对共益债务的清偿顺序有明确规定，即共益债务的清偿优先于普通债权，而劣后于破产费用。共益债投资优先受偿的这一特点将激发投资主体的投资积极性，保证债权人利益实现。

（三）提升破产企业重整价值

破产企业的重整价值也就是其挽救价值，企业重整价值得到市场的认可，有助于新投资者的加入。当债务人企业获得融资，完成项目建设、经营后，其整体资产价值将会得到提升。一方面，能够保证企业破产程序的顺利推进，对企业的法定破产费用的优先清偿地位起到了良好保障作用。另一方面，有助于保障全体债权人的利益，维护并增加债务人财产，从而有助于实现破产程序的实质公平正义。

二 共益债融资认定的标准

（一）共益债权的概念

共益债权制度是随着《企业破产法》的产生而诞生的，企业进入破产程序之后，形成破产财团。但破产财团尚未完全退出市场，可能继续履行未履行完毕的合同，甚至继续经营等，由此同样可能产生一些债务。此时，若只赋予其等同于破产申请受理前普通债权的地位，则会使得权利与义务不对等，更会消磨同破产财团发生法律关系的意愿。因此，如何处置受理破产申请之后债务人发生的费用和债务？共益债权制度应运而生。共益债权与共益债务是一对相对概念。共益债务，又称为破产财团债务。

《企业破产法》第42条[1]以列举的方式规定了共益债务的六种具体化

---

[1] 《企业破产法》第42条规定："人民法院受理破产申请后发生的下列债务，为共益债务：（一）因管理人或者债务人请求对方当事人履行双方均未履行完毕的合同所产生的债务；（二）债务人财产受无因管理所产生的债务；（三）因债务人不当得利所产生的债务；（四）为债务人继续营业而应支付的劳动报酬和社会保险费用以及由此产生的其他债务；（五）管理人或者相关人员执行职务致人损害所产生的债务；（六）债务人财产致人损害所产生的债务。"

类型，但并未涉及共益债权的概念界定，学界已有众多学者表述其见解。王欣新将共益债权表述为"在破产程序中，为全体债权人利益所产生的债权，由破产财产随时清偿"①。范健、王建文认为，共益债权是指在破产程序开始后，为了全体债权人的共同利益以及破产程序的顺利进行而负担的债务。②韩长印则认为，共益债务是指破产程序进行中，为了全体债权人的利益所发生的债务和因债务人财产所发生的债务的总称。③对这些定义进行分析，不难看出学界对共益债务的定义大同小异。目前通说认为，共益债务是指在法院受理破产申请之后，为了全体债权人共同的利益，由管理人或者债务人财产所产生的一切债务的总称。④

（二）共益债权的特征

从由共益债权的概念界定可以发现其具有以下特征，主要表现为：

其一，从债权的产生时间来看。共益债权应产生于法院受理破产申请后，即破产程序开始后。对于破产程序开始前形成的债权，不能纳入共益债权的范畴；但是对于破产程序开始后产生的债权，也并非均属共益债权，还得满足其他条件。

其二，从债权的形成目的来看。共益债权的形成根源于满足全体债权人的共同利益，若仅为个别债权人利益或者债务人利益而产生的债权，当然不能归于共益债权。

其三，从债权的清偿顺序来看。共益债权与破产费用一样，均具备清偿优先性，由债务人财产随时清偿，但是在清偿顺位上要劣后于破产费用。

（三）共益债认定的法律依据

《企业破产法》第42条明确规定了共益债务的六种具体类型，一是履行双方均未履行完毕的合同所生债务，二是无因管理所生债务，三是不

---

① 王欣新：《破产法》（第四版），中国人民大学出版社2019年版，第353页。
② 范健、王建文：《破产法》，法律出版社2009年版，第134页。
③ 韩长印主编：《商法教程》（第二版），高等教育出版社2011年版，第530页。
④ 《中华人民共和国企业破产法》起草组编：《〈中华人民共和国企业破产法〉释义》，人民出版社2006年版，第159页。

当得利所生债务，四是为继续营业所生债务，五是管理人职务致害，六是债务人财产致害。

《破产法解释（二）》也有不少条文涉及共益债务的认定，如第4条第3款分割共有财产致人损害，第11条撤销明显不合理交易后的返还之债，第30条、31条违法转让他人财产，第32条财产毁损、灭失致人损害之债，第33条第1款管理人职务致害，第36条第3款、37条第3款、38条第2款涉及所有权保留买卖合同特殊情形下形成的债务。《破产法解释（三）》第2条第1款规定债务人为继续经营产生的借款债务，也可以作为共益债务随时清偿。

由此可见，破产程序中共益债权的认定规则并不仅限于《企业破产法》本身，司法解释也对所有权保留买卖合同、债务人为继续经营产生的借款债务等特殊情形中共益债权的认定进行了规范。

（四）共益债认定的标准

1. 形式标准

共益债权的形式判断标准也称为时间标准，以人民法院裁定受理破产申请之日为时间点，在此之前形成的债权，不得认定为共益债权；在此之后形成的债权，才可能被认定为共益债权。"受理破产申请后"是一个客观的时间标准，这种划分方式具备以下优势：第一，破产受理日是一个明确的时间点，判断标准十分简单，认定共益债务较为便捷。第二，只有破产申请受理之后，才能指定管理人并对共益债务进行认定。

但是，日本《民事再生法》也有例外规定，债务人重整申请提出后，法院尚未裁定期间，在法院许可或者监督人同意情形下，将对重整不可或缺的债权认定为共益债权。这一立法尤其保护了金融债权。债务人提出重整申请至重整受理期间，债务人的经营面临严峻挑战。若无资金融入，债务人将无法保持申请破产之日的资产，债务人财产面临缩减危机，很可能致使未来的破产财团遭受损害。若不赋予新融入的资金债权以某种优先权形式，则投资人（融资者）很可能对债务人持"敬而远之"的态度。因此，日本《民事再生法》试图通过追认共益债务的方式，帮助濒临破产的企业获得更大的融资可能。我国破产法也可以借鉴这一规定，有学者认为，可以将共益债务产生时间向前延伸至重整程序申请后法院裁定前的阶段。① 笔者认为，这有利于企业重整，可以在立法层面进行完善，至于具体的程序、条件还有待进一步探讨。

2. 实质标准

形式要件仅能使全体债权人具有受益的可能性，并非所有在受理破产申请后产生的债务均能被认定为共益债务。简单地以"受理破产申请后"这一形式要件来判断债权性质，无法应对现实的多变性。因此，还需要根据实质要件以判断债权性质。美国学者大卫·G·爱泼斯坦认为，一项债权构成管理费用需符合两项条件。一是费用发生于破产申请之后，二是该费用必须是用来维持财团"实际的、必需的"费用。② 日本学者认为，从公平的角度而言，将对破产财团有益的债权认定为财团债权。③ 在我国，共益债务的实质判断标准也称为目的标准，即为了全体债权人共同利益所负的债务。如何理解为了全体债权人共同利益？笔者认为，实质上是破产财团利益标准的表述，即使破产财产受益。需要强调的是，从我国的共益债务分类看，共益债务的实质标准，只能对部分的共益债务进行认定，并不涵盖全部的共益债务类型。

综上所述，共益债务制度不单是为了解决破产程序启动后产生的债权归属问题，更是出于对债权人共同利益的维护，维持并追求增加债务人财产的价值，保护弱势群体的利益，从而推进破产程序中实质公平正义的实现。把握好形式标准和实质标准对于共益债融资的认定至关重要。

三 我国共益债融资存在的问题

(一) 共益债认定的法律规范不明

虽然我国《企业破产法》第42条明确列举了共益债务认定的六种情

---

① 丁燕：《论破产重整融资中债权的优先性》，《法学论坛》2019年第3期。
② [美] 大卫·G·爱泼斯坦、史蒂夫·H·尼克勒斯、詹姆斯·J·怀特：《美国破产法》，韩长印等译，中国政法大学出版社2003年版，第467—468页。
③ [日] 伊藤真：《破产法》（新版），刘荣军、鲍荣振译，中国社会科学出版社1995年版，115页。

形,但是实际情况复杂,特殊案例可能不能直接适用相关条款,需要依据实际情况判断是否符合共益债务的条件。同时,立法列举方式过于固化,没有灵活结合到共益债务的内涵和本质,在具体受理企业破产案件的实际情况时各方容易产生争议。列举本身并不能包含所有情况,难免挂一漏万,导致存在部分债务依据立法本意应认定为共益债务,而实践中无法认定的情况。破产程序各个阶段所产生的债务是否属于共益债务,"其他债务"是否包括重整过程中的借款所产生的债务,这些问题亟待厘清。

(二) 共益债优先权影响其他债权的清偿顺序

在共益债务制度中,其优先权会影响其他债务的清偿顺序。共益债务的清偿有两个原则:一是随时清偿原则,二是破产费用优先原则。后者具体是指,当债务人财产不足以清偿所有破产费用和共益债务的,先行清偿破产费用。[1] 在特殊情况下,在重整计划失败之后的破产企业中,共益债务的优先受偿性会受到负面影响。共益债务融资方对其资金是否能收回,以及是否能落实"优先"收回债款持担忧态度。目前,共益债务制度中没有明确保护债权人合法利益的保留条款,一定程度上说,破产企业很难保障各方利益,但更重要的是制度中关于"优先权"的条款尚未完善。

(三) 共益债产生的时间认定僵化

重整期间的共益债认定争议不大,实践中还存在两个时间段的融资能否被认定为共益债的问题。其一,预重整阶段的共益债融资认定问题。我国破产立法并未规定有预重整制度。预重整制度是在地方法院实践基础发展起来的。随着预重整实践的推进,在法院受理破产申请前产生的借款能否被认定为共益债,取得共益债的优先顺位这一问题也引发了实务界广泛的讨论。部分地方法院对此问题进行了规定:例如深圳市中级人民法院《审理企业重整案件的工作指引(试行)》第36条规定"在预重整期间,债务人因持续经营需要,经合议庭批准,可以对外借款。在法院受理了企业的重整申请后,该借款可参照《企业破产法》第四十二条第四款规定清偿"。其二,重整案件申请至受理期间共益债认定问题。对于这一问

---

[1] 魏宇航:《论共益债务的认定与清偿》,硕士学位论文,华东政法大学,2020年。

题，目前理论和实践层面讨论得相对较少。严格按照共益债的认定标准无法将其认定为共益债。但是也存在一定问题，在案件申请至案件受理的时间间隔内（最长37天），这段时间是债务人拯救的黄金时间，如果不能及时把握，债务人的经营将有可能加剧恶化，导致后续救助债务人企业的难度增加。

四 域外典型国家的经验及借鉴

（一）美国

美国《破产法典》第364条即为调整破产财团的所有信用获取与债务负担的专门规定。立法和相关司法实践都给予了破产管理人或其托管方以信贷方式获得信贷和贷款，也就是以破产企业的名义向别人借贷或赊销商品。重整期间的融资实现，将极大增强企业的运营能力，增加收益，同时降低企业走入破产清算的概率，提高破产债权中普通债权的受偿率，最终实现各个主体的共赢。

对于新的融资债权，美国破产法根据不同情况进行了比较全面的规定。其中，明确规定新的融资债权享有优先受偿地位。破产法针对优先受偿权利进行了规定和限制，以分层设计对破产程序中的新融资债权各种不同情况，予以一般优先权或超级优先权、头等优先权等保护。

（二）英国

英国具有浓厚的法人拯救文化，[①] 其破产法包括新融资债权的认定以及清偿等相关制度。在重整管理人制度下，当企业面临经营困难，业务难以进行的时候，可向法院提出一项"管理命令"。在这一过程结束后，企业的所有债权人都不能强制性要求企业偿还相应债务。根据该制度，此时企业由管理人管理以继续运营，在运营过程中可以获得新的资金和偿还债务。但是，在管理人制定了企业在破产程序中进行重新筹资和偿还债务的具体安排之后，这项计划仍然需要经过一些必要的手续，如债权人会议表决和法院的许可批准。在英国破产立法中规定，对于破产程序中新融资资

---

① 张海征：《英国破产重整制度及其借鉴》，《政治与法律》2010年第9期。

金的清偿顺位，高于管理费用。管理人所认为对某单个普通债权人的债务进行优先处理，能够实现企业重整或者债权人的利益优化这种情况之下，也可以在获得法院的批准后，对其进行处置。可以看出，英国已形成了一套比较完备的、成熟的且多元化的破产制度。它允许破产后的融资优先于管理费用优先清偿，但并没有突破破产法中现有的担保物权的领域的内容。我国《企业破产法》中关于共益债务的规定条款尚未完善，可以借鉴英国的法人拯救文化中可取的内容，提升破产企业在破产程序中拯救的可能性。

（三）日本

日本的破产企业的破产拯救程序主要是通过《公司更生法》或《民事再生法》来调整的。日本的破产领域相关立法里，大部分是由政府来引导企业。例如，在2008年国际金融危机下，日本的经济也受到了巨大的影响，为缓解经济上的问题并且更好地拯救破产企业，日本设立了许多企业扶持机构，这一类机构的主要工作是帮助破产企业再生。这些机构都是在日本政府的引导下设立，并且也在日本政府的帮助下进行。此类机构成立的宗旨还包括在破产程序中为企业新的筹资提供指导和协助。我国在破产重整立法发展进程中可以有选择地学习日本的立法思路，强化政府在关涉公共利益方面的主导立法，通过完善多纾困模式来助力企业脱离困境。

五　我国共益债融资认定标准的改进

（一）厘清与破产费用的清偿顺序

可以明确，进入预重整程序中的企业，自身已经陷入了严重的债务困境，并且还存在其他未知情况。在此期间的债权融资对于企业运营至关重要，甚至是重整项目是否成功的关键性因素。但因企业已经无法提供合适的资产作为担保，将其视为普通债权无法实现对其优先保护，自然也不利于融资的推进。而共益债务突出特性就是优先受偿性，即随时发生，随时清偿，并且优先于普通债权受偿。如果能够将重整程序中的债权融资认定为共益债务，一定程度上能够保证新注入资金的安全性，更有利于资金的募集。所以厘清共益债务与破产费用的清偿顺序有助于稳定债权人的程序，增强拯救企业的信心。重点关注重整过程中的债权认定，将重整融资过程当中发生的债权认定为共益债权。

(二) 完善共益债务认定条款

在企业破产重整期间，关于共益债融资的认定还存在问题。法院在对重整投资收益款的性质进行认定时需要考虑多种情况。因为重整投资方式多样，需要重点关注该重整投资的收益是否单纯为债权收益，有可能搭配一系列利益安排，如实现对破产企业的资产或股权并购等，其与单纯为债务人继续经营而发生的借款有所区别。重整投资价款的用途往往是用来清偿破产债权，与法律规定的"为债务人继续营业"并不完全一致。因此，在进行债务认定时，重整投资价款即便具备借款外观，也并不会当然被认定为共益债务。可以在破产法中，设立一个在重整期间内的认定共益债务的兜底条款，完善破产法中相关的法律法规，这有利于提高破产企业在认定债务时的效率，加快破产企业脱离困境的进程。

(三) 灵活确立共益债务认定标准

债权人在某些情况之下是可以主动向上要求认定某项债务属于共益债务的。通常企业提出需要认定的这类债务是指那些发生在重整计划执行阶段的融资，但是国家对此类型问题的认定较为谨慎严格。该项债务除了需要满足《企业破产法》第 42 条的规定外，还须满足为了全体债权人的利益而产生的这一条件，必要情况下，还需要经过债权人会议决议或法院许可的相关法定程序。这个认定的标准和程序都较为复杂，因此，在破产企业认定共益债务的过程中，债权需要提前安排部分事项，最好与处于重整计划执行阶段的企业发生交易的初期就根据法律法规进行判断，怎样的方案最有利于自己的企业，可以在与相关企业的交易合同中的条款作出相关的安排。

(四) 明确将共益债认定时间向前延伸

依据我国破产立法规定，共益债认定的条件之一为该债权发生的时间为破产案件受理之后，这确立了共益债产生的开始时间。问题在于，开始时间确立了，那么截止时间应如何确立呢？实践中的一般做法是，重整案例受理之时至重整程序终止这一时间段产生的为了债务人利益而产生的债务认定为共益债务。那么问题来了，破产案件受理之前的时间段产生债务能否被认定为共益债务呢？解决该问题的关键还是要把握共益债认定的基本标准，最为核心的认定标准应确立为该笔债务产生的原因是否有利于债权人利益的实现，是否有利于整个债务人破产财产的保值增值。在讨论了最为核心的认定标准后，方才应将焦点转至认定中的时间标准。在案件申请至案件受理的时间间隔内（最长37天），这段时间是债务人拯救的黄金时间，如果不能及时把握，债务人的经营将有可能加剧恶化。基于破产立法宗旨，以及最大化挽救债务人企业的立法原意，立法应当将在此期间产生的债权认定为共益债。同时，举重以明轻，既然目前绝大多数地方法院在发布的"预重整案件操作指引"中将预重整前端的庭外重组中的融资认定为共益债务，那么在案件申请至受理期间的融资更应给予共益债的保护。同时，未来的破产立法修改中应当明确规定预重整制度，并明确预重整中的庭外重组所产生的债务应认定为共益债务。

第四章 重整纾困模式适用中核心主体权益保护

第一节 企业重整中担保债权人权益保护

本章是在重整纾困模式适用中对不同主体权益保护问题进行研究。破产重整中最为核心的利益主体分别为债权人、出资人和投资人。在破产重整程序中，企业重整失败的风险最终将由债权人来承担，实践中常存在不当侵害担保债权人权益的现象。有必要对企业重整中担保债权人权益保护问题展开研究。

一 担保债权人权益保护理论基础

（一）重整程序中担保债权概念界定

担保债权在《企业破产法》中又名别除权。不同国家对别除权（或担保债权）概念方面的认定存在差异，其主要是因为各国担保法规定的差异，其概念的差异尤其体现在外延的认定。①

例如，"secured claims"指普通法系中的担保债权，其既包括通常意义上的担保债权，还包括破产抵销权。②我国的破产立法中并未直接采用"别除权"这一专用术语，而将其称为"有财产担保的债权人"。别除权，

---

① 王欣新：《论破产程序中担保债权的行使与保障》，《中国政法大学学报》2017年第3期。
② [美]查尔斯·J. 泰步：《美国破产法新论》，韩长印等译，中国政法大学出版社2017年版，第798页。

严格从其权利本源来说并非破产法所创设的权利,而属于其他法律规定的优先性权利。① 究其根本,其主要源于《民法典》中的担保权。因此,别除权的内涵应理解为,债权人基于其债权在担保物上有担保,所以当债务人进入破产程序时该债权人享有单独的、优先的受偿权。

《民法典》规定了担保权的范围,既有财产担保,也有物权担保。其中抵押权、质权、留置权以及定金,其范畴属财产担保;且前三类亦属物权担保范畴。《企业破产法》中的第75条、第82条、第87条均运用了"特定财产享有的担保权"用语。由于定金通常用货币支付,因而从文义解释方法的角度,在企业重整程序中的担保权不包括定金②。因此,企业破产重整中的担保权主要是指担保物权。因而,在我国现行立法上所认可的三类担保形式主要包括抵押、质押以及留置等三类具有担保物权属性的形式。本节所讨论的在破产重整程序中有财产担保的债权,指该担保权利在法院受理破产申请前已成立、生效;且债权人也已依据法律向相关机关依法申报的有财产担保债权。破产重整程序中的担保债权与民法中担保物权相比,从理论层面分析,其概念覆盖的范围有一定程度的扩张,也有一定程度的限缩。在扩张方面,破产重整程序中的担保债权包括三类,即法定担保、约定担保以及特别优先权③(笔者整理的78家上市公司重整计划中仅*ST夏新的重整计划涉及特别优先权,因此本书不做讨论)。在限缩方面,其不包括民法中规定的定金和保证,因此,上述两类担保在企业破产程序中不享有优先受偿权。④

综上所述,根据《企业破产法》的规定,本节所涉及的重整程序中的担保债权的范围,指在企业破产申请受理前,对特定财产已享有物权担保的权利人;重整程序中担保债权的担保范围不及于重整申请受理后主债所产生的利息。

---

① 王欣新:《破产别除权理论与实务研究》,《政法论坛》2007年第1期。
② 定金通常使用货币来实现,货币不属于特定物。因此本书认为,定金不属于重整中的对特定财产享有的担保权。
③ 刘子平:《破产别除权的认定标准及其行使》,《法律适用》2007年第11期。
④ 王欣新:《破产别除权理论与实务研究》,《政法论坛》2007年第1期。

(二) 担保债权产生的基础权利

第一，基于抵押权产生。即破产受理前，债务企业不转移其对财产的占有，且该特定财产已基于合法程序为债权人设定了担保，当债务企业出现破产原因，且仍未偿还债务，此时，依照法定程序债权人可对该财产行使优先受偿权。该优先受偿权在企业重整时与企业清算、和解程序中不同，在企业重整阶段，为实现整体利益，符合整体需求，担保债权人的优先受偿权在重整中受到一定的限制。在企业重整中，债务企业即抵押人；债权人即抵押权人；被设定了担保的财产，即为债务企业破产抵押财产。比如，企业基于扩大生产经营的需求，将自己的厂房、机器设备等向银行设定抵押，以获得银行贷款。此时，抵押人、抵押权人破产抵押财产分别是该企业、银行、厂房或机器设备。抵押权作为法律所规定的优先受偿权，若债务到期未清偿、企业破产或者发生债权债务双方约定的情况下，抵押权人即享有优先受偿权。然而，企业处于重整程序时，基于实现企业重整的目的，该优先权即受到一定限制。

第二，基于质权产生。动产质权和权利质权是民法中质权的分类，其主要是依据质权财产的属性进行的分类。破产企业将财产交债权人占有，在债务到期，且未受清偿情形下，债权人可将动产拍卖，就拍卖所得的价款优先受偿，上述权利即动产质权。此外，若债务企业将其自有的债权、其他可依法转让的权利等，向债权人设定担保的即属于权利质权，比如，债务人将所有权属于自己的汽车作为抵押财产，以此向债权人设定质权，当债务到期时，债务人无法偿还其债务，若该企业处于重整，那么债权人也无权将该汽车变现，且获得优先受偿。其原因在于，为使困境企业获得继续生产经营的机会，避免企业因抵押物变卖而丧失营运的物质基础。

第三，基于留置权产生。留置权，即破产债权人在根据合同约定，或者其他合法原因等，占有了债务人企业的动产，当债务到期后，债务人仍未履行债务，此时债权人可以对该财产进行留置，且能将该财产变现，并基于变现款优先受偿。《民法典》虽规定了该权利，但企业重整时，为各方利益之间达到相对平衡，因而也对留置权的行使进行了相应的限制。例如，债务人企业修理其受损车辆，但是无力支付修车费，修理厂对其车辆进行留置，但是在企业重整程序中，尽管修车厂留置债务人汽车的行为发生于债务人重整前，但是在重整程序中，修车厂也不能将汽车变卖，并对变价款优先受偿；其原因在于，此时汽车是债务人财产，为避免债务企业的重整计划搁浅，而对留置权人的优先受偿进行限制。

(三) 担保债权人权益保护价值

1. 平衡担保债权人的风险

为了能最大限度挽救困境中的企业，《企业破产法》对处于重整程序中企业的担保债权人的权益进行了一些限制。因此，作为债务企业的担保债权人往往缺乏参与企业重整的动机。[①] 由于市场的变化、经济的波动的不确定性，债务人能否重整成功存在很大风险。而企业进入重整程序，有财产担保的债权人在企业进入重整程序后，其承担着最大的风险。[②] 债务企业进入重整，担保债权人实际上就承受着双重风险，即重整阶段担保权行使受限和重整方案失败。基于法律公平原则，在企业进入重整程序后，应对担保债权人权益给予较为充足的救济。

2. 促进担保物权功能的发挥

担保物权实际上是债权债务双方达成的一种物的信用担保，其目的在于保障债权的实现。由于物的信用担保享有优先受偿性，在担保制度中其优于人的担保信用。但是，由于企业进入重整程序，担保物权制度受多重价值的影响，其信用价值降低，因而，债权人事先所设定的债权保障机制就会面临失效。因此，为促进担保物权功能的发挥，应对担保债权人权益进行保护。

3. 平衡破产法中利益的需要

在重整中，应当立足于法的公平正义，寻找相应的平衡点，将担保债权人、重整债务人、社会公众等三方的利益进行调和。作为重整程序中重要主体之一的担保债权人，不应为实现其他目的而放弃保护其利益。若出

---

① 王卫国：《破产法精义》，法律出版社2007年版，第223页。

② 莫初明：《企业重整中有担保债权的法律保护》，载王欣新、尹正友主编《破产法论坛》(第一辑)，法律出版社2008年版，第119页。

现重整制度和担保制度在其所追求的利益方面的冲突时，应通过制定科学的、合理的制度，从而使得利益主体之间的利益恢复于重整之前的平衡情形，这才是公平、正义、正当、合理的。①

（四）重整程序中担保债权立法现状

目前，关于企业破产重整程序中担保债权的相关规定，尚不存在一部单独的、专门性的法律进行规定。其主要是通过在《企业破产法》中设立单独的章节进行规定，专章中未规定的，在实践中参照《企业破产法》中其他规定适用。此外，其他法律法规、规范性文件也有关于担保债权的规定。涉及担保债权在重整程序中的清偿方案、清偿期限、迟延补偿以及监督期限四个方面的相关规定散见于《企业破产法》《民法典》和相关司法解释之中。

《企业破产法》第75条规定了重整期间担保债权的暂停与恢复行使；第82条规定应单独设置担保债权表决组；第87条规定了在法院强制批准情况下，担保债权清偿保护规则；第91条规定了担保债权人监督权的行使方式。此外，《企业破产法》第46条规定，债权加速到期的时间点为企业破产申请受理时，停止计息的对象为附利息的债权；第109条规定，对债务人特定的财产拥有优先受偿权利的，认定为担保债权人；第110条规定，优先受偿权未覆盖受偿的部分将认定为普通债权；此外，若债权人放弃其优先受偿权，担保债权人也转为普通债权人。

我国《民法典》明确了担保的类型，主要包括抵押权、质权、留置权。第390条、第408条和第432条规定了有关担保权的保护性条款。第413条、第438条、第455条分别对抵押权、质权、留置权所涉及的担保物处理价款进行了规定。上述条文与《企业破产法》中的有关规定有相重合适用的部分。《民法典》有关担保制度的解释，适用于抵押、质押、留置、保证等担保纠纷。对于企业重整中担保债权的适用，该解释也有相应的规定。该解释第22条是关于破产申请受理后关于担保权中主债利息

---

① 胡利玲：《破产重整制度之审思》，《中国政法大学学报》2009年第4期。

的规定与《企业破产法》中对破产申请受理后,主债停止计息的规定相呼应。① 此外,其第 23 条还规定,债务人企业的破产案件依法被法院受理后,作为担保债权人可向非债务人主张实现其担保责任,以及作为担保人的一些救济手段。②

根据现行法律法规和相关文件规定可知,我国当前对于企业重整程序中担保债权的规定,大多属于限制性规定,且保护性条款大多属于概括性条款,并未对担保债权人在企业重整程序中的实体性权利,如包括清偿方式、清偿期限、迟延补偿具体规则、债权清偿监督权等进行具体规定。

二 担保权人权益保护的实证反思

随着经济不断发展,现代企业的经营运行并不像以往一样主要依靠简单的资金投入来发展,现代企业大多都以其自有的财产作为担保进而取得资金。因此,作为现代企业主要融资方式之一而设立的担保物权在企业破产中的作用日益重要。我国《企业破产法》第 82 条规定,对债务人的特定财产享有担保权的债权人设置单独组别,对重整方案进行表决。据统计,在我国 92 家重整的上市公司中,有担保债权组的公司有 78 家,其占比高达 84.78%。可见,担保债权对于实现企业重组有着重要作用。

担保债权的目的在于担保主债权清偿,我国《民法典》规定,担保债权人享有优先受偿权。破产申请受理后,债务企业未到期债权加速到期

---

① 2020 年 12 月 31 日发布的《最高人民法院关于适用〈中华人民共和国民法典〉有关担保制度的解释》第 22 条:"人民法院受理债务人破产案件后,债权人请求担保人承担担保责任,担保人主张担保债务人自人民法院受理破产申请之日起停止计息的,人民法院对担保人的主张应予支持。"

② 《最高人民法院关于适用〈中华人民共和国民法典〉有关担保制度的解释》第 23 条规定:"人民法院受理债务人破产案件,债权人在破产程序中申报债权后又向人民法院提起诉讼,请求担保人承担担保责任的,人民法院依法予以支持。担保人清偿债权人的全部债权后,可以代替债权人在破产程序中受偿;在债权人的债权未获全部清偿前,担保人不得代替债权人在破产程序中受偿,但是有权就债权人通过破产分配和实现担保权等方式获得清偿总额中超出债权的部分,在其承担担保责任的范围内请求债权人返还。债权人在债务人破产程序中未获全部清偿,请求担保人继续承担担保责任的,人民法院应予支持;担保人承担担保责任后,向和解协议或者重整计划执行完毕后的债务人追偿的,人民法院不予支持。"

的规定也是《企业破产法》所明确的。为了能够更好地推动企业实现重整,《企业破产法》规定,企业一旦进入重整程序,担保债权应暂停行使。为了能够更好地平衡各方权益,《企业破产法》也对担保债权人的权益方面明确了保护性条款。例如,赋予担保债权人知情权、表决权等程序性权利;也赋予了担保债权人实现担保债权的实体性权利。企业一旦进入重整程序,担保债权受偿方案就成为了担保债权人尤为关心的问题。笔者以上述78家有担保债权的上市公司重整数据为样本,对担保债权在公司重整程序中权益实现方式进行考察分析,以发现担保债权人在重整程序中权益保护存在的问题。

(一)担保债权调整方案

1. 担保债权调整情况

债权人利益的实现方式、实现额度和实现期限等重要问题主要取决于重整计划的内容。据统计,78家有担保债权的重整企业中,有74家企业均对担保债权清偿方案做出了相应的调整,仅四家企业对担保债权清偿方案未作调整,为 *ST 广夏、*ST 海龙、*ST 中基、*ST 新都。

我国上市公司重整中对担保债权清偿方案的调整主要有两种方式:一是对担保债权清偿以担保财产价值为限,对该债权优先受偿;不足清偿的部分,作为普通债权,采用该类方案企业数量占58.12%;二是对担保债权进行留债分期清偿,采用该类方案企业数量占35.13%。(参见表4-1)

表4-1　　　　　　　　上市公司担保债权清偿方案

序号	清偿方案	数量	占比	证券简称
1	以担保财产价值为限,对该债权优先受偿;不足清偿的部分,作为普通债权(方案一)	43家	58.12%	*ST 天顾、*ST 华龙、*ST 华源、*ST 九发、*ST 帝贤、*ST 北生、*ST 丹化、*ST 秦岭、*ST 夏新、*ST 光明、*ST 得亨、*ST 源发、*ST 方向、*ST 金顶、*ST 科健、*ST 石岘、*ST 金城、*ST 锌业、*ST 凤凰、*ST 超日、*ST 霞客、*ST 舜船、*ST 川化、*ST 云维、*ST 重钢、*ST 柳化、*ST 中绒、坚瑞沃能、*ST 德奥、天海防务、*ST 飞马、*ST 中南、*ST 索菱、*ST 赫美、*ST 华昌、*ST 实达、*ST 化工、*ST 长岭、*ST 鑫安、*ST 嘉信、*ST 中达、*ST 东网、*ST 康美

续表

序号	清偿方案	数量	占比	证券简称
2	留债清偿（方案二）	26家	35.13%	*ST宝硕、*ST北亚、锦化氯碱、中核钛白、*ST抚顺、*ST沈机、*ST庞大、*ST盐湖、*ST宝实、*ST银亿、*ST力帆、*ST永泰、*ST利源、*ST金贵、*ST中孚、*ST贵人、*ST众泰、天翔退、*ST大集、*ST海航、*ST基础、*ST华英、*ST沧化、*ST莲花、*ST松江、*ST偏转
3	以担保财产价值优先受偿，不足部分以资本公积转增股票（方案三）	2家	2.7%	*ST中华、*ST天娱
4	仅对担保财产价值范围内债权进行清偿（方案四）	1家	1.35%	*ST宏盛
5	将有特定担保的财产直接抵偿给债权人（方案五）	2家	2.7%	*ST星美、*ST朝华

2. 担保债权调整方案存在的问题

《企业破产法》第 81 条对企业重整方案内容的规定，仅为概括性规定，其仅要求企业重整方案应当包括债权调整方案，但并未对债权调整方案应如何落实进行详细的规定。我国对企业重整方案编制的规定主要是采用自由主义模式①，其源于美国破产法规定。② 因此，在重整方案中关于担保债权清偿的规定不尽相同，有的较为详细，有的较为粗略。目前主要存在以下问题：

第一，担保财产变现款项的处理，并无具体规定。企业进入重整后，担保财产若变现，其变现款项该如何处理，《企业破产法》并无详细规定。《全国法院破产审判工作会议纪要》也仅对破产企业债权清偿顺序进

---

① 自由主义模式，即法律不对重整计划草案的具体内容及执行等事宜作出明确规定，而是由重整计划自身规定。

② 丁燕:《上市公司重整计划执行制度的完善——基于我国上市公司的样本分析》,《政治与法律》2014 年第 9 期。

行了简要的、概括的规定。① 如果在重整计划中也没有对其作出详细的规定，实践中易出现损害担保债权人权益的情况。例如，ST 夏新、ST 丹化、ST 源发重整中，管理人擅自挪用了变价款，出现了担保权未获全额清偿，普通债权等其他劣后债权在一定程度上得到部分清偿的情形。

第二，对于担保财产变现时间、变现方式未作具体规定。企业进入破产重整程序后，担保债权的实现时间、处分主体、优先受偿范围均被改变。②《企业破产法》对于担保债权的变现时间、变现方式未作具体详细的规定，这就需要在重整计划中加以详细制定。分析 78 份重整计划后发现大部分重整计划对于担保债权的规定仅为，"有财产担保债权以其经确认的担保债权额就担保财产变现价款优先受偿，未受偿的债权作为普通债权。"对于何时变现、如何变现、变现方式，损害赔偿方式等问题均未有详细和明确的约定。

(二) 重整计划法院强制批准

1. 担保债权组表决情况

《企业破产法》第 87 条规定了法院对企业重整计划强制批准的条件。③ 以下选择较为典型的 13 个重整计划强制批准案件（详见表 4-2），考察重整计划强制批准制度的实施。

---

① 2018 年 3 月 4 日发布的《最高人民法院关于印发〈全国法院破产审判工作会议纪要〉的通知》第 28 条规定："对于法律没有明确规定清偿顺序的债权，人民法院可以按照人身损害赔偿债权优先于财产性债权、私法债权优先于公法债权、补偿性债权优先于惩罚性债权的原则合理确定清偿顺序。因债务人侵权行为造成的人身损害赔偿，可以参照企业破产法第一百一十三条第一款第一项规定的顺序清偿，但其中涉及的惩罚性赔偿除外。破产财产依照企业破产法第一百一十三条规定的顺序清偿后仍有剩余的，可依次用于清偿破产受理前产生的民事惩罚性赔偿金、行政罚款、刑事罚金等惩罚性债权。"

② 李忠鲜：《担保债权受破产重整限制之法理与限度》，《法学家》2018 年第 4 期。

③ 《企业破产法》第 87 条第 2 款规定："（一）按照重整计划草案，本法第八十二条第一款第一项所列债权就该特定财产将获得全额清偿，其因延期清偿所受的损失将得到公平补偿，并且其担保权未受到实质性损害，或者该表决组已经通过重整计划草案；（二）按照重整计划草案，本法第八十二条第一款第二项、第三项所列债权将获得全额清偿，或者相应表决组已经通过重整计划草案。"

表 4-2 上市公司重整计划法院强裁详情

序号	证券简称	担保债权受偿方案	担保债权组表决	未通过原因
1	*ST 宝硕	按 100%比例清偿，重整计划裁定批准之日起三年内分六期清偿完毕，每六个月清偿六分之一	通过	—
2	*ST 沧化	全额清偿，三年内分三次清偿	通过	—
3	*ST 天发	未披露	通过	—
4	*ST 天颐	就特定担保财产处置所得优先受偿，未获偿部分作为普通债权清偿	通过	—
5	*ST 华源	以担保财产变现资金进行清偿	通过	—
6	*ST 帝贤 B	根据担保财产拍卖或变卖的进展随时清偿，变现所得未能清偿部分	两次表决均未通过	资产评估结果不合理、清偿比例过低
7	*ST 光明	就特定担保财产处置所得优先受偿，未获偿部分作为普通债权清偿	两次表决均未通过	清偿比例过低、股东让渡权利比例过低
8	*ST 锦化	就特定担保财产处置所得优先受偿，未获偿部分作为普通债权清偿	两次表决均未通过	资产评估结果不合理、清偿比例过低
9	*ST 广夏	—	通过	—
10	*ST 方向	以担保财产实际变现所得优先清偿未能完全受偿部分，按普通债权组的调整方案和受偿方案执行；鸿翔公司 100%股权的评估价值超过债权金额部分进行变卖，剩余 65%仍继续保持质押	两次表决均未通过	清偿比例过低、股东让渡权利比例过低
11	*ST 宏盛	以抵押财产实际变现所得优先清偿，中国信用保险公司以抵押房产价值为限，不足部分不再清偿	通过	—
12	*ST 金城	就特定担保财产处置所得优先受偿，未获偿部分作为普通债权清偿	通过	—
13	*ST 锌业	以担保财产的评估价值优先受偿，债务人以现金方式在 24 个月内分两期清偿，自裁定批准之日起 12 个月偿还 50%	两次表决均未通过	清偿比例过低

2. 担保债权组表决存在的问题

如上表可知，13 家企业重整计划是法院强制批准通过的，而在这些企业中，尽管某些企业重整计划中明确规定，担保债权人可就担保物价值获得全额清偿，但仍旧有担保债权人不同意重整计划的情况。根据上述数据分析，其主要有两方面的原因，一是担保物价值不足以覆盖全部担保债权金额。根据《企业破产法》规定，未优先受偿的部分债权，参照普通债权清偿比例、方式清偿，而普通债权清偿率却不合理。比如，在上述公司中的*ST锦化，其普通债权清偿率仅6.19%；而在另一企业，*ST帝贤B这一企业中，普通债权清偿率更低，仅2%。根据上述两公司的破产清算与重整的债权清偿率进行比较可知，其重整程序中，对于担保债权的清偿率的增加仅为象征性的增加；担保债权人不同意的第二个原因是企业重整程序中对于担保债权人的补偿不足。为使企业重整程序能够顺利进行，担保债权人权利在重整程序中被暂停行使，该措施在实质上是担保债权人变相为债务人企业注入重整资产，但是在实践程序中，只有少数企业会在重整计划中考虑给予担保债权人一定的补偿；而在多数企业的重整方案中，担保债权人可能连利息补偿也不能取得。

上述案例中，如*ST锦化的重整计划，在依法经过两次会议表决仍未通过的情形下，法院依据管理人申请，强制批准了重整计划。在实践中，此类情形不在少数，且存在一定的问题。一方面，在*ST锦化的重整计划中，担保债权人优先受偿的范围是以其担保财产价值为限，未受偿的部分参照普通债权清偿率，即6.19%进行清偿，在此种情形下，担保债权调整方案以及担保债权最终清偿率，均不符合法律公平、公正原则。另一方面，若担保债权人组以及普通债权人组未在第一次表决中通过重整计划草案，那么管理人应当采取合理方式，组织上述债权组进行协调，平衡各方利益，最大可能地使重整方案顺利通过。但是，在*ST锦化强制批准案例中，重整计划草案在第一次表决并未通过，且管理人也并未积极组织沟通，或者仅采取了形式上的沟通，或仅对重整计划进行了非实质上的调整；并未对担保债权人等相关利益者提出的合理意见进行采纳，也未对重整计划进行实质意义上的修改，该做法使得《企业破产法》第87条第1款形同虚设。[①]

---

① 陈义华：《论破产重整计划强制批准权的法律规制》，《商业研究》2014年第11期。

(三) 担保债权清偿期限

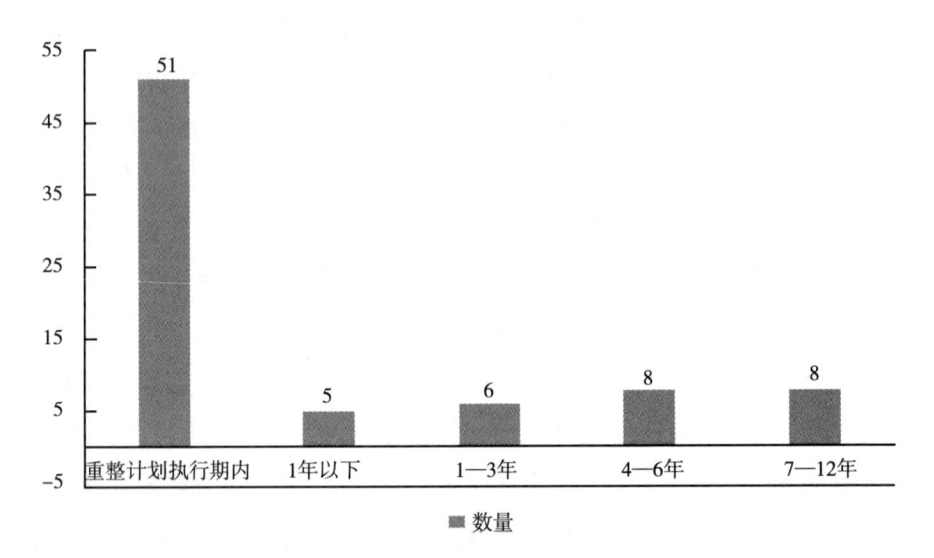

1. 担保债权清偿期限实践

无论重整企业采取何种清偿方式对担保债权进行调整，大部分均不会对该债权进行立即清偿。对担保债权清偿期限进行详细了解，能够更好地了解担保债权在重整期间所面临的问题。对于上述 78 家上市公司重整方案中有关担保债权清偿期限①的详情统计如图 4-1：

图 4-1 担保债权清偿期限

2. 担保债权清偿期限存在的问题

企业进入重整期间，以现金方式对企业债务进行清偿，属于重整企业债务清偿方式之一，而现金清偿在时间中又可以分为一次性清偿、分期清偿、留债清偿。近两年，为了提高债权人清偿率、降低投资人的短期出资压力，越来越多的企业选择对担保债权采用留债清偿的方式。我国《企业破产法》尚未涉及留债清偿方式的规定，因而对于该种清偿方式并没有直接的规制与保护。尽管《企业破产法》第 62 条在一定程度上赋予了

---

① 此处关于担保债权中作为普通债权清偿部分的期限不做讨论。

重整计划的法定约束力，但其更类似于合同效力。① 该条文在一定程度上赋予了留债清偿方式一定的合法性，但是该清偿方式对担保债权人权益保护存在一定的风险。

通常对担保债权适用留债清偿方式，其留债期间大部分从法院裁定批准重整方案时起，但是截止时间并不统一且大部分长于重整方案执行期间。据统计，最长留债期间达到了12年。担保债权人权益在该种清偿方式下可能会面临的风险包括：

第一，清偿期间是否符合重整计划规定时间具有不确定性。基于企业发展特点的非线性，因而在国家政策、市场中行业竞争、市场发展经营环境等内外因素的影响下，企业发展情况具有未知性、风险性。此外，担保债权人在之后的受偿期间内，其受偿金额、受偿时间也同样面临未知的风险，若债务人企业因企业经营情况差，无法按约履行还款义务，甚至出现支付期限无限延长，债权人此时面临债权无法实现的巨大风险。

第二，企业若再次出现资不抵债的情况时，担保债权人权益的保障会面临无相关法律法规支撑的情形。通过分析，采用留债延期支付方式的重整企业其留债期限从1到12年不等。若企业重整后仍经营不善，面临因资不抵债，再次进入破产程序的困境。此前签订的《留债协议》作为暂无法律法规规制的情形，其还能否得到有效履行，《企业破产法》目前还未进行相关规定，因而债权人清偿率甚至可能会低于模拟破产清算的清偿率。

(四) 迟延清偿补偿方案

1. 担保债权迟延补偿方案实践

根据《企业破产法》规定，企业一旦进入重整期间，担保债权即停止计息。破产法同时规定，对担保债权在延期清偿情况下的损失必须进行公平清偿，法院才能行使强制批准权，批准通过企业重整方案。由此可知，主债权虽在重整期间停止计息，但是债务人迟延清偿的行为，基于经

---

① 《企业破产法》第62条规定："经人民法院裁定批准的重整计划，对债务人和全体债权人均有约束力。"

济学原理以及法律公平原则，迟延履行补偿是具有合法性的。但是根据企业公布的重整方案仅15家明确规定了迟延补偿方案，且支付利息也不尽相同。（参见表4-3）

表4-3　　　　　　　　　　担保债权迟延清偿补偿方案

序号	证券简称	迟延支付补偿方案
1	*ST 宝硕	自重整计划获法院裁定批准之日起算的利息，标准为中国人民银行同期贷款利率
2	S*ST 朝华	按债权本金的10%一次性现金支付给债权人，作为对该类债权人延迟变现担保财产的补偿
3	S*ST 星美	按债权本金30%的比例向债权人支付现金作为其因延期清偿所受损失的补偿
4	*ST 沈机	留债利率在原贷款利率基础上下浮20%且不高于法院裁定批准本重整计划后最近一期人民银行1年期贷款利率市场报价利率下浮20%确定（取两者较低者）
5	*ST 庞大	按2.94%的年利率支付利息
6	*ST 盐湖	按原融资利率与本重整计划草案提交法院及债权人会议前最近一期全国银行间同业拆借中心公布的五年期贷款市场报价利率（LPR）孰低者确定
7	*ST 宝实	按原融资利率与银川中院裁定批准本重整计划之日最近一期全国银行间同业拆借中心公布的五年期贷款市场报价利率（LPR）孰低者确定
8	*ST 力帆	留债利率以本重整计划提交法院及债权人会议前最近一期全国银行间同业拆借中心公布的五年期以上贷款市场报价利率（PR）下浮100个基点确定，利息自重整计划获法院裁定批准之日起计算，利息计算基数为每年未偿付留债本金金额
9	*ST 永泰	按重整计划提交法院及债权人会议前最近一期全国银行间同业拆借中心公布的五年期贷款市场报价利率（LPR）确定，利息以未清偿留债金额为计算基数，自重整计划获得法院裁定批准之日起算
10	*ST 利源	按照重整计划获得法院批准当月全国银行间同业拆借中心公布的五年期贷款市场报价利率（LPR）的40%确定
11	*ST 嘉信	参照原融资率确定计息并付息
12	*ST 大集	按原融资利率与3.00%年孰低确定，利息自《重整草案计划》获得法院批准次日起计算
13	*ST 海航	按原融资利率与2.89%年孰低确定，利息自《重整草案计划》获得法院批准次日起计算

续表

序号	证券简称	迟延支付补偿方案
14	*ST 基础	按原融资利率与 3.00%年孰低确定,利息自《重整草案计划》获得法院批准次日起计算
15	*ST 华英	留债余额为利息计算的本金,留债利率以法院裁定批准重整计划之日前最近一期全国银行间同业拆借中心公布的五年期以上贷款市场报价利率(LPR)确定,利息自法院裁定批准本重整计划之日(不含当日)起算

2. 担保债权迟延补偿方案存在的问题

《企业破产法》第 46 条明确了企业自破产申请受理时,附利息债权不再计息。由法条的内容可知,重整申请受理之后,主债利息就不再属优先受偿范围。但本法第 87 条,却有对担保债权因延期清偿所受的损失,进行公平补偿的规定,且该补偿规定同时属于法院批准通过重整计划的前提。根据文义理解,"延期清偿"受到的损失,应当指其利息。此外,在重整程序中,有些企业制定的重整计划中对于担保债权的实现会采用留债清偿、分期清偿的方式,根据实际情况来看,各企业留债清偿、分期清偿的时间或长或短,根据前文统计数据,最长期限达到了 12 年。根据经济学的基本原理,迟延支付货币应当考虑计息,但是《企业破产法》并未对该情况进行相应的规定。因此,各重整企业对于担保债权延期清偿是否计息、如何计息、如何偿还利息等方面的标准各不相同。这种矛盾的情形极易导致法院判决出现差别,在企业重整实践中,部分判决依据第 46 条停止计息规则作出,[①] 部分判决依据第 87 条延迟受偿补偿规则作出。[②]

[①] 全国最高人民法院(2016)民终 268 号民事判决书,"安岳县欣通建设投资有限公司、重庆进出口信用担保有限公司追偿权纠纷二审案"。最高人民法院认为,根据《中华人民共和国企业破产法》第 46 条第 2 款之规定,附利息的债权自破产申请受理时起停止计息。因此,资金占用费应计算至华通柠檬公司破产重整申请受理时,即 2015 年 3 月 23 日。

[②] 吴中区人民法院(2008)吴民破字第 1 号民事裁定书,在该案中担保债权因重整计划的受偿安排而延期受偿的部分,按照中国人民银行颁布的浮动利率支付利息,使其得到对利息部分的补偿。

(五) 重整计划监督期限

1. 重整计划监督期限实践

《企业破产法》第 90 条①、《九民纪要》第 113 条②，均规定了重整计划监督期限。根据《企业破产法》条文内容，应理解为重整计划的执行期与监督期应当一致。依据《九民纪要》中的规定，可理解为在重整计划中可单独规定监督期，该监督期与担保债权迟延履行期相比，或小于、等于或大于该期间；若无特别规定，则认定监督期与重整计划执行期一致。基于 78 家上市公司重整计划，对其担保债权清偿期、重整监督期比较结果如表 4-4 所示。

表 4-4　　　　　债权清偿期、重整监督期比较结果

序号	担保债权清偿方案	是否单独规定监督期	重整计划监督期与担保债权清偿期限关系	企业数
1	担保财产价值优先受偿，不足清偿部分转为普通债权	否	—	45
2	迟延清偿	是	大于	2
			相等	14
			小于	17

2. 重整计划监督期限存在的问题

通过对 78 家上市公司的重整计划进行分析后可知，债务人企业对于延迟清偿担保债权的起始时间，大部分是从法院裁定批准重整计划之日，但是截止时间却不相同，其中或短于重整计划执行期；或等于重整计划执行期；或长于重整计划执行期。《九民纪要》规定，重整计划执行期间和监督期间原则上应当一致，我国 92 家进入重整程序的上市公司，重整计划有单独规定监督期的企业，其监督期限大部分也与重整执行期间相同；《企业破产法》第 90、91 条规定，重整企业的管理人作为监督人，即赋

---

① 《企业破产法》第 90 条规定："自人民法院裁定批准重整计划之日起，在重整计划规定的监督期内，由管理人监督重整计划的执行。"

② 2019 年 11 月 14 日发布的《最高人民法院关于印发〈全国法院民商事审判工作会议纪要〉的通知》第 113 条规定："重整计划的执行期间和监督期间原则上应当一致。"

予管理人以监督权。① 对于延期清偿期限含于重整计划执行期间内的担保债权的监督可通过管理人进行。但是对于延期的期限长于重整计划执行期的债权，在重整计划执行完毕后的清偿期限，此时管理人监督义务已经履行完毕，《企业破产法》对留债期间是否需要监督执行及由谁来监督，如何监督等问题，并未作出专门规定。实务中，留债期间多数存在监督缺位的情况。因此，对于迟延清偿期限长于重整计划执行期的担保债权来说，其重整计划内容的执行被置于法院主导程序之外，若无其他有效监督措施，债权人的利益可能无法得到有效保护，导致债权人需要承担债务人执行能力下降和道德风险所带来的债务不能清偿的不利后果，这不符合债权人对债务调整的合理预期。

三 担保债权人权益保护完善路径

（一）明确担保财产变现处理原则

在重整计划中，明确担保财产变现处理原则，对于有效保护担保债权人权益具有重要作用。

首先，应对担保财产变现款项处理原则进行明确。《企业破产法》设定暂停行使担保物权条文，其目的在于为债务人企业创造良好的再生环境。但是，实现企业重整不能将担保债权人的合法权益作为代价。担保债权人对担保物享有两项权利：进行变价处置的权利（程序性权利）、就变价款优先受偿的权利（实体性权利），上述两项权利是担保权人行使担保权的具体权能。对担保权的设置目的进行分析可知，该权利的设置目的在于确保债务最终得到清偿。担保物权与所有权、用益物权相比，其不着眼于对特定财产的使用权、收益权；而主要侧重于支配权，即特定财产存在的交换价值。由此可知，变价处置担保物仅属于手段，而优先受偿才是其

---

① 《企业破产法》第90条规定："自人民法院裁定批准重整计划之日起，在重整计划规定的监督期内，由管理人监督重整计划的执行。在监督期内，债务人应当向管理人报告重整计划执行情况和债务人财务状况。"第91条规定："监督期届满时，管理人应当向人民法院提交监督报告。自监督报告提交之日起，管理人的监督职责终止。管理人向人民法院提交的监督报告，重整计划的利害关系人有权查阅。经管理人申请，人民法院可以裁定延长重整计划执行的监督期限。"

设定的目的。

因此，在企业重整程序中应对上述两项权能进行明确的区分。除少数的特殊情形，重整程序中仅对担保债权人的变价处置权进行了限制，而并非对其优先受偿权进行限制。[①] 在重整情形下，若将担保进行变现处理是经过债务人（或管理人）同意的，即说明该财产并不是企业重整所必需的财产，因而应保护担保债权人利益，将变现款立即支付于担保债权人，在此种情形下，担保债权人无须等候统一分配。《企业破产法》对债权清偿顺序的规定内容，即担保债权受到全额清偿之前，除担保权人同意外，管理人对于担保财产变价款无权将其用于任何其他支出或清偿债权。[②] 此外，《民法典》规定，担保财产的作用在于充分保障债权获得清偿，直至债务得到完全清偿。担保债权人在担保财产变现后，对于变现价款，其享有优先受偿的权利，此即物上代位性所决定的。因此，应当明确担保财产变现款的处理原则，未将变现款用于担保债权足额清偿前，该变现款不得被挪用于其他方面使用。

其次，应明确担保财产变现时间、变现方式。担保债权人在企业重整期间承担着担保物价值贬损、机会成本丧失的必然性。[③] 因而，应当尽可能地对担保债权人的权益进行保护，降低其承担的上述风险。如上文所述，若将担保进行变现处理是经过债务人（或管理人）同意的，即说明该财产并不是企业重整所必需的财产。因而在重整方案中应明确担保财产的变现时间、变现方式，从而降低管理人滥用管理权导致损害担保债权人合法权益的概率。

最后，如遇特殊情况，管理人也可采用提存的方式处理担保物变现价款。比如，若担保债权处于诉讼程序中、仲裁程序中，且处于未决情形时；担保债权属于附条件生效、附条件解除的债权；担保债权人未实际受

---

① 乔博娟：《论破产重整中担保权暂停与恢复行使的适用规则》，《法律适用》2020年第20期。

② 王欣新：《论破产程序中担保债权的行使与保障》，《中国政法大学学报》2017年第3期。

③ [美]查尔斯·J. 泰步：《美国破产法新论》，韩长印等译，中国政法大学出版社2017年版，129页。

领破产财产分配份额。若存在上述情形,管理人即可以将该担保债权涉及的份额进行提存。

(二) 明确法院自由裁量权的审慎标准

一方面,明确法院适用强制批准权的条件。管理人(或自行管理的债务人)向法院提交批准重整计划的申请,法院在审查时,应充分考虑重整计划中所涉及的内容,是否对担保债权人的利益进行了保护。应采取聘请专业机构的措施,对上述主体提交的重整计划草案进行论证,主要针对该草案的可行性,若论证结果显示该草案不具备可行性,法院应要求制定主体对该计划进行调整。若对重整计划草案持不同意态度的债权人,该重整计划执行情形下,其能获得的受偿标准不低于企业在清算情形中的能获得的受偿标准时,重整计划即具有合理性;反之,则重整计划草案不具有合理性;只有具有合理性的草案,法院才能批准执行。①

另一方面,避免法官滥用自由裁量权。由于《企业破产法》第 87 条规定内容属于原则性规定,其含义较为宽泛,因此在司法实践中,法院在强制批准企业重整计划草案时,法院的自由裁量权较大。因而,判断对重整计划草案进行强制批准的措施是否妥当时,不能仅将重整计划草案中的内容与第 87 条规定的内容进行简单地、直观地比较。因为该条款属于框架性条款,其设定的意义不是鼓励法官行使其自由裁量权,对重整计划草案行使强制批准权;而该条款的真正意义是警示法官,让其在适用强制批准权时应做到慎用。② 重整程序顺利进行的基础是平衡各方利益,各权益主体互相协商、平等协商、互让共赢;若出现债权人不同意重整计划草案的情况时,管理人(或自行管理的债务人)应积极组织协商,充分听取各方意见,而不是直接采取向法院申请的措施,让法院行使强制批准权。

法官在行使强制裁定权时,应从程序以及实体两个方面进行严格、详细、全面地审查。法官应对重整计划草案的制定程序、表决程序进行合法以及合规审查;对债权调整方案、清偿方案所涉及的内容审查其合法性以及合规性;审查经营方案的合理性、可操作性。此外,该审查内容还应当

---

① 汪世虎:《法院批准公司重整计划的条件探析》,《商业经济与管理》2007 年第 1 期。
② 邹海林:《法院强制批准重整计划的不确定性》,《法律适用》2012 年第 11 期。

包括，重整方案规定对于在重整程序中权利受到限制的债权人，若重整计划按照该方案实施，上述权利人不会因此遭受不合理的损害。

同时，法院在行使强裁权时，不应仅着眼于程序、实体两方面符合强裁条件约束，同时，法院也应考虑重整计划草案在实施时，其是否对重整价值、公共价值有所裨益。若不满足相应条件的，法官亦不能违规批准重整计划草案，滥用其自由裁量权。

（三）明确留债不能履行救济条款

由于担保债权进入留债清偿期后，将会面临因债务人自身原因或其他原因而导致担保债权在留债期内无法清偿的可能。为有效保护担保债权人的合法权益，应在重整计划制定内容中对留债协议内容进行规制，并对救济措施予以规范。例如，规定债务人一次性清偿留债、担保债权人行使担保物权、重整投资人补足款项、连带保证人行使连带保证责任等救济条款。可参考吉林吉恩镍业股份有限公司重整计划中的规定。① 此外，对于出现非因债务人的特殊原因②导致留债金额无法清偿时，可规定担保债权人与债务人享有通过协议变更重整计划中留债清偿条款的权利，可参照《最高人民法院印发〈关于依法妥善审理涉新冠肺炎疫情民事案件若干问题的指导意见（二）〉的通知》第20条的规定。③

---

① 吉林吉恩镍业股份有限公司重整计划明确"偿债期限提前届满，债权人有权要求债务人一次性清偿全部留债债权，并行使担保物权"；安通控股股份有限公司重整计划明确"债务人不能或不能按期足额清偿，不足部分由重整投资人以借款等方式，督促和保障债务人按期足额偿"；山西联盛能源有限公司等三十二家合并重整"重整留债协议"中增加连带保证人，担保留债清偿。

② 特殊原因是指出现国家政策调整、法律修改变化、疫情原因等特殊情况时，但不限于上述三种情况。

③ 《最高人民法院印发〈关于依法妥善审理涉新冠肺炎疫情民事案件若干问题的指导意见（二）〉的通知》第20条第2款规定："对于重整计划或者和解协议已经进入执行阶段，但债务人因疫情或者疫情防控措施影响而难以执行的，人民法院要积极引导当事人充分协商以变更。协商变更重整计划或者和解协议的，按照《全国法院破产审判工作会议纪要》第19条、第20条的规定进行表决并提交法院批准。但是，仅涉及执行限期变更的，人民法院可以依债务人或债权人的申请直接作出裁定，延长的期限一般不得超过六个月。" 2020年5月19日发布。

(四) 确立担保债权延期补偿制度

首先，我国《企业破产法》将对担保债权因延期清偿所遭受的损失进行公平补偿，作为法院强制批准重整计划草案必不可少的条件之一。根据文义解释，其仅适用于法院强制批准的情形下，该法也并未单独规定，对担保债权人进行迟延清偿补偿的条款。因此在实践中，企业重整计划并非均向担保债权人支付相应的迟延清偿利息；并且，对于有支付迟延清偿利息的企业，其计算迟延补偿利息的计算标准也是各不相同。根据上文数据可知仅15家企业在重整计划中明确了迟延清偿的利息补偿，且其补偿方案也是不尽相同的。针对以上的情况，应当确立担保债权迟延清偿补偿的合法性。《企业破产法》应对担保债权人迟延受偿应得到补偿进行相应的明确。

其次，应在法律方面规定统一的标准，如此才能在重整程序中使得担保债权人的利益获得公平保障及补偿。因此，《企业破产法》应对担保债权人迟延受偿应得到补偿进行相应的明确，由于迟延清偿的期限通常并不短暂，该补偿应考虑货币时间价值（计算利息）。此外，应对迟延清偿补偿利息进行明确。通常情况下，借贷合同中所约定的利率会远超出市场利率，若采用合同约定利率，对于重整债务人来说，其负担较重，不利于推进重整的实现。因此，可将贷款市场报价利率（LPR）作为补偿的利息参考，以弥补迟延清偿情形下担保债权人所受损失。

最后，应当明确利息补偿金额超出担保财产价值时的适用规则。基于实现债务人成功实现重整的目的，在考虑利息补偿方面的同时也应考虑债务人利益，对于利息补偿金额超出担保财产价值的情况，可参考美国联邦最高法院在联合储蓄协会诉伍德森林联合有限公司木材公司案（*United Savings Association v. Timbers of Inwood Forest Associates*, Ltd）中的利息补偿规则，即破产法院先计算"担保财产"和"担保价值"的差额，并以此差额作为担保债权在重整期间应获得的利息补偿的范围上限；对不足额担保以及等额担保，因为其上述差额等于负值或零，故对于此类担保债权的利息就不再进行补偿。

(五) 保障担保债权人重整计划监督权

第一，应明确信息披露以及监督机制。重整计划的执行，是对整个重整计划的实践检验过程,其包括债权调整方案、债权受偿方案、出资人权益调整方案、企业生产经营方案等,在重整计划实施后,企业能否顺利恢复生产经营,担保债权人利益最终能否实现,均与重整计划的执行息息相关。《企业破产法》规定,在重整监督期内,管理人具有监督重整程序的权利。① 管理人在重整计划执行完毕后即结束监管任务,因而在重整程序执行期届满后仍有清偿安排的担保债权的监管即会面临滞后,甚至缺位的情况。我国现行法律对该种情况也并无相关的保护性规定,只有在重整计划中对该情况进行明确,才能有效保护担保债权人的合法权益。一方面,应要求债务人在留债期内建立及时、有效的信息披露②。信息披露能够使债权人及时有效了解到债务人的经营状况,根据披露资料分析债务人偿还能力。另一方面,应赋予担保债权人一定的监督权。在重整计划中明确担保债权人享有的监督范围、监督方式。以便担保债权人能够及时发现债务人损害其权益的情况,从而及时保护自己的权益。

第二,应保障担保债权人的异议权。一旦企业进入重整计划执行,其对于担保债权的清偿,即只能根据重整计划规定进行。因而,担保债权人是所有债权人中受重整计划限制最大的主体,其当然关心重整计划执行进度及情况,但是法律却并未明确授予担保债权人监管权。作为法定的、唯一的监督主体的管理人,尽管其基于中立地位能够公平、公正地完成监督任务,但是仅凭一己之力进行监督,力度存在不足,所以可能会产生一定的疏漏。为了能够更好地对企业重整计划的实施进行监督,也为了更好地保障担保债权人的权益,在充分保障担保债权人的知情权外,也应保障其享有异议权。若有使担保债权利益受损或者可能导致担保债权人权益受损行为发生时,担保债权人可直接向法定监督主体——管理人提出异议,担保债权人还有权要求管理人采取相应的措施,对损害行为进行制止或者排

---

① 《企业破产法》第 90 条第 2 款规定:"在重整监督期内,债务人应当向管理人报告重整计划执行情况和债务人财务状况。"第 91 条第 1 款规定:"监督期届满时,管理人应当向人民法院提交监督报告。自监督报告提交之日起,管理人的监督职责终止。"

② 债务人企业的信息披露内容应包括债务人企业的经营信息、财产变动信息、公司治理结构变动信息、重大事项、重大诉讼、仲裁事宜等,企业审计报告或财务报表、股东会、董事会、监事会决议等材料。

除妨害。

随着经济不断发展,现代企业的经营运行并不像以往一样主要依靠简单的资金投入来发展,而大多都以其自有的财产作为担保进而取得资金。因此,作为现代企业主要融资方式之一而设立的担保物权在企业破产中具有重要作用。在企业重整程序中,对担保债权人权益进行充分的保障,以更好地拯救困境中的企业,实现其顺利复兴。

第二节 企业重整中出资人权益保护

我国《企业破产法》及其司法解释涉及出资人权益保护的规定较少。出资人是破产重整中的主要主体,其权利的保护有利于重整程序的顺利推进。然而,实践中存在以债权人利益保护为优先,不当损害出资人权益的现象。

一 出资人权益保护的理论基础

(一) 破产重整中出资人权益内容

出资人一般是指公司的股东,其通过出资或其他方式来获得出资人身份。出资人权益指出资人基于其股东身份而享有的权利和利益。出资人权益包含自益权和共益权两种。[1] 在破产重整程序中,这些权益将会受到一定的限制。出资人可以享有重整利益,保留一定的股权,但是其相关权益也会受到限制。

虽然我国《企业破产法》也赋予了出资人一定的重整权利,包括对重整程序的申请权、知情权、表决权等。《企业破产法》第70条[2]规定了

---

[1] 自益权即为股东分配请求权、剩余资产索取权等资产收益权,体现着公司作为投资工具给股东带来的直接经济收益;而共益权是股东参与公司经营决策,为自身利益兼为公司利益的权利,包括知情权、表决权、建议质询权、派生诉讼权等。

[2] 《企业破产法》第70条规定:"债务人或者债权人可以依照本法规定,直接向人民法院申请对债务人进行重整。债权人申请对债务人进行破产清算的,在人民法院受理破产申请后、宣告债务人破产前,债务人或者出资额占债务人注册资本十分之一以上的出资人,可以向人民法院申请重整。"

出资人的破产重整申请权,对时间以及主体有着相应的限制,达到这些条件的出资人才可申请重整。第85条①规定了出资人的参会权与表决权;第77条②规定出资人投资收益分配请求权的丧失,第87条③则规定了法院强制裁定权。破产重整程序的申请权、重整参与权等与重整有关的权利是本节的研究对象。

(二)破产重整中出资人权益保护的特征

破产重整中出资人权益保护与其常态下的保护存在不同,并体现出其特殊性。一方面,破产重整中出资人权益将受到一定程度的限制。重整中出资人享有的公司法规定的分红权,重大资产处理表决权,合并、分立等权利将受到一定的限制。重整企业核心的任务在于处理债务人企业的财产,所有关于财产处理的权利都应当移转至破产程序中新设立的债权人会议来表决和通过。另一方面,破产重整中出资人权益保护顺位要劣后于优先债权及一般普通债权。尤其是当出资人对债务人企业享有债权时,其清偿顺位要劣后于其他普通债权。

---

① 《企业破产法》第85条规定:"债务人的出资人代表可以列席讨论重整计划草案的债权人会议。重整计划草案涉及出资人权益调整事项的,应当设出资人组,对该事项进行表决。"

② 《企业破产法》第77条规定:"在重整期间,债务人的出资人不得请求投资收益分配。在重整期间,债务人的董事、监事、高级管理人员不得向第三人转让其持有的债务人的股权。但是,经人民法院同意的除外。"

③ 《企业破产法》第87条规定:"部分表决组未通过重整计划草案的,债务人或者管理人可以同未通过重整计划草案的表决组协商。该表决组可以在协商后再表决一次。双方协商的结果不得损害其他表决组的利益。未通过重整计划草案的表决组拒绝再次表决或者再次表决仍未通过重整计划草案,但重整计划草案符合下列条件的,债务人或者管理人可以申请人民法院批准重整计划草案:1. 按照重整计划草案,本法第八十二条第一款第一项所列债权就该特定财产将获得全额清偿,其因延期清偿所受的损失将得到公平补偿,并且其担保权未受到实质性损害,或者该表决组已经通过重整计划草案;2. 按照重整计划草案,本法第八十二条第一款第二项、第三项所列债权将获得全额清偿,或者相应表决组已经通过重整计划草案;3. 按照重整计划草案,普通债权所获得的清偿比例,不低于其在重整计划草案被提请批准时依照破产清算程序所能获得的清偿比例,或者该表决组已经通过重整计划草案;4. 重整计划草案对出资人权益的调整公平、公正,或者出资人组已经通过重整计划草案;5. 重整计划草案公平对待同一表决组的成员,并且所规定的债权清偿顺序不违反本法第一百一十三条的规定;6. 债务人的经营方案具有可行性。人民法院经审查认为重整计划草案符合前款规定的,应自收到申请之日起三十日内裁定批准,终止重整程序,并予以公告。"

二 出资人权益保护的必要性

（一）有利于协调不同利益，推进重整程序

重整兼具债务清偿与拯救企业的作用，是通过对企业权益结构的调整来实现价值或未来收益的重新分配。① 在破产重整中，各方利害关系人之间会通过不断地协调与博弈，使各方利益达到最大化。而债权人和出资人站在对立面，双方之间涉及的利益不仅广泛和复杂，利益的冲突更是尤为激烈。一是因为重整企业的资源具有稀缺性，且不能同时满足债权人与出资人的利益需求；二是因为企业重整需要兼顾多方主体的利益，而出资人和债权人为了维护自身利益必然会产生利益摩擦；三是因为出资人与债权人的目的不同，出资人是为了最大限度保留自己的股权，而债权人则会努力提高自己的清偿比例。② 但出资人和债权人之间的利益冲突并非不能调和，因为二者之间有着破产重整能成功实现的共同目标，此时就需要各方主体进行协调，促使破产重整的顺利进行。破产重整维护的是各方主体的正当权益以达到利益平衡，这就为出资人权益保护提供了理论可行性。

（二）有利于企业保壳，维系重整价值

破产重整中出资人是否还享有权益在学界备受争论。③ 并且对于上市公司来说，其除了实物资产外，还包括其作为上市公司的权利外观，即拥有"壳"价值。破产清算会使上市公司的"壳"价值消失，但重整条件中，"壳"价值仍会存续。

（三）有利于增加破产企业重整价值

不可否认的是，股东更了解公司的运营和治理，在破产重整程序中能

---

① 周淳：《上市公司破产重整中的股东权异化》，载黄红元、徐明主编《证券法苑》（第十三卷），法律出版社2014年版，第45页。

② 郑志斌、张婷：《公司重整制度中的股东权益问题》，北京大学出版社2012年版，第115页。

③ 我国有学者认为，在上市公司达到破产界限而进入破产重整程序时，由于股东对于公司已经不享有潜在利益，因此股东已经不享有股东权益。也有学者认为，出资人利益基础并不仅仅是公司的破产价值或者是清算价值，公司在破产程序中，出资人的利益基础是十分复杂的状况。

够更好地经营公司，甚至对于公司在一些专业领域所开展的业务是必不可少的。所以对出资人权益的保护，能够激发股东拯救企业的活力，股东无论是在破产重整程序中管理债务人或是为管理人提供相应的帮助，都在一定程度上提升了重整价值。这也是美国破产法奉行"债务人自行管理原则"的原因之一。对于出资人权益的保护不仅能够提升重整价值，更是对破产重整的成功有着积极的推动作用。

三 出资人权益保护的实证反思

（一）破产重整出资人权益保护的实证分析

出资人权益保护问题的具体数据收集涉及企业信息披露。相较于封闭公司，上市公司数据收集可通过证券交易所获得，通过 92 家上市公司[①]重整所发布的公告来研究上市公司资产负债情况、偿债能力情况、破产重整时长和费用情况以及具体重整方案等问题，以发现破产法实施以来出资人权益保护的现状及存在的问题。

1. 破产重整申请人情况

根据《企业破产法》的规定，在公司出现特定情况时，可以直接申请破产重整的主体是债务人或债权人，而出资人行使重整申请权有一定的限制，不仅对注册资本有要求，更是在时间上也有着严苛的要求。通过对

---

① 重整的 92 家上市公司包括：宝硕股份、沧州化工、朝华科技、浙江海纳、兰宝信息、天发石油、天颐科技、星美联合、鑫安科技、广东华龙、长岭集团、北亚实业、华源股份、九发股份、帝贤股份、北生药业、新太科技、丹化股份、秦岭水泥、夏新电子、光明家具、深信泰丰、创智科技、辽源得亨、锦化氯碱、咸阳偏转、盛润股份、银广夏、方向光电、四川金顶、华源发展、科健股份、山东海龙、宏盛科技、金城股份、石岘纸业、中核钛白、中达股份、深中华、贤成股份、新中基、锌业股份、霞客环保、新都酒店、超日股份、新亿股份、长航凤凰、舜天船舶、川化股份、云维股份、重庆钢铁、天化股份、柳州化工、沈阳机床、中绒股份、厦工机械、抚钢股份、莲花股份、庞大汽贸、青海盐湖、德奥通航、坚瑞沃能、安通股份、大连天娱、宝塔实业、天海防务、银亿股份、深圳飞马、金贵股份、力帆科技、吉林利源、永泰能源、河南中孚、深圳索菱、中南文化、众泰汽车、贵人鸟股份、深圳赫美、广州浪奇、天翔环境、北京嘉信、天津松江、海南航空、山东雅博、海航基础、河南华英、供销大集、东网传媒、华昌智能、凯瑞股份、康美药业、福建实达。该部分数据的统计来源于上海证券交易所（sse.com.cn）、深圳证券交易所（szse.cn）官网发布的有关上市公司重整公告。数据统计截至 2021 年 12 月 31 日。

上述案例的分析，我们可知在实践中少有甚至没有出现过出资人申请破产重整的情况。在92起上市公司破产重整案件中，没有一起破产重整的案件是由出资人申请而启动的，其中有8起是由债务人申请启动，有84起是由债权人申请启动（详见表4-5）。

表4-5　　　　　　　破产重整申请主体申请情况

破产重整申请主体	债权人	债务人	出资人
申请次数	84	8	0
占比情况	91.3%	8.7%	0

2. 出资人权益调整情况

通过对92家上市公司重整计划的梳理，发现大多数上市公司都调整了出资人权益，而仅有6家上市公司未对出资人权益进行调整[①]（详见表4-6）。

表4-6　　　　　　　出资人权益调整情况

是否对出资人权益进行调整	数量	占比
是	86	93.5%
否	6	6.5%

重整中的出资人权益调整是指在破产重整中，通过削减出资人所持股份、让渡股份给新投资人，以及增加投资等方式对重整企业的股权结构进行调整，以改变企业资本组成，清偿企业债务，优化企业治理结构，促成企业重获新生。[②] 出资人权益调整是整个重整制度的核心，在很大程度上决定了重整是否能够成功。每一次重整都是对债权人、债务人和股东甚至是新投资人的利益分配，通过各方利益相关者的博弈与妥协，最终达到利益调整的平衡。

1. 出资人权益调整方式

目前，对出资人权益调整方式主要有股份让渡、缩股、资本公积转增

---

① 未进行出资人权益调整的6家上市公司包括：兰宝信息、天发石油、浙江海纳、朝华科技、广东华龙、帝贤股份。

② 刘健、栗保东：《上市公司重整程序中出资人权益调整问题初探》，载王欣新、尹正友主编《破产法论坛》（第二辑），法律出版社2009年版，第8页。

股本三种，但在实践中往往会出现两两模式相结合的方式来调整出资人权益，主要是"股份让渡+缩股"和"股份让渡+资本公积转增股本"两种模式，所以在实践中常出现四种调整出资人权益的模式，即股份让渡、资本公积转增股本、股份让渡+缩股和股份让渡+资本公积转增股本，单独缩股很难达到平衡利害关系人利益并顺利重整的效果。

在92起上市公司重整案件中，本节仅对出资人权益进行调整的86家上市公司重整中出资人权益调整方案进行分析（详见图4-2）。表中其他方式包括股份转让、引入重组方等。

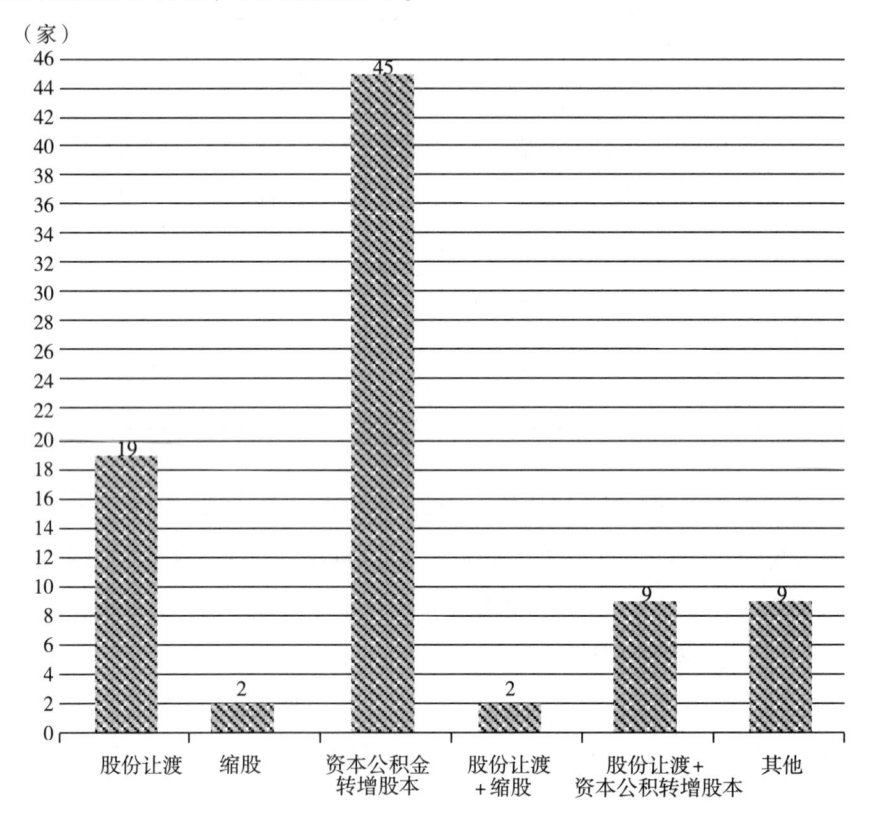

图4-2 出资人权益调整方式

（二）具体问题分析

1. 出资人重整申请权受限

通过对92起案件中申请人情况的分析，发现在上市公司破产重整程序中，出资人虽享有申请权，但要满足时间条件和主体条件才可申请重整，以至在实践中极少出现甚至未出现由出资人申请重整的情况。债务人重整申请权的行使会经过一定的程序，要由股东大会决议，程序十分复杂，对于提出的时机可能不是最好的。同时，债务人对于申请破产重整的主动性不强，即使资不抵债且经营状况每况愈下，也会主动寻求其他帮助来挽救企业而不是申请破产重整①，这将会导致实践中出现出资人希望申请重整，而其他控股股东不希望申请重整，导致债务人无法提起重整申请；另外，上市公司重整工作往往具有很强的时效性，出资人重整申请权行使的时限条件将限制出资人积极挽救企业的动力。②

2. 出资人的重整参与权被弱化

在上述92家出资人权益调整情况，发现绝大多数的破产重整均会涉及出资人权益的调整。但因出资人重整参与权弱化，使出资人缺少合适的博弈平台而致权益被过分削弱。

（1）出资人代表缺位

出资人权益代表机构的缺失是导致出资人无法顺利参与重整的一个重要原因。实践中出资人代表并未经过选举，而一般是由控股股东等占股较大的股东担任，但其并不能代表出资人整体意志。虽然让所有的出资人列席会议不切实际，但也必须强调出资人保护的整体一致性。③

在现行法律之中，由于未对"出资人代表"进行具体的规定，导致实践中出现标准不一的情况，由债务人或管理人按照自己的标准来选取"出资人代表"，使对出资人权益的保护更倾向于控股出资人等主要出资人，未考虑到出资人整体利益。

（2）出资人无重整计划制定权

重整计划是重整制度的核心，但《企业破产法》并未赋予出资人此权利。笔者认为，不能完全剥夺出资人参与重整计划的制定。首先，破产重整与出资人权益息息相关，因此出资人对破产重整参与的积极性往往很高，并且对于重整计划草案提出也具有积极性；其次，学界主流大多认同

---

① 邹海林：《供给侧结构性改革与破产重整制度的适用》，《法律适用》2017年第3期。
② 王欣新、徐阳光：《破产重整立法若干问题研究》，《政治与法律》2007年第1期。
③ 张钦昱：《重整计划制定权归属的多元论》，《社会科学》2020年第2期。

债权人利益优先，应当优先满足债权的清偿，在实践中亦如此。在出资人既没有重整计划草案制定权，管理人、债权人也鲜有考虑出资人权益的情况下对保护出资人权益是非常困难的；另外，根据《企业破产法》的规定，谁管理破产重整企业则谁有权利制定重整计划草案。重整计划草案的主体范围被限缩，使重整计划缺乏竞争性；① 最后，将出资人和债权人排除在外，会导致重整申请权与重整计划制定权主体制度衔接不畅，极可能造成在出资人和债权人提出重整申请的情况下，或是矛盾激化时，债务人消极履行职务，不积极制定重整计划草案。②

（3）出资人无治理破产重整公司的决策权

美国有学者将公司在破产重整中需要做的决策分为了"经营计划"和"重整计划"。"经营计划"指的是公司为了挽救损失，使公司的经营重新走上正轨而做的决定，这需要公司出售或放弃业务中不盈利的部分，并减少保留部分的开支；"重整计划"与公司的财务重组有关，它包括对重整投资人引入或是对债权人和股东财产的认定，以及以何种方式来获得财产：现金、票据、债券或股份。③ 破产重整对公司的治理结构有着很大的改变，公司正常经营时，股东大会是其权力机构、决策机构，而破产重整程序中，其权力机构、决策机构就变成了债权人会议。债权人对破产重整公司的剩余价值有着控制权，而债权人会议对公司的法定重大事项亦有着决策权，因此在破产重整中，公司的权力机构则是债权人会议。债权人会议可以对重整企业的管理行使监督权和表决权，可以决定债务人继续或停止营业等，债权人会议在破产重整程序中有着较大的权利。出资人在破产重整中权利受到了一定的限缩，将丧失常态下参与公司经营的权利。

3. 出资人缺乏对法院强制裁定的救济

法院强制裁定指的是在一定条件下，由债务人或管理人向法院申请，法院基于公平、公正原则，更为了避免重整计划草案长时间无法通过带来

---

① 张钦昱：《重整计划制定权归属的多元论》，《社会科学》2020年第2期。
② 梁伟：《论我国企业破产重整计划制定权主体制度》，《学术交流》2018年第2期。
③ Lynn M., LoPucki & William C. Whitford, "Corporate Governance in the Bankruptcy Reorganization of Large", *Publicly Held Companies*, 141 *U. PA. L. REV*, 669（1993）.

的负面影响而行使强制批准通过重整计划草案。此规定的目的在于防止各表决组滥用权利"钳制"重整计划草案。美国赋予债权人异议权，是对强裁权的一种救济，债权人可提起诉讼救济并上诉。但我国并没有赋予出资人或债权人此项权利。并且法院在行使权力时会受到政府的干预，还会考虑经济和社会稳定的影响来推进重整计划草案的通过。法院在行使强制裁定权之前有时并不能充分尊重利益相关方尤其是出资人的意愿。[1]对出资人组未通过重整计划草案的情况，"公平、公正"是法院审查的唯一标准，而这一标准过于泛化，在司法实践中能否有效保护出资人权益甚至保障重整的成功则不得而知。[2]

四 出资人权益保护的完善路径

（一）取消出资人申请重整的时限条件

上市公司破产重整申请的时间非常重要，重整程序启动的时间甚至关系到重整的成功，公司尽早进入重整程序，公司摆脱困境的机会就越大。然而，根据目前的规定，出资人申请重整的时间可能早已错过最佳时机。债务人申请破产重整一般需经其权力机构进行表决，但不利于保护中小股东。因此取消时限条件有利于平衡债权人和出资人的利益以及保护中小股东权益。

对出资人重整申请权，许多国家和地区都没有对出资人重整申请权进行时限限制，仅限制了出资人主体资格。如日本，仅规定享有重整申请权的股东须持股10%以上。我国台湾地区则还要求出资人连续持股六个月。因此，取消出资人申请重整的时间限制具有一定的合理性，允许出资人及时提起重整申请也具有一定的必要性。有学者认为应加入前置救济程序，如出现出资人提出重整申请被债务人拒绝或债务人超过合理期限未获答复等情况时，出资人可申请重整。[3]

---

[1] 齐明、郭瑶：《破产重整计划强制批准制度的反思与完善——基于上市公司破产重整案件的实证分析》，《广西大学学报》（哲学社会科学版）2018年第2期。
[2] 张钦昱：《论公平原则在重整计划强制批准中的适用》，《法商研究》2018年第6期。
[3] 王欣新、徐阳光：《破产重整立法若干问题研究》，《政治与法律》2007年第1期。

当然，能否进入重整程序最终还是得由法院进行审查。取消时间限制后，还应当考虑到出资人滥用重整申请权的情形。降低重整申请权门槛，可能会损害其他利害关系人的利益，因此，对于破产重整的审查就极为重要。如果企业已经没有挽救价值或再建的希望，进入重整不仅会损害债权人的利益，还会造成司法资源的浪费。但对于法官来说，审查一个企业是否具备重整条件是非常困难的。笔者认为，应当建立重整企业的法律识别机制来帮助法官更好地对企业情况进行判断。法官对于程序和形式的审查更有把握，所以对于重整申请人的资格，如出资人是否达到持股比例等形式审查可以由法官独自完成。而实质审查企业就应发挥法律识别机制的作用，其包括征询制度、检查人制度等。征询制度即征询其他政府机关的意见，最后由法院作出是否进入重整的决定。而检查人制度则是组建一个临时性机构，由检查人对债务人进行实地调查并提出合理的参考意见，方便法院采纳借鉴。① 最终，再由法官对企业是否具备重整价值进行整体判断。

（二）完善出资人重整参与权

1. 设立出资人权益代表机构

由于缺乏出资人代表，导致出资人整体利益无法得到有力保护，并且无法有效融入破产重整程序中。出资人人数众多，无法让全部出资人都参与到重整程序，比如参加债权人会议或行使表决权等，并且各出资人利益取向或有不同，无法同时满足全部出资人的利益，所以需要建立一个能代表整体出资人真实意思表示的机构，来行使并维护出资人的权利。由于重整中最突出的矛盾存在于出资人与债权人之间，因此需要建立"出资人委员会"代表出资人整体与债权人会议博弈，使双方的利益最终达到平衡。

美国破产重整中规定了"股权持有人委员会"，也就是"出资人委员会"。设立出资人委员会来代表出资人整体意志，更好地发表自己的真实意愿。此外，出资人委员会也应具有组织交流、协商谈判及实质监督等其

---

① 张世君：《我国破产重整立法的理念调适与核心制度改进》，《法学杂志》2020年第7期。

他重要职能。①

2. 赋予出资人制定重整计划草案的权利

根据《企业破产法》的规定，重整计划草案的制定主体为债务人和管理人，否定了出资人的制定权。而事实上，如美国、日本等很多国家在重整计划草案制定主体上具有多元化的特点。美国虽然奉行的是以"债务人自行管理"为原则，但在《美国破产法》中仍然赋予了除债务人之外的其他主体的提案权。在日本，债务人、债权人以及股东都能够成为重整计划草案的制定主体。② 而《德国破产法》亦规定债权人可以参与重整计划草案的制定。③ 破产法要平等对待各利害关系人，让他们在意思自治的基础上达成一致意见。而在制定重整计划的过程中，应该让各利害关系人充分表达自己意见。④

因此，应当赋予其他利益相关主体提案权和补充制定权。提案权是指赋予其他利害关系人参与重整计划制定并提出意见的权利。补充制定权是指当债务人或管理人未在规定期限内完成并提出重整计划，则赋予其他利益相关主体制定重整计划草案的权利。这不仅能适应现实的多变性，避免管理人或债务人消极不作为，还有助于增强重整计划草案的竞争力、可行性，积极考虑各方利害关系人的利益，推动破产重整的成功。

3. 吸纳出资人代表加入治理决策机关

在破产程序中，虽然法律赋予了出资人一定权利，但在实践中操作起来却很困难。美国破产重整程序中设有股权持有人委员会来保护出资人权益，使作为利害关系人的出资人能够更好地在重整事项中发表自己的意见，更有利于与其他利益主体谈判博弈。基于保护出资人的权益，如上述提到的重整计划草案制定权就需要选出出资人代表，迫使需要建立一个能够代表全体出资人的机构。

---

① 张钦昱：《公司重整中出资人权益的保护——以出资人委员会为视角》，《政治与法律》2018年第11期。

② 11 U. S. Code § 1121 (c).

③ 《德国破产法》规定：债权人可以通过债权人委员会委托管理人制定重整计划草案，并且在管理人制定草案时，债权人委员会应当参与。

④ 梁伟：《论我国企业破产重整计划制定权主体制度》，《学术交流》2018年第2期。

上市公司在破产重整前后，公司治理会出现明显的变化。常态下公司权力机关为股东会。而在破产重整中，债权人在公司治理的重大事项中有着决策权，所以公司在破产重整中的决策机关即为债权人会议。笔者认为，出资人代表加入重整公司的决策机关中能够提高公司的重整价值，保护出资人权益，实现利益平衡目的。出资人对于公司的经营具有得天独厚的优势，而在治理破产重整中的公司应当调动各类主体积极参与，彼此合作来拯救陷入困境的公司，这各类主体应包括债权人和出资人。所以应组成一个全新的组织来行使破产重整公司的决策权，其应当包括债权人和股东。组成一个由破产重整公司的债权人和股东共同参加的权力机关，即关系人会议。① 日本和我国台湾地区对此也作了详细的规定。

（三）规制法院的强制裁定权

1. 细化"公平、公正"的强制裁定标准

首先，"公平、公正"的概念较为模糊。出资人股权的调整应考虑各方面因素，如公司的重整价值，各利害关系人的利益平衡问题以及计划草案的合法性与有效性等。细化公平、公正这一标准，应从重整计划草案内容以及法院对强制裁定权的行使这两方面进行限制，从而明确这一标准的边界。

其次，重整计划草案中对出资人权益调整应当遵循平等保护原则，并且对于不同的出资人调整比例应相应不同。对于有过错的出资人，对其调整差别化亦是公平公正的体现。在《关于审理上市公司破产重整案件工作座谈会纪要》② 中也体现了过错原则，即股东有违规占用等行为并对公司造成损失的，在调整其权益时应考虑其过错。

最后，仅从调整内容来细化此标准并不能达到最终目的，还应对法院行使强制裁定权进行限制。通常情况下，法院只对公司是否具备重整条件

---

① 张世君：《论我国破产重整公司治理结构之优化》，《政法论丛》2021年第6期。
② 《最高人民法院印发〈关于审理上市公司破产重整案件工作座谈会纪要〉的通知》（法［2012］261号）规定："六、关于上市公司破产重整计划草案的制定，控股股东、实际控制人及其关联方在上市公司破产重整程序前因违规占用、担保等行为对上市公司造成损害的，制定重整计划草案时应当根据其过错对控股股东及实际控制人支配的股东的股权作相应调整。" 2012年10月29日发布。

进行形式审查，并批准重整计划草案，而在强制裁定中，法院不仅要对形式进行审查，更要对实体进行审查。① 要全面了解重整计划草案未通过的原因，具体权益的分配，以及是否合理，利益是否平衡等。美国在破产法中规定了"最低限度接受原则"，指的是法院强制裁定权的行使会受到一定的限制，即至少有一组权益受削减的表决组通过重整计划草案时才可行使。我国亦可以借鉴美国的经验，将其作为行使强裁权的原则。笔者认为，"最低限度接受原则"应引入强制裁定权的行使中。即使法院通过强制裁定重整计划草案，也要保证其具有相当程度的合意基础。②

2. 赋予出资人对法院强制裁定的异议权

目前，出资人对破产重整中法院强制裁定缺乏有效的救济途径。出资人对法院的强制裁定最终结果没有提出异议或复议的权利。基于对出资人权益的保护，建议赋予出资人或债权人等利害关系人对重整计划草案批准后的异议权。在对强制裁定提起异议权的程序上，可以规定异议提出的时间，出资人认为重整计划草案违反法律规定的应在异议期内提出异议。对于达到一定条件的出资人可以向法院提出复议。建立复议机制，还可加入听证制度。各利害关系人对重整计划草案进行细致全面的协商，若有利害关系方对相关事项有疑问或异议，可要求制定重整计划草案方进行说明。③ 此外，由于上市公司的复杂性，还可以邀请政府其他部门出席听证会。④

第三节　企业重整中投资人权益保护

重整中大量资金的投入是企业实现再生的重要途径。然而，实践中存在不同程度的损害投资人权益的现象，有必要对重整投资人权益加以保

---

① 丁燕：《上市公司重整中股东权益调整的法律分析》，《东方论坛》2014年第3期。
② 张艳丽、杜若薇：《中国法院对重整计划强制批准的问题与解决》，《北京理工大学学报》（社会科学版）2019年第6期。
③ 武卓：《我国重整计划强制批准制度的完善路径》，《中国政法大学学报》2017年第3期。
④ 唐旭超：《论上市公司重整中的股东权益》，《政治与法律》2014年第6期。

护，以利于鼓励融资市场，减轻重整企业融资困难。

一 投资人权益保护的基础理论

（一）重整投资人的分类

在我国，重整投资人在实践中也被称为"重整方"，虽现行《企业破产法》中并没有对重整投资人的概念详细阐述，但地方法院出台司法文件中对其进行了解释。如2020年5月28日出台的《广州市中级人民法院破产重整案件审理指引（试行）》中规定："重整投资人是指在重整程序中，参与重整程序，通过债务重组、资产重组、股权重组、营业重组等方式，帮助债务人恢复盈利或提高全体债权人清偿率的自然人、法人或者其他组织。"①

在分类上，重整投资人可以分为战略投资人和财务投资人两类②，这两类投资人出于不同的目的进入债务人企业。战略投资人在行业背景上可能与被投资企业从事相同的行业或者有合作关系或从事的业务具有一定的互补性，他们往往是境内外的大型企业或者集团公司，通过注入资金，调整原有出资人的权益取得债务人企业的控制，对通过长期持有债务人企业的股权实现产业链的纵向扩张。这样做不仅可以使债务人获得融资，同时可以使其在管理能力、技术、资源等多方面获益，从而产生协同效应。财务投资人大多数为境内外的大型风险投资基金、私募基金。他们承担高风险的主要目标就是获得高的投资收益率。他们往往持有少数股份，通过短期持有期间向债务人企业派遣财务管理人员，仅对公司的投资和资本运作方面提供建议。

---

① 如2020年4月24日《重庆市第五中级人民法院企业破产案件审理指南》中第106条对重整投资人的含义进行了阐述："重整投资人是指在重整程序中，为债务人提供资金或者其他资源，帮助债务人清偿债务、恢复经营能力的自然人、法人或者其他组织。" 2019年9月26日《山东省高级人民法院企业破产案件审理规范指引（试行）》第137条阐述为"重整投资人是指在重整程序中，债务人无力自行摆脱经营及债务困境时，为债务人提供资金或者其他资源，帮助债务人清偿债务、恢复经营能力的自然人、法人或者其他组织"。

② 周学：《公司治理的三个"卓有成效"》，企业管理出版社2018年版，第116页。

（二）重整投资人的产生方式

通常，重整投资人的产生方式有协商、定向邀请、公开招募三种方式。[①]

美国破产法还创设了"假马竞价"引入重整投资人的方式。"假马"指与债务人达成投资协议的潜在投标人（假马竞价人），并且双方签订的协议构成拍卖资产或招标过程的部分，从而引出出价更高，令目标公司更加青睐的买家。[②] 从某种程度上而言，"假马"的存在意义是吸引"真马"出现。假马竞价人在开展独立尽职调查后，会与债务人磋商交易价格，并且提交一份初始报价作为竞标基准价，该基准价将向市场披露，从而推动资产的拍卖。在破产程序中，假马竞价人很可能不是最终的买方。[③]

相比其他潜在竞标人，假马竞价人最先介入重整程序，有机会参与起草重整投资协议、资产购买协议，并搭建交易架构。"假马竞价"通过先确定保底投资人的基础上选定最终的投资人，在这种方式引入重整投资人的背景下，充分利用了市场经济规律，实现市场价格发现功能，预估重整公司进入成本，打消意向投资人对重整企业的价格疑虑。

（三）重整投资协议

重整投资协议是投资人与债务人企业签订的向企业投资的合同，是各方之间谈判成果的固化。重整中存在两种管理模式，管理人管理和债务人自行管理。实践中存在管理人作为合同一方当事人与投资人签订合同的现象，应明确的是，管理人在重整中其具体身份类似于企业常态经营中的高级管理人员，其作为债务人企业的代理人对外承担意思表示的职能，其本身不是适格的合同主体，应警惕管理人的执业风险；在债务人自行管理模式下，债务人的原高管人员应具体负责签约事项，管理人则负责监督债务人。但该种模式下对债务人的能力和素质甚至是道德有较高要求。因在破

---

① 丁燕：《论合同法维度下重整投资人权益的保护》，《法律适用》2018年第7期。
② 宋玉霞：《破产重整中公司治理机制法律问题研究》，法律出版社2015年版，第87页。
③ Elisa R. Lemmer, "Unsuccessful Stalking Horse Bidder Entitled to Administrative Expense Claim for Costs Related to Aborted Closing", 2 *Pratt's J. Bankr. L.*, 2006, p. 56.

产重整期间，债权债务关系混乱，很难辨别出是否会有债务人与投资人之间恶意串通损害债权人利益。

二 投资人权益保护中的利益平衡

（一）重整中的利益平衡

1984年，弗里曼发表了《战略管理：利益相关者管理的分析方法》，本书打破了以前的股东至上主义理论。他认为，任何一个公司的发展都离不开各个利益相关者的投入与参与。因此，公司治理应该追求利益相关者整体利益最大化，并不是单一利益相关者的利益最大。① 此外，他还认为，这些利益相关者与公司的生存发展密切相关，除去股东以外，其他利益相关者也承担了公司的经营风险，为公司正常的经营运作提供了必要的助力。破产法关注债权人与债权人之间、债权人与债务人之间、其他利益主体之间的关系，并寻求一种合理的平衡，即协调社会利益与私人利益、资本利益与职工利益等的关系。② 因此，作为重要利益相关者的投资人权益保护是各方利益平衡保护的重要目标。

（二）提升破产重整效率

破产重整是一个长期且复杂的过程，投资人在面对风险时存有顾虑。重整投资人权益保护机制的建立将调动重整投资人的积极性，顺利推进重整案件。重整中充斥着各种利益的冲突，赋予重整投资人介入破产重整中的程序性权益和实体性权利将充分激发重整投资人参与重整程序，化解重整中的矛盾冲突，提升重整投资人的可预测性，为重整投资人收集和利用信息提供尽可能的方便。重整投资人及时地评估风险，开展重整工作，有利于缩短重整周期，提升重整效率。

（三）实现资产价值最大化

破产重整中一项重要的任务就是处置债务人的资产，资产的优劣决定

---

① ［美］弗雷德·戴维、福里斯特·戴维、梅雷迪思·戴维：《战略管理：建立持续竞争优势》（第17版），徐飞译，中国人民大学出版社2021年版，第59页。

② 杨忠孝：《破产法上的利益平衡问题研究》，博士学位论文，华东政法学院，2006年。

了资产处置的效率和价值。然而，破产重整期间有严格的时间限制，重整计划执行的6个月加上延期的3个月，在9个月的时间内要想快速且高效地处置资产难度较大。如果仓促地出售，一是很难找到恰当的买受人，二是很难卖出一个合理的价格。投资人的引入将有效缓解资产处置中存在的问题。投资人在重整中既可以采取股权投资的方式，也可以采取债权投资的方式，抑或二者的结合。但是，无论采取何种方式，都将有效地缓解债务人资金匮乏的问题，避免债务人资产的低价贱卖，有利于维护各方利害关系人的权益。

三 投资人权益保护的实证反思

（一）重整投资人权益保护现状

1. 现行法律规定

在"北大法宝"中以"重整投资人"为关键词全文搜索，搜索到有关重整投资人的立法现状为法律为0个，行政法规为0个，司法解释为10个，部门规章为1个，行业规定为13个（如图4-3所示）[①]。重整中所涉及的法律、法规等规范性文件将对债务人企业重整成功与否产生决定性影响。如在*ST创智的重整案例中，为帮助该上市公司恢复持续经营能力和盈利能力，*ST创智与重整投资人签订了《发行股份购买资产协议》。协议约定，重整投资人以非公开发行股份形式购买其合计持有的95.306%国地置业的股权。*ST创智向重整投资人发行股票780093000股。发行股份购买资产交易完成后，国地置业将成为本公司的全资子公司。大地集团以其持有的国地置业87.306%的股权、成都泰维以其持有的国地置业8%的股权评估作价认购创智科技本次非公开发行的股份，但因法律以及政策的变动导致其重组资产的盈利性存在重大不确定性，遂导致重大资产重组失败。

2. 上市公司引入投资人类型及其参与重整的方式

据统计，在92家上市公司重整案例中，有82家上市公司通过引入重

---

① 数据查询时间为：2022年6月30日。

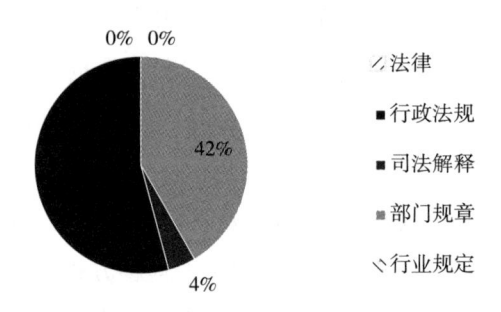

图 4-3　现行法律规定

整投资人完成重整，近 90% 的企业通过引入重整投资人完成重组，其类型如图 4-4 所示。

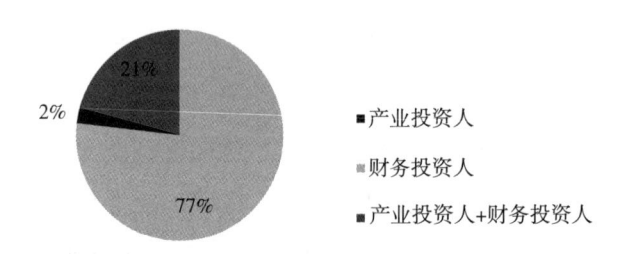

图 4-4　重整投资人的类型

重整投资人对重整发挥着不同的作用。有 90% 以上的重整企业在重整时引入了战略投资人，有 21% 的企业引入了战略投资人加财务投资人。在近几年的上市公司重整案例中，如 *ST 雅博、*ST 华英、ST 实达、*ST 索菱、*ST 贵人、*ST 众泰、*ST 赫美等既引入战略投资人也引入了财务投资人，充分发挥了两种投资人在重整中的各自优势。以 *ST 雅博为例，战略投资人向雅博股份支付转增股票现金对价 445379580 元，支付现金 56941400 元，用于代替深圳市三义建筑系统有限公司原股东完成对山东雅博的业绩补偿义务。财务投资人合计向雅博股份支付转增股票现金对价 344000000 元。由于不同类型重整投资人对债务人业务发展的支持，雅博集团逐步恢复持续经营能力和盈利能力，重回良性发展轨道，基本情况得到重大改善。

投资人参与重整的方式可分为战略性投资和财务性投资。战略性投资主要包括债转股、增资扩股、股权转让三种方式。财务性投资主要包括债权类投资、资产类投资、重整企业融资三种方式。① 图 4-5 是对 92 家重整企业投资人进入方式的统计。从统计结果和重整案件实践上看，通过增资扩股、让渡股权、重整企业融资是目前上市公司重整案件中使用频率相对较高的方式。

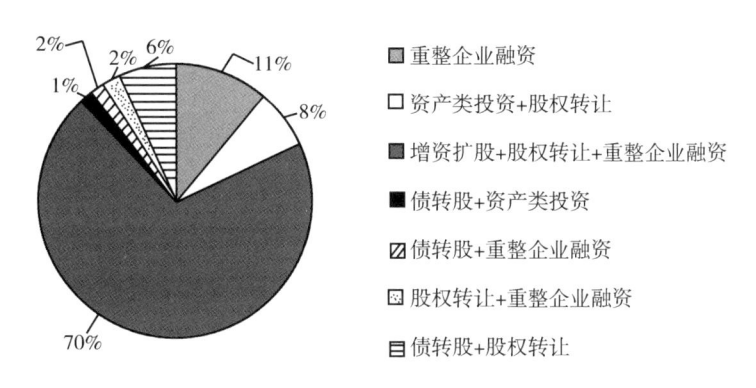

图 4-5　92 家重整企业投资人进入方式

1. 投资人取得股份对价折扣率

表 4-7　　　　　　　　投资人取得股份对价折扣率②

证券代码	证券简称	重整投资人平均对价（元/股）	重整受理日收盘价（元/股）	折扣率（%）	重整期间最高价（元/股）	折扣率（%）
601777	ST 力帆	1.33	4.37	30.43	6.45	20.62
600179	ST 安通	2.94	5.69	43.06	6.66	36.79
002501	*ST 利源	0.85	1.52	55.92	2.67	31.84
002716	*ST 金贵	1.27	2.56	49.61	2.88	44.10
603555	*ST 贵人	1.30	2.48	52.42	3.23	40.25
002175	*ST 东网	0.60	2.96	20.27	3.05	19.67
600515	*ST 基础	2.59	7.15	36.22	13.60	19.04
600225	*ST 松江	1.00	1.64	60.98	3.35	29.85
002323	*ST 雅博	1.07	3.69	29.00	4.91	21.79

---

① 高博仑：《浅析破产重整中投资人风险与权益保护》，《青年与社会》2019 年第 29 期。
② 资料来源：上市公司重整计划。

续表

证券代码	证券简称	重整投资人平均对价（元/股）	重整受理日收盘价（元/股）	折扣率（%）	重整期间最高价（元/股）	折扣率（%）
000980	*ST众泰	0.99	5.37	18.44	9.94	9.96
600734	*ST实达	0.58	2.71	21.40	4.13	14.04

股份对价折扣率计算公式：

$$股份对价折扣率 = \frac{取得股份的对价}{重整受理日收盘价或重整期间的最高价}$$

通过选取11家上市公司的重整投资人取得股份对价进行分析。重整投资人平均对价相比重整受理日收盘价，折扣率最高的是*ST松江（600225），折扣率高达60.98%，折扣率最低的是2021年度的牛股*ST众泰（000980），只有18.44%。相比重整期间最高价，折扣率最高的是*ST金贵（002716），44.10%；折扣率最低的是*ST众泰（000980），只有9.96%。

以*ST实达为例，2021年12月31日，*ST实达发布了重整计划执行完毕的公告。截至2021年12月29日，公司重整投资人已支付完毕全部重整投资款，共计89999.8158万元。重整完成后，*ST实达股价随之暴涨。根据重整计划，重整投资人取得约15.56亿股转增股份，占总股本的71.44%，其中11名财务投资人持股占总股本的46.44%，将于2023年2月13日限售期满。重整投资人持股市值约90亿元，且浮盈比例较高。

2. 主营业务及公司控制权是否变化

破产重整上市公司行业分布的主要特点为大部分公司集中于制造业。在重整后，58%的重整企业保持原有的主营业务，对原有业务进行保留升级，改造生产线，引进新技术，例如*ST利源、*ST飞马、*ST中南等，41%的企业选择剥离原来企业的落后产能，38家上市公司调整了主营业务，引入新的业务。

上市公司进入破产重整或清算程序时，如控股股东、实际控制人及其关联方在上市公司破产重整程序前因违规占用、担保等行为对上市公司造成损害的，将承担经营责任、民事责任甚至是刑事责任。为在破产重整过

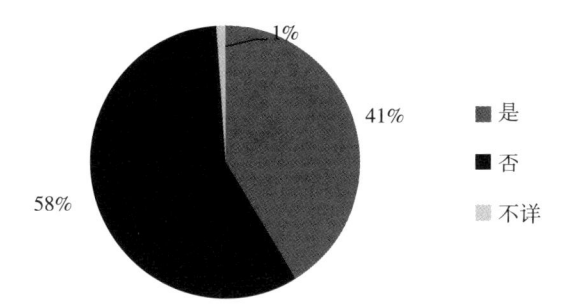

图 4-6　重整企业主营业务是否发生变化

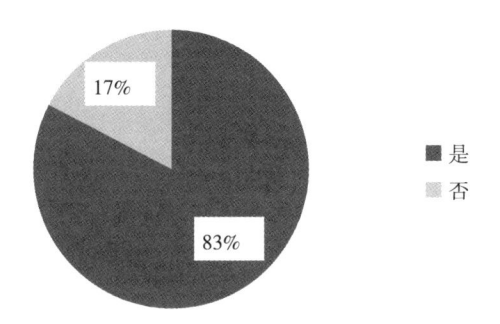

图 4-7　上市公司控制权是否发生变化

程中取得投资人或债权人的信心，一般需要原大股东削弱其持股和控制地位。有些公司重整方案中甚至会有对大股东的民事惩戒措施，如 *ST 庞大破产重整案中，原大股东向新入的重整投资人免费让渡 21 亿股股票，有些上市公司破产重整案中，会牵涉对大股东或实际控制人的刑事责任，如天翔的原实际控制人就受到刑事调查。重整投资人将雄厚的资金带入濒临破产的上市公司，也需要掌握公司控制权来重新决策公司经营策略，调整经营目标使企业重新焕发活力。所以上市公司破产重整中引入外部投资人特别是战略投资人时，公司重整前后实际控制人发生变化的可能性较大。

3. 是否约定退出方式

无论是重整计划未获法院批准，还是重整方案没有顺利执行下去，又或者是重整投资人选择偏差时，重整投资人都面临着不同程度的风险。据统计，在 92 家引入重整投资人的上市公司中，仅有 2% 的上市公司约定其退出方式，98% 的上市公司未约定。

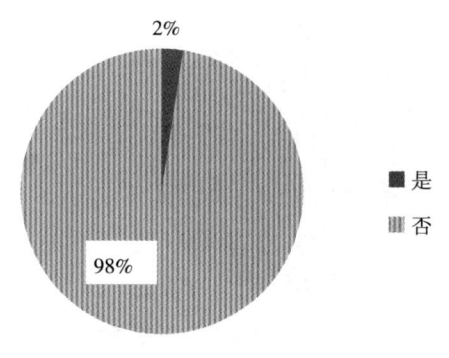

图 4-8 是否约定退出方式

（二）投资人权益保护所存在的问题

1. 重整投资人相关法律法规不健全，法律定位不明确

关于投资人权益保护的法律，国家层面相关规定仅有《关于企业破产案件信息公开的规定（试行）》第 2 条、第 4 条、第 6 条。投资人选任以及权益保护的规定多见于地方性法规以及地方司法文件之中。在重整投资人权益保护方面，主要是规定重整投资人在重整案件中可以参加听证，在招募重整投资人应信息公开，通过在破产管理人、债权人义务中对重整投资人的权益进行保护。北京、山东、重庆等地的最高法院颁布相关重整案件指引中，只是原则性地描述投资人的地位和权利义务，对风险应对条款、退出条款和补偿条款的规定甚少，重整投资人利益缺乏足够保障。

2. 重整企业财务状况不透明，重整成本无法准确锁定

实践中，由于重整投资人的介入时间较晚，重整投资人对于重整企业的了解主要依靠管理人的信息披露，对重整企业的了解并不充分，可能无法准确预计债权或者自身对重整企业的资金承受能力，而导致重整投资人本身资金链断裂造成违约的情况。

不同于其他企业，上市公司往往负债规模大、资金缺口大，有时候可能会出现在账面上未体现的大额未申报债权，如果发生的债权额远远超出了预留范围，则属于额外应当承担的成本，而这些额外成本都会影响投资人的投资回报。例如违规担保产生的债权、中小股东诉讼产生的赔偿债权

等，债务人未来在存续经营期间面临的税收风险。因重整投资不属于资产转让，并不产生资产转让的税收问题。以房地产企业为例，在重整的后续经营期间仍然可能存在已销售及未来房地产开发完成销售的环节，存在土地增值税、企业所得税、土地使用税等税务成本风险。例如，ST 银亿在重整过程中，将自己的原本的地产业务剥离。在重整投资人引入新的业务后，仍然可能会有重整失败的退市的风险。

3. 重整计划约定退出，重整投资人退出方式较少

如前对 92 家上市公司实证研究，发现重整投资人一般会在重整计划中约定重整投资人无偿赠予重整企业财产或承诺收益等条款，而约定重整投资人退出的方式较少。例如，在 ST 金城的重整计划中就约定了重组方朱某将其持有的评估值为 3536 万元的恒鑫矿业公司 10% 股权无偿赠予金城股份，并且承诺了未来年份的净利润及实际分红，如果未达到相应承诺则需要以现金补偿，同时重整投资人还需要对后续资产的注入进行承诺。[①] 而重整程序结束后，对重整投资人面临的经营风险不确定，重整程序一旦宣告失败就要面临破产清算，那么重整投资人之前已经投入的成本能否收回具有不确定性。而共益债权投资人与不良债权投资人也将面临所投资款项得不到司法确认的后果，从而导致投资失败。重整投资人在重整计划（或投资协议）中未能约定退出方式，未来将面临极大的风险。

四 投资人权益保护的完善路径

（一）明确投资人法律地位

当前破产立法及其司法解释均未明确规定投资人的法律地位。笔者建议，破产立法应明确重整投资人的法律地位，包括明确重整投资人的法律定义及地位、明确重整投资人的权利及义务，并制定相关配套规定。在义务方面，可以明确重整保证金的罚没规则；明确股权投资型重整在重整失败的情况下投资人应当承担何种责任；明确重整失败的情况下，投资人在承担了相应责任后，其投入资金应当按照何种优先级别返还。在权利方

---

① 金城造纸股份有限公司重整计划：http://quotes.money.163.com/f10/ggmx_000820_990779.html，最后访问时间：2022 年 3 月 8 日。

面，可以适当限缩重整程序中未申报债权的权利。

（二）确定投资人进入的成本

重整中投资人最明显的风险因素在于有效信息获取较少，不能对企业具体价值等进行科学、具体的分析，继而造成较大的问题。① 在重整投资人尽职调查阶段，囿于各方面的原因，重整投资人从管理人或债权人处获取的信息存在不全面、不真实的情况，从而导致对于投资的误判。因此，有必要保障重整投资人的知情权，加大重整投资人在信息不对称情况下做出错误决策的合理救济。对信息披露的基本原则、一般规定以及信息披露的管理制度进行制度化规范，建立全面性的破产企业披露文本。

（三）完善投资人进入及退出机制

1. 利用"假马竞价"招募投资人

引入美国"假马竞价"机制来完善投资人进入方式。允许"假马"设置分手费。"分手费"（Break-up Fees），指在假马竞价人最终没有竞标成功的情况下，由卖方即债务人支付给假马竞价人的费用。分手费常见于大型的跨境并购交易中，并购双方在并购协议中约定若发生卖方收到第三方更高报价等情形，便触发分手费的支付义务，用以保护交易免受破坏。为对冲竞标失败的风险，应假马竞价人要求，分手费延伸至破产领域。② 然而，在美国破产实践中，是否支付分手费、支付多少分手费仍存在争议。笔者建议，可以通过设置分手费的上限，确保假马在竞标过程中不会排除优质的投资人。在选择最优竞标方案时，可以综合考虑重整企业的具体情况。

2. 建立重整失败的退出机制

管理人在招募重整投资人时往往会要求重整投资人缴纳一定的重整保证金，并约定重整保证金的罚没条件。此外，重整计划通过后，重整投资人将需要支付相应投资款，而重整标的则往往在其支付全部约定款项才会进行交割。那么在投资人退出重整或重整失败的情况下面临着三个问题：

---

① 张亚楠：《完善我国破产保护制度的若干思考》，《政治与法律》2015年第2期。

② Rhett Frimet, "The Birth of Bankruptcy in the United States", 96 *COM. L. J.*, 1991, p. 160.

第一，投资人支付的重整保证金以及其他投入资金是否应当退还？第二，是否应当严格区分重整投资人的责任，由其承担相应责任后退还？第三，退还投资人的资金应当按照普通债权，还是按照共益债务清偿？《企业破产法》没有明确这些问题，导致在实践中产生了诸多争议。倘若重整投资人支付的上述款项无法退还或被归为普通债权，那么投资人不仅无法达成重整目的，还将产生巨大的损失。

因此，应该在重整投资协议中明确保证金的罚没规则，明确每类投资人应承担的相应责任以及明确投资人已投入资金的返还顺位。笔者认为，在重整投资协议的保证金罚没规则中，对于是否退还保证金，可分为两种情况予以讨论：一种为重整企业再无拯救可能；另一种为债务人企业在投资人经营过程中存在故意或者重大过失导致重整失败。通过严格区分重整投资人的责任，由其有过错的投资人承担相应责任后退还相应保证金。在投资人投资款和投入资金的返还上增设财务投资超级优先权的规定，明确财务投资款的利息也享有相应优先级；并明确股权型投资在支付重整对价后，按照出资人权益调整方案自然取得重整企业股权等方式，投资人在与管理人、债务人签订协议时应精心设计相关条款，明确各方权利义务及成本收益的分担等事宜，同时还应设置风险应对条款、退出条款和补偿条款等。

第五章　重整纾困模式适用中特殊主体权益保护

第一节　房企破产中实际施工人权益保护

建筑企业是国民经济的重要支柱产业。然而，建筑企业破产法律关系复杂，涉及利益主体众多，这增加了司法实务中的难度。尤其是在转包、违法分包、借用资质等情形下，实际施工人权利极易受损。在房地产企业破产重整中，如何解决工程款的归属问题，实际施工人如何实现权益，亟待社会重点关注。建设工程款应属于实际施工人还是建筑企业，建筑企业是否构成不当得利，实际施工人是否对工程款享有取回权及优先受偿权等问题，目前立法层面还未及时跟进，司法实践中也出现了裁判标准确立的诸多难点，有必要对上述问题进行厘清。

一　重整中建设工程款的归属

工程款是发包人应支付给承包人[①]的工程施工合同价款，人们通常将参与建设工程施工所应获得的费用统称为工程款。工程款的归属将在一定程度上影响到建筑企业重整的成功，也将对实际施工人、债权人和建筑工人等主体权益产生重要影响。

---

① 本书所称的建筑企业是指与建筑方（发包人）签订建设施工合同关系的相对人。如无特别指出，建筑企业和承包方、债务人在本书是同一概念。

(一) 实际施工人不应享有工程款所有权

建筑企业破产中，往往涉及发包方、承包方（债务人）及实际施工人三方主体。发包方将建设工程发包于承包方。承包方再通过挂靠、分包和转包等方式将工程交由实际施工人施工。发包方将工程款支付于承包方，承包方再将工程款支付于实际施工人。然而，在实践中，当承包方破产时支付于债务人的该笔工程款究竟是属于债务人还是实际施工人引发了不少争论。

有观点认为，发包方支付给建筑企业的工程款应当归属于实际施工人。① 理由如下：其一，体现了公平原则。依照"谁建造，谁享有"的原则，工程款归属于实际施工人，能够准确识别工程款归属，有效隔离建筑企业其他财产。② 其二，如果一味地将工程款认定为债务人财产，实际施工人将可能无法顺利得到工程款，进而导致在建工程的烂尾，随之影响购房者、建筑工人等弱势群体的权益。其三，基于社会效益和维稳的考虑，将工程款归入实际施工人的确能够较快解决实践中很多的棘手问题。建筑企业一旦因工程停工，走入破产，实际施工人因垫资施工、不能支付民工工资等原因，可能出现利用网络、电视等媒体频繁制造各种舆论等报复性维权行为。一旦处置不当，就很可能引发群体性事件，进而影响社会治安。③ 笔者认为，上述观点具有一定的合理性。但是从长远来看，认定工程款属于实际施工人，将进一步激发承包方和实际施工人实施转包、分包和挂靠等违法行为，这将造成建筑行业的混乱，进而增大对建筑市场的监管的难度。同时，从法律所追求的价值来看，如果承认工程款属于实际施工人，这无异于通过法律的形式鼓励上述违法行为，这与法

---

① 如浙江台温律师事务所林燕律师在《建筑工程承包人破产时实际施工人工程款的归属》一文中主张："在挂靠、转包情形中，承包人并未参与项目实际施工，应将工程款归属于实际施工人"，《建筑企业重整法律问题专题研讨会论文集》，2021年，第190页。

② 林长华、胡华江、李佩艺：《建筑公司破产情形下挂靠工程款归属问题的规范解读及实证研究——兼谈"二重清理模式"之提出》，《建筑企业重整法律问题专题研讨会论文集》，2021年，第193页。

③ 徐阳光、叶希希：《论建筑业企业破产重整的特性与模式选择——兼评"分离式处置"模式》，《法律适用》2016年第3期。

律所追求的公平正义价值相悖。此外，实际施工人良莠不齐，建设工程质量将难以得到有效保证，将工程款归属于实际施工人虽保护了建筑工人的生存权，但却与购房消费者的生命健康权等存在一定的冲突。从法益保护的角度看，在对建设工程诸多权益的保护中应更注重对生命健康权的维护。

（二）债务人享有工程款的不同场域

1. 场域一：发包方已支付的工程款

破产财产是债务人企业财产权利所构成的财产性集合体。[①] 在工程款支付时间的节点上，一般认为有两个时间点需要予以重视。第一个是发包方支付工程款在债务人破产受理之前。第二个是支付工程款在债务人破产受理之后。我国《企业破产法》规定，债务人自被破产宣告时至破产程序终结前所有或新取得的财产，均属债务人财产。发包方已支付的工程款在债务人财产界定范围的区间之内，自应纳入债务人财产的范围之内。进言之，债务人实际占有的工程款通常表现为货币，货币作为交易活动中的一般等价物，在法律上也被划分为"种类物"，将极可能无法与债务人本身账户的财产相区分。若将其认定为实际施工人财产，则可能违背"货币属于其占有者"[②] 的基本属性。同时，将工程款认定为债务人的财产，有助于避免债务人财产的不当损失，增大债务人财产的可分配额度，实现债权人利益的平等保护，更能提升债权人的清偿率。

2. 场域二：发包方尚未支付的工程款

对于发包方尚未向承包方支付的工程款是归属于债务人的破产财产，还是归属于实际施工人（由实际施工人突破合同相对性依法取得工程款）[③]，在司法实践中尚未达成统一意见。有法院认为，发包方尚未支付

[①] 李永军：《破产法——理论与规范研究》，中国政法大学出版社2013年版，第230页。

[②] 货币的占有者即货币的所有者，货币的所有者必定是货币的占有者，法谚称为"货币属于其占有者"。梁慧星、陈华彬：《物权法》（第七版），法律出版社2020年版，第266页。

[③] 《最高人民法院关于审理建设工程施工合同纠纷案件适用法律问题的解释（一）》（2020年修正）第43条第2款规定："实际施工人以发包人为被告主张权利的，人民法院应当追加转包人或者违法分包人作为本案第三人，在查明发包人欠付转包人或者违法分包人建设工程价款的数额后，判决发包人在欠付建设工程价款范围内对实际施工人承担责任。"

的工程款属于实际施工人,实际施工人在付出工程建造的物质成本和人工成本的同时,还创造了社会价值。倘若将尚未给付工程款全部纳入破产财产,对实际施工人本人、材料供应商和提供劳务的劳动者都极为不公平,不利于交易的安全和交易秩序的安定。① 也有法院认为,根据破产财产不得个别清偿的原则,当建筑企业进入破产程序后,发包人只能向建筑企业清偿债务,不能直接向实际施工人清偿债务。②

笔者认为,发包方尚未支付的工程款也应归属于债务人,实际施工人不能突破合同的相对性直接向发包方主张债权。《最高人民法院关于审理建设工程施工合同纠纷案件适用法律问题的解释(一)》(以下简称《建工合同解释(一)》)第43条第2款规定本质上赋予了实际施工人一种代位权,即突破合同相对性,由实际施工人代替建筑企业的地位,行使其对发包人享有的工程款请求权,③ 但是,该规定能否适用于破产案件还有待于进一步论证。同时,我国《民法典》第537条④传达出代位权行使的效果系债权人直接受偿,权利义务关系消灭,而非"入库规则"⑤。如果允许实际施工人在破产阶段突破施工合同相对性,极易造成与债权人破产撤销权之间的体系混乱。同时,根据《破产法解释(二)》第21条第1款规定⑥,当承包人(建筑企业)进入破产程序后,债权人(实际施工

---

① 参见四川省高级人民法院(2019)川民终289号民事判决书。
② 参见江苏省无锡市中级人民法院(2019)苏02民终2060号民事判决书。
③ 债权人代位权,是指债权人为了保全其债权,以自己的名义,代债务人行使权利的权利。李永军主编:《债权法》,北京大学出版社2016年版,第58页。
④ 《民法典》第537条规定:"人民法院认定代位权成立的,由债务人的相对人向债权人履行义务,债权人接受履行后,债权人与债务人、债务人与相对人之间相应的权利义务终止。债务人对相对人的债权或者与该债权有关的从权利被采取保全、执行措施,或者债务人破产的,依照相关法律的规定处理。"
⑤ 当代位债权人在保持住债务人财产后,他自己不能立即接受清偿,而应把行使代位权诉讼所取得的财产先"入库",即归属于债务人,然后,再从债务人那里向债权人进行平等清偿,这就是债权人代位权实行效果上的"入库规则"。
⑥ 《最高人民法院关于适用〈中华人民共和国企业破产法〉若干问题的规定(二)》(以下简称《破产法解释二》)第21条第1款规定:"破产申请受理前,债权人就债务人财产提起下列诉讼,破产申请受理时案件尚未审结的,人民法院应当中止审理:(一)主张次债务人代替债务人直接向其偿还债务的……"

人）无权突破施工合同相对性，向次债务人（发包人）行使权利。如果肯定其代位权，则无异于促使该债权人实现个别清偿，从而间接承认其享有工程价款优先权，这明显有违破产法公平清偿的基本原则。破产制度设立的初衷就是通过集体清偿程序有序公平地清偿不同债权人。建筑企业进入破产程序后，所有的债权人均将面临权益落空和利益减损的境遇，这也包括实际施工人。在违法施工的情形中，可能存在多个实际施工人，为使所有的实际施工人在破产程序中公平受偿，不应承认对单个实际施工人债权的个别清偿。

（三）债务人享有的工程款与不当得利

1. 债务人享有的工程款不构成不当得利

不当得利是指无法律上的原因而受有利益，致他人受损害者，应负返还的义务。① 成立不当得利请求权需要满足积极要件和消极要件。积极要件强调没有法律之依据而受有利益，或有法律依据而其后不存在。消极要件规定了诸如道德上的给付义务、债务未到期而未给付等情况下的不当得利请求权的排除。我国《民法典》第122条规定也对不当得利作出了规定。② 因此，不当得利的判断关键点系不当得利者取得利益缺乏法律根据，且造成他人利益受损。

实务中有观点认为，承包方享有的工程款属于不当得利。因为实际施工人组织建筑工人施工、投入原材料，并且将建筑工人的劳动固化到建筑物中。建筑物物化的结果表现为建设工程款，根据权利与义务对等的原则，实际施工人作为履行实体权利义务的主体，赋予其工程款请求权系正当的。因此，实际施工人受到损害，承包方受有利益，且该后果与承包方享有工程款之间存在因果关系，应构成不当得利。笔者认为，将实际施工人作为实际的权利和义务主体，将其劳动物化到建筑物中，赋予其工程款请求权，在一定程度上有利于保护实际施工人权益，但是却忽略了债务人获得工程款的合法性。一般情形下，债务人基于与发包方之间的有效合

---

① 王泽鉴：《不当得利》，北京大学出版社2009年版，第5页。
② 《民法典》第122条规定："因他人没有法律根据，取得不当得利，受损失的人有权请求其返还不当得利。"

同，进而取得建设工程款存在有效的法律和事实依据。① 退一步讲，即使发包方与承包方之间签订的施工合同无效，但并不意味着否定合同中结算条款、清理条款之效力，权利义务并不会消亡。② 换而言之，倘若案涉工程经验收合格，债务人（建筑企业）完全有权参照合同工程价款的约定，由此获得折价补偿款。③

2. 债务人不当得利时实际施工人权利的救济

虽然在前文已阐述了承包方享有的工程款不构成不当得利，但基于学界对"承包方享有的工程款构成不当得利"这一问题的广泛讨论，笔者假设承包方对此构成不当得利时，在重整程序中实际施工人的权利保护问题。

其一，实际施工人可以主张不当得利返还请求权。德国《民法典》第818条④，我国《民法典》第987条都规定了不当得利中受损失的一方享有请求得利人返还其取得的利益并依法赔偿损失的权利。其二，实际施工人可以主张基于不当得利而享有共益债权。共益债权，即在破产程序中，为全体债权人共同利益所生之债权，以破产财产随时清偿。⑤《企业破产法》第42条和第43条对共益债权产生的时间、类别以及与破产费用之间的关系做出了规定。其三，实际施工人可以主张行使破产取回权。破

---

① 《民法典》第807条规定："发包人未按照约定支付价款的，承包人可以催告发包人在合理期限内支付价款。发包人逾期不支付的，除根据建设工程的性质不宜折价、拍卖外，承包人可以与发包人协议将该工程折价，也可以请求人民法院将该工程依法拍卖。建设工程的价款就该工程折价或者拍卖的价款优先受偿。"

② 崔建远教授认为，合同无效只是不发生当事人所预期的法律效力，并非不产生任何法律效果，其他法律后果还是要发生的，如返还财产、缔约过失责任等。崔建远主编：《合同法》（第七版），法律出版社2021年版，第89页。

③ 《民法典》第793条第1款规定："建设工程施工合同无效，但是建设工程经验收合格的，可以参照合同关于工程价款的约定折价补偿承包人。"

④ 德国《民法典》第818条规定："返还义务扩及于所取得的收益以及受益人基于所取得的权利或者作为其取得的标的物灭失、毁损或者侵夺的赔偿所取得的收益；所取得的收益因其性质不能返还，或者受益人因其他原因致返还不能的，受益人应当偿还其价值；受益人已不再享受利益的，返还或者偿还价值的义务消灭；诉讼拘束一经发生，受益人根据一般规定负其责任。"

⑤ 王欣新：《破产法》（第四版），中国人民大学出版社2019年版，第353页。

产取回权产生的权利基础在于真实的权利人对物的所有权或其他权利。① 那么，实际施工人享有的不当得利返还之债权是否有适用破产取回权的余地呢？有观点认为，根据"货币属于其占有者"的基本原则，实际施工人对建筑企业享有的债权无法取回。相反观点认为，建筑企业进入破产程序后所收到的工程款受管理人控制，能够与破产企业的其他财产相区分，从而特定化，实际施工人有权主张取回。换而言之，债权并非完全不存在适用取回权的余地。② 取回权的权利来源主要是所有权，但债权仍可成为权利依据。③ 若实际施工人对工程款享有取回权，则必须进行权利公示，具备权利外观，即建筑企业虽然占有工程款，但不会给公众造成工程款归建筑企业所有的误认。④ 一般而言，假如不当得利之债权能够进行权利公示，如承包人享有的工程款已经被登记且特定化了，则此时实际施工人可随时取回工程款。那么，如何认定货币已被特定化了呢？对此学界存在宽严两种理论判断标准。严格标准，自货币进入债务人账户后，该账户再无其他支出活动；宽松标准，能够通过进、出账记录区分于债务人的其他资金。⑤ 笔者认为，对于债权（货币）的特定化判断应采纳宽松标准。实践中，当建筑企业进入破产程序后，管理人账户通常是在法院的监督下设立的，管理人账户的收支不具有企业经营性质，每一笔收入与支出均要表明来源和用途，通常不会发生混同的情形。需要强调的是，货币特定化的前提是要保持独立且可区分，但不能一味追求形式要件上的独立，更应该注重实质要件上的独立。

---

① 非债务人财产取回权，是指在破产程序中对于不属于债务人的财产，其所有权人或者其他权利人通过管理人将该财产予以取回的权利，其权利行使的基础为民法上的所有权和其他财产权利。
② 王欣新：《破产法》（第四版），中国人民大学出版社2019年版，第182页。
③ 池伟宏：《房地产企业破产重整中的权利顺位再思考》，《法律适用》2016年第3期。
④ 中国人民大学法学院朱虎教授于2021年10月16日在浙江省诸暨市举办的"建筑企业重整法律问题专题研讨会"中的发言。
⑤ 许德风：《论债权的破产取回》，《法学》2012年第6期。

二 实际施工人的主体范围及请求权

将工程款认定为破产财产并不意味着放弃对实际施工人权益的保护。在我国，实际施工人系建设工程施工的重要主体，他们身后往往涉及大量的建筑工人。保护实际施工人的利益能够间接地保障中低收入建筑工人的生存权，这对调和社会矛盾，维护社会稳定等具有重要的现实意义。

（一）实际施工人的主体范围

要确立实际施工人的主体范围，应确立实际施工人这一概念的内涵和外延。我国传统意义上的民事法律中并不存在"实际施工人"这一概念，实际施工人是相对于名义承包人、分包人而存在的，其最早出现于《建工合同解释（一）》，并伴随转包、违法分包及挂靠行为。结合《建工合同解释（一）》第1条、第15条、第43条、第44条的相关规定[①]，实际施工人可以理解为，通过组织人员、筹集资金、领用机械、建筑材料等方式，对建设工程进场施工，并且在工程竣工验收合格后，单独与被挂靠单位、转承包人、业主方进行结算的主体。虽不同法院对实际施工人的外延界定可能会有所差异，但一般认为主要包括转包合同承包人、违法分包合同承包人、挂靠人。

需要注意的是，建筑工人是否属于实际施工人呢？在司法实践中法院

[①] 《最高人民法院关于审理建设工程施工合同纠纷案件适用法律问题的解释（一）》第1条规定："建设工程施工合同具有下列情形之一的，应当根据民法典第一百五十三条第一款的规定，认定无效：（一）承包人未取得建筑业企业资质或者超越资质等级的；（二）没有资质的实际施工人借用有资质的建筑施工企业名义的；（三）建设工程必须进行招标而未招标或者中标无效的。承包人因转包、违法分包建设工程与他人签订的建设工程施工合同，应当依据民法典第一百五十三条第一款及第七百九十一条第二款、第三款的规定，认定无效。"第15条规定："因建设工程质量发生争议的，发包人可以以总承包人、分包人和实际施工人为共同被告提起诉讼。"第43条规定："实际施工人以转包人、违法分包人为被告起诉的，人民法院应当依法受理。实际施工人以发包人为被告主张权利的，人民法院应当追加转包人或者违法分包人为本案第三人，在查明发包人欠付转包人或者违法分包人建设工程价款的数额后，判决发包人在欠付建设工程价款范围内对实际施工人承担责任。"第44条规定："实际施工人依据民法典第五百三十五条规定，以转包人或者违法分包人怠于向发包人行使到期债权或者与该债权有关的从权利，影响其到期债权实现，提起代位权诉讼的，人民法院应予支持。"

一般对此持否定态度。如最高人民法院在审理一起劳务合同纠纷案中就认为，"乐某（班组、建筑工人）与彭某（挂靠人、实际施工人）之间系劳务法律关系，故而因受彭某雇佣从事泥水劳务的乐某，并不纳入实际施工人的范畴。"① 江苏省高级人民法院也认为，"贾某某作为钢筋班组负责人，并不能认定为建设工程实际施工人"②。

虽然我国立法和司法实践中并没有将建筑工人纳入实际施工人范畴，但是基于对建筑工人权益的特殊保护，我国颁布了《保障农民工工资支付条例》③、农民工工资保证金制度④、劳动监察巡查制度等相关法律、行政法规及法律制度，以此从根本上解决拖欠农民工工资的社会问题。

（二）实际施工人享有的请求权

1. 实际施工人不享有建设工程款优先受偿权

建设工程价款优先受偿权是指承包人对工程折价或者拍卖价款优先受偿的权利，其本质属于担保物权。⑤ 我国《民法典》第807条规定了承包人享有此权利。然而，该权利主体是否涵盖实际施工人，实践中存在激烈争锋。云南省高级人民法院在其审理的一起案件中就认为，自然人不具备施工资质，并非法律意义上的承包人，本质上为实际施工人，故不享有优先受偿权。⑥ 2022年4月8日，最高法院民一庭2021年第21次法官会议讨论也认为，实际施工人不享有建设工程价款优先受偿权。

笔者认为，将实际施工人排除于工程款优先权的享有主体之外，既符

---

① 最高人民法院（2019）最高法民申5594号民事裁定书。
② 江苏省高级人民法院（2020）苏03民终1893号民事判决书。
③ 《保障农民工工资支付条例》（中华人民共和国国务院令第724号），国务院2019年12月4日发布。
④ 《关于印发〈工程建设领域农民工工资保证金规定〉的通知》（人社部发[2021]65号），人社部2021年8月17日发布。
⑤ 梁慧星：《是优先权还是抵押权——合同法第286条的权利属性及其适用》，《中国律师》2001年第10期。
⑥ 云南省高级人民法院（2020）云民终1143号民事判决书。但在（2019）苏05民终9607号苏州市凤凰建筑安装工程有限公司与纪某某破产债权确认纠纷案中，法院支持了实际施工人的优先权主张。

合法理又具备法律依据。第一,从法理来看,实际施工人的认定前提是无效合同的存在。实际施工人的出现必然伴随着转包、违法分包等法律禁止的情形。基于法律原则上不保护违法利益的价值理念,如果赋予实际施工人优先受偿权不仅认可了其获取工程款的正当性,还将导致其工程款实现的顺位高于其他一般的合法债权人(如材料款债权),这也将诱导更多的实际施工人违法承揽工程,这明显违背法所追求的公平和正义价值。第二,从法律规定来看,《民法典》第807条及《建工合同解释(一)》第35条[①]均将享有建设工程价款优先受偿权的主体表述为"承包人",即工程款优先受偿权的主体仅限承包人。有观点认为,承包人的概念应作扩大解释,凡能被确认为实际施工人的,均可作为承包人处理,享有建设工程款优先权。本书认为,解决此问题的关键就在于"承包人"的外延能否囊括实际施工人。《民法典》及《建工合同解释(一)》均将"承包人"与"实际施工人"用语进行单列,可见二者属于不同的主体,不可混淆,即便对承包人的外延做扩大解释,亦无法涵摄到实际施工人。

2. 实际施工人享有工程价款的请求权

如上所述,实际施工人与发包人不存在合同关系,他们通常会与建筑企业签订承包协议或挂靠协议,对管理费及项目营收支付进行约定。实践中实际施工人权益保护难度较大。

第一,在转包、违法分包情形下。其一,实际施工人可以请求承包人承担缔约过失责任。实际施工人基于与承包人之间的无效合同,可以向承包人主张返还财产、折价补偿、赔偿损失等。其二,实际施工人可以依据《建工合同解释(一)》第43条第2款的相关规定,向与其没有合同关系的发包人主张工程价款的权利。也可以依据第44条规定,如果出现转包方或者违法分包方怠于向发包方行使到期债权或者与该债权相关的从权利,影响到期债权实现的,可以提起代位权诉讼。

第二,在挂靠的情况下,工程价款请求权依据发包方是否知情且认可

[①]《最高人民法院关于审理建设工程施工合同纠纷案件适用法律问题的解释(一)》(2020年修正)第35条规定:"与发包人订立建设工程施工合同的承包人,依据民法典第八百零七条的规定请求其承建工程的价款就工程折价或者拍卖的价款优先受偿的,人民法院应予支持。"

实际施工人借用承包方资质而有所不同。当发包方不知挂靠行为时，其有理由相信建筑企业系真实的施工人，则应优先保护善意的发包方利益，发包方与建筑企业签订的合同合法有效并约束双方当事人。实际施工人只能依据承包、转包协议或者挂靠协议等的约定，向交易相对方的建筑企业主张债权，完成双方之间的债权债务结算，并同时向建筑企业支付管理费。当发包方知情且认可实际施工人借用承包方的名义与自己签订建设施工合同，且用发包方与承包方之间的合同隐藏了其与实际施工人之间的合同，则因该合同欠缺效果意思，当属通谋虚伪行为，应属无效。因实际施工人借用资质而与发包方签订的合同亦无效。实际施工人可以基于事实合同说、代位权说、不当得利返还说和突破合同相对性等多种学说，向发包人主张工程款。[1] 最高人民法院在一起建设工程合同纠纷案中就提出，发包方知道并认可实际施工人借用承包方的资质实际施工，并接受实际施工人向自己直接支付保证金，向实际施工人直接支付过工程价款，实际承包人享有工程价款所有权和优先受偿权。[2] 这也体现出《全国法院民商事审判工作会议纪要》在处理实际权利人与名义权利人的关系上，更注重财产的实质归属，并非完全取决于公示外观的精神。

三 实际施工人在重整程序中的保护

实际施工人在建筑企业破产语境下将面临与常态下权益保护的不同实现路径。破产中债务人资产存在不能清偿全部债权的风险，这就需要在众多的债权人利益保护之间寻找平衡，以实现企业再生。依据债权产生的时间，笔者将实际施工人在重整中的债权分为申请前和申请后，并分情况予以不同的保护。

（一）普通债权的保护：重整申请受理前支付的工程款

债务人企业破产时发包方于债务人企业破产之前支付工程款，如前所

---

[1] 钟鸣、娄露英：《浅论破产程序中工程款优先受偿权与抵押担保债权清偿顺位之冲突》，《建筑企业重整法律问题专题研讨会论文集》，2021年，第185页。

[2] 参见最高人民法院（2019）最高法民申6085号民事裁定书。

述,应纳入债务人的财产,实际施工人对该笔工程款不享有所有权,仅享有破产债权。此时对破产债权的性质厘定非常重要。一般认为,破产债权发生于破产程序开始之时,且对于得以诉求之债务者所有之财产上的请求权也。而不限于破产程序启动前成立的债权。① 那么,债务人破产时实际施工人所享有的债权顺位应当如何来确立呢?破产债权的确立一般基于债权产生的原因或债权人的特定身份。特定原因有债务人特定财产被抵押、质押或留置,主要基于职工身份或国家税收债权人的特定身份。实际施工人所享有的破产债权之性质在立法中并未作出特殊规定。在司法实务中一般认为,如果发包方在破产案件受理之前将建设工程款支付于债务人的债务,此时实际施工人对承包方所享有的债权应做一般普通债权的保护,郑州中级人民法院受理的河南省建筑集团有限公司重整案就坚持了这一观点。一般普通债权是在普通债权中顺位于一般优先权债权之后。一般优先权一般包括税收债权和职工债权。② 依据破产程序中的债权清偿顺位,担保债权就担保物优先受偿,破产财产在清偿完破产费用、共益债务后,依次对职工债权、税收债权和一般普通债权予以清偿。

(二) 共益债权的保护:重整申请受理后支付的工程款

债务人企业破产后实际施工人继续再建工程,发包方于重整申请受理后支付工程款,实际施工人享有的债权性质值得探究。

在郑州中院受理的河南省建筑集团有限公司重整案中,法院创设预留共益债模式。主要在于《企业破产法》规定了破产案件受理后,因债务人不当得利所产生的债务为共益债务。实践中,共益债权的性质虽难以明确,但究其实质,意在指代对再生债权人全体有利的费用支出而产生的债权。共益债权优先于再生债权,不适用于再生程序,而是在履行期内就需还。因实际施工人和债务人之间不存在合法有效合同,如果破产案件受理后,实际施工人继续在建工程,这就涉及"无效合同是否可以继续履行"的问题。对此,最高人民法院认为,当事人因违反法律强制性规定或者行

---

① 王欣新:《破产王道:破产法司法文件解读》,法律出版社2021年版,第17页。
② 王欣新:《论破产程序中税收债权与担保物权的清偿顺位》,《人民法院报》2021年11月18日第7版。

政监管被主管机关处罚,名义合同虽然无效,但不影响真实有效的民事法律关系。实际施工人依据其真实有效的民事法律关系促使债务人企业"继续营业",此时所生之债务在于促使在建工程复工续建,促进债务人重整成功,客观上有利于全体债权人利益最大化,从法理上应认定为共益债权。此外,亦可依据实际施工人投入了大量的人、财、物,虽与承包人之间不存在合法有效的施工合同关系,但承包人继续获得实际施工人再建工程利益并无法律上的依据,可构成不当得利,实际施工人基于此亦可向管理人主张共益债权的保护。

需要明确一种特殊情形,即虽然发包方于重整申请受理后向债务人支付工程款,但该笔工程款系用于清偿建筑企业重整申请受理前产生的债务,并非用于清偿实际施工人继续施工所产生的债务,则实际施工人对该笔工程款享有的也仅为普通债权。在实务处理中需要严格依据实际施工人工程款请求权产生的时间,以认定其享有的债权性质。

(三) 分情形确定债权性质:尚未支付的工程款

对于发包方尚未支付的工程款,应厘清发包人与承包人及实际施工人之间的法律关系,从而确定实际施工人所享有的工程价款请求权在重整程序中的性质。在债务人常态经营中,实际施工人通常仅对承包人或发包人享有工程款请求权,而特殊情形下实际施工人对二者均享有该权利。在重整程序中,对于尚未支付的工程款,实际施工人享有的债权性质有所不同。

第一种情况,在建设工程施工合同无效的一般情形下,出于对合同相对性的维护,实际施工人无法越过承包方,直接向发包人主张工程价款请求权。实际施工人基于与债务人之间存在事实合同法律关系,其有权依据对债务人享有的工程价款请求权向管理人申报债权。虽然发包人尚未向建筑企业支付相应工程款,但债务人也应当为实际施工人预留债权。若是在重整申请受理前产生的工程款请求权,则纳入普通债权范围,即预留普通债权;若是在重整申请受理后基于继续施工产生的工程款请求权,则应当纳入共益债权范围。

第二种情况,在转包、违法分包情形中,虽然实际施工人可以以

《建工合同解释（一）》第 43 条第 2 款的规定，向发包人行使工程款请求权，但该条规定不应适用于破产程序中。实际施工人仍然应当按照其对债务人享有的工程价款请求权产生的时间，向管理人进行债权申报：对于重整程序受理前产生的工程款请求权，作为普通债权处理，由管理人为实际施工人预留普通债权；对于重整程序受理后产生的工程款请求权，则申报共益债权，由管理人为实际施工人预留共益债。

第三种情况，当发包人明知或认可挂靠人借用资质时，挂靠人作为施工合同事实上的一方主体，系工程项目真正意义上的承包人。尽管是在破产程序中，但应尊重商事处理的实质原则，挂靠人仍可以《民法典》第 793 条第 1 款之规定，向发包人主张工程款，该笔工程款不必纳入破产财产，更不必为实际施工人预留债权。此种情形下，挂靠人能否向建筑企业（被挂靠人）申报债权，虽然我国法律未进行明确规定，但可以考虑是否参考《建工合同解释（二）》征求意见稿第 9 条第 3 款的做法，① 由建筑企业在其过错范围内承担补充责任，从而赋予挂靠人享有申报债权的权利。

第二节　破产程序中数据主体权益保护

数字化时代，蕴含巨大经济价值的"数据"成为一项重要生产要素。2020 年，我国以数据为支撑的数字经济增加值已经达到 39.2 万亿元，在 GDP 比重中达 38.6%，位居全球第二。② 然而，多方主体围绕数据利益冲突逐步激烈，数据财产化及权属确立问题亦愈发明显。伴随海航破产等案件出现，数以万计的旅客信息在破产程序中的保护问题逐渐映入人们的视

---

① 《最高人民法院关于审理建设工程施工合同纠纷案件适用法律问题的解释（二）》（2018 年征求意见稿）第 9 条第 3 款规定："发包人订立合同时明知实际施工人借用资质，实际施工人向出借资质的建筑施工企业主张工程价款的，不予支持；实际施工人主张出借资质的建筑施工企业对发包人不能清偿的工程价款承担补充责任的，可予支持。"

② 国家知识产权局：《2020 年我国数字经济增加值规模位居全球第二》，来源：中国服务贸易指南网，http://tradeinservices.mofcom.gov.cn/article/tongji/guonei/qitatj/202204/133005.html，2022 年 5 月 19 日访问。

野。破产程序中数据处理与常态下数据处理存在不同，伴随大数据企业的蓬勃发展，我国立法和司法实践应充分认识到破产程序中的数据保护问题。

一 破产程序中数据保护的必要性

一般而言，企业破产将关涉债务人、债权人、原始数据主体及国家等利益相关方的权益保护。上述主体在破产程序中的数据权益保护将异于常态，赋予破产程序中相关利益主体的特殊保护具有重要的意义。

（一）关乎不同主体的权益保护

1. 关乎债务人合法利益

伴随着数字技术的发展，数据资源之于企业价值创造的重要性逐步凸显，其对企业经营绩效差异的解释力愈发明显，特别是对于海航、京东、淘宝等依赖数据为企业经营发展的平台来说，数据甚至成为其核心资产之一。在企业常态化经营中，通过对原始数据的挖掘、加工、整合、分析等，汇集的数据价值产生质的变化，对企业经营策略产生至关重要的影响，例如淘宝、京东等网络平台通过分析用户浏览记录，为其推荐个性化的商品或服务。企业在此过程中付出的"劳动"应当得到法律的认可与保护，故而企业对数据享有财产性利益，企业掌握的数据应当被纳入商事主体的营业财产。当企业进入破产程序时，这种逻辑思路同样应当得以显现，换而言之，企业数据与破产财产紧密相关。我国《企业破产法》① 对债务人财产采取"膨胀主义"的原则，这种财产不限于货币、实物，还包含某些财产和财产权益②。因此，在破产程序中保护数据实质上是在维系破产财产，通过对数据的合法处置，能够增加债务人财产，有效保护债务人的利益。

---

① 《企业破产法》第30条："破产申请受理时属于债务人的全部财产，以及破产申请受理后至破产程序终结前债务人取得的财产，为债务人财产。"

② 《破产法解释（二）》第1条："除债务人所有的货币、实物外，债务人依法享有的可以用货币估价并可以依法转让的债权、股权、知识产权、用益物权等财产和财产性权益，人民法院均应认定为债务人财产。"

2. 关乎债权人合法利益

我国《企业破产法》的立法宗旨之一在于保护债权人合法权益。为此，《企业破产法》及其司法解释、规范性文件中设置了多种破产债权人权利保护机制，赋予了破产债权人多项权利，如表决权、优先权、对债务人财产的参与处分权等，且权利的范围和保护力度有扩大之趋势。然而实践中，一旦企业陷入破产，债权人往往处于被动境地，尤其破产程序发展到通过处置破产财产实现债权人权益的阶段，破产财产的范围，破产财产的接管，审计机构、评估机构及拍卖机构的选择，拍卖起拍价的确定等问题，将会直接影响到债权人债权的清偿率和"清算价值"的实现，即从债务人清算财产变价中可获得的利益。因企业数据可以被纳入破产财产的范畴，除有财产担保的债权人外，其余一般债权人在破产清算程序中能够获得的清偿额通常取决于破产财产范围。故而数据在破产程序中如何处理，是否归属于破产财产，是直接删除相关数据库、数据集，或是对数据或数据权益进行合法处置，将影响破产财产范围，进而影响债权人获得清偿的比例，影响债权人清算价值的实现。

3. 关乎原始数据主体的利益

企业存储的数据中某些来源于个人，如户籍信息、患者病史信息、个人生物识别信息等，与自然人人格、身份息息相关。我国《个人信息保护法》明确了自然人的个人信息受法律保护，任何组织、个人不得侵害自然人的个人信息权益。对此，美国采隐私权模式，欧盟采被遗忘权模式。就企业而言，在收集、处理、储存来源于个人的数据时，应当持十分谨慎的态度，不仅应当确保其收集的个人信息安全，在数据使用过程中应不断评估数据风险，还应当遵守《网络安全法》第42条规定，不得泄露、篡改、毁损其收集的个人信息；未经被收集者同意，不得向他人提供个人信息。就原始数据主体而言，在企业常态化经营中，如果发现企业数据处理行为不符合双方约定的范围或者存在针对个人信息的恶意侵权行为，可以向数据处理者提起诉讼并请求赔偿，并尝试引入具有公法特性的惩罚性赔偿制度，允许个人主张超过实际损害范围的赔偿金，实现填平受害人损失及具备警戒他人目的，达到惩戒和预防的双重效果。

可以明确的是,《民法典》第 1038 条、《网络安全法》第 42 条及《个人信息保护法》等已经对数据中的人格利益保护进行了规定。当企业进入破产程序后,企业的数据处理行为同样关乎原始数据主体权利,在破产程序中这些保护性规定当然也具有适用的余地。原始数据主体能否"取回"原始数据?倘若无法"取回",原始数据主体的权利又应如何实现?原始数据主体能否撤回"同意"?这关乎数据主体的人格和身份利益,亟待研究。

(二)关乎国家数据主权和安全

数据作为国家的重要战略资源,企业掌握的某些数据因为性质特殊,或者体量足够庞大,会涉及国家主权和安全问题,比如经济数据、医疗卫生数据、人口数据等,都具有国家主权性质。将来,出于造福人类、维护公共利益的目的,在促进民生经济、保护国家安全等方面数据也必然得到广泛的应用。这就需要加强重点行业的数据管理与保护,推动数据安全保护体系的建立健全,实现对数据的分级分类管理。

此外,数据存在显著的经济价值,随之带来数据交易市场的兴起,如在浦东建设临港新片区"离岸数据中心"、设立数据交易所。同时,上海等地为培育数据交易市场,也在积极构建数据交易服务体系,确立数据交易价格"自定+评估"原则,建立数据交易的数字信任体系。这有利于激发掌握核心技术的平台数据创新积极性,促进数据要素的积累和价值的创造,促进数据交流与共享,关乎数据资源的优化配置,影响全国统一大市场及数据强国的建设。[①]

当掌握大量涉及国家、公共利益的数据企业进入破产程序时,如何处理其拥有的数据,对于国家数据主权、国家社会公共利益维护至关重要。国家能否作为法定数据接收方,承接数据?倘若直接删除数据或转让数据,对于国家数据主权和安全均可能构成严峻挑战。此外,跨境数据流动

[①] 2022 年 4 月,《中共中央国务院关于加快建设全国统一大市场的意见》正式发布,数据成为全国建设统一大市场的一个基础性的要素,人民数据以"还数于民"的战略理念,提出了"数据强国工程——百城千县行动"。

日新月异，数据跨境流动安全风险评估等管理制度亟须建立，共享共治的全球数据新秩序亟须构建。当境外数据控制者或数据处理者破产时，如何处理其掌握的数据，与国家数据主权和安全同样密切相关。

二 破产程序中数据的财产权属性

《民法典》第 127 条提出了对数据进行保护，但并未规定具体保护措施。反不正当竞争法、知识产权法等部门法的保护路径在实践中仍存在事后性、防御性、保护作用有限的弊端。[①] 当下，对数据赋予权利保护成为可行路径。数据权利与信息保护及数据载体权利可以相分离，数据具有财产权属性，能够成为财产权保护的客体。

（一）数据存在保护的独立性

"大数据时代的预言家"提出，数据是限于在计算机及网络上流通的在二进制的基础上以 0 和 1 的组合表现出来的比特形式[②]。我国学者认为，数据系指电子数据，即以比特（bit）形式存在的，可以电磁或光电的方式进行传输、存储的数据。[③] 我国 2021 年颁布的《数据安全法》将数据表述为"任何以电子或者其他方式对信息的记录"[④]。

欲准确理解数据在法律上的地位，就必须将数据与相关概念区分开来。一方面，数据不同于信息。在数据产业发展初期，各国立法并未对数

[①] 正如杭州互联网法院院长洪学军所言："进入数智化社会，法律调控应从'裁断行为后果'转向'塑造行为逻辑'，赋权与救济模式应转向责任与义务的加载与规制模式，也就是转向事前对行为的规训与塑造，以及事前对不法与违法行为的阻却。这意味着必须改变传统司法侧重事后处置、以权利救济为核心策略的调控模式，从法律秩序调控、技术治理升维和自治模式转型等角度，去构建多元治理格局，实现规制与创新、发展与安全、公平与效率的动态平衡。"洪学军：《关于加强数字法治建设的若干思考——以算法、数据、平台治理法治化为视角》，《法律适用》2022 年第 5 期。

[②] ［英］维克托·迈尔-舍恩伯格、肯尼思·库克耶：《大数据时代：生活、工作与思维的大变革》，盛杨燕、周涛译，浙江人民出版社 2013 年版，第 104 页。

[③] 周学峰：《网络平台对用户生成数据的权益性质》，《北京航空航天大学学报》（社会科学版）2021 年第 4 期。

[④] 《数据安全法》第 3 条规定："本法所称数据，是指任何以电子或者其他方式对信息的记录。"

据和信息进行区分。① 我国《民法典》体现出对数据和信息的区分。② 通常认为，信息是数据所体现的内容，信息本身是无形的，数据仅是其存在形式之一，数据又被称为信息的载体。数据与信息在内容上也存在相互交织的情形，数据包含的信息也可能承载权利和利益，数据产生的来源也不限于信息，还包括工业生产和家用电器、人工智能等机器数据。另一方面，数据不同于载体。数据的转移并不必然伴随数据载体（如计算机硬盘、移动存储设备等）的转移，如数据载体未受影响，但数据却被复制、篡改等。在物理上，数据体现为磁盘、光盘等载体属性的变化，数据无法脱离其存储介质（物质载体）而独立存在。20世纪末，德国曾出现遵循这一思路的判决。法院并未围绕"数据是否为物"的问题展开论证，而是认为数据表现为物理载体的一种性状，从而认定数据的删除构成对硬盘（载体）的损害，判决被告承担合同上的赔偿责任及侵权法上的责任。③

目前学界大体对数据与信息及数据载体的分离达成共识，这也成为数据权益研究的共同出发点。数据不同于信息，但与信息存在交叉之处，而数据的存在并不依赖于某一特定载体。这就让数据在事实上取得一种相对独立性，使得"数据权利"的主张成为可能，从而奠定数据确权研究的基础，也为企业进入破产程序后，数据权利主体保护路径的探索提供了可能。

（二）数据具有财产权的属性

基于财产权理论及数据的财产属性，加之数据的价值能够通过对数据进行挖掘、加工得以发现，并在数据分享与流通中得以实现。因此，数据具有财产权的属性，能够赋予其财产权利保护。

---

① 以欧盟的《通用数据保护条例》为例，整体内容虽然以"数据"一词进行表述，但是结合全文语境以及相关的法条解释，我们会发现《通用数据保护条例》中的个人数据大多与我们所说的个人信息并无本质不同。

② 《民法典》第111条和第四编第六章"隐私权和个人信息保护"对个人信息侧重人格权益保护，总则第127条对数据侧重财产保护。

③ OLG Karlsruhe, Urteil vom 7.11.1995, NJW 1996, 200, 201.

1. 数据价值的财产权产生

第一,哲学的财产权原理。一方面,经过加工处理的数据属于劳动产品。洛克的财产权产生理论[①]是财产权产生的代表学说之一,他认为,获得财产的重要途径在于劳动,因而也称为"劳动创造价值"理论。基于此,可以理解为数据处理者通过算力和算法的技术积累对原始数据进行加工提炼,投入了大量的资本、人力等,推动精细化专业分工,进而实现对数据的加工、整理和存储,最终还可能形成数据库、数据产品,提升了社会财富的创造水平,应当获取相应财产价值。美国将其称为"勤劳收集"或"额头汗水"理论,他们认为,因为数据处理者对数据收集付出了大量劳动,其劳动产品应当得到法律保护。这在美国法院判例中有所体现。[②] 因此,数据虽然难以归于类型化的法定财产权,但其受法律保护、实践中也得到司法裁判的认可。[③] 另一方面,数据存在有用性和稀缺性特质。正如大卫·李嘉图所言"若商品无效用,无论其怎样稀少,终不能有交换价值"[④]。由此,有用性作为财产权产生的前提条件,稀缺性是财产权的必要保障。数据具有有用性,对内表现为能够提升企业经营能力,实现精准营销;对外表现为数据集或者数据产品可以实现直接交易,并产生经济收益。数据具有稀缺性,主要在于数据的类型多样,不同类型的数据价值不尽相同,单纯掌握一种或几种数据资源难以充分发挥和实现数据的效用,只有整合多种数据资源,实现数据资源的高效集合,才能充分发挥数据资源的价值。因此,数据能够成为一种财产权利。

第二,民法的无形财产基本理论。纵观无形财产的发展规律,罗马

[①] 洛克主张劳动是获得财产的重要途径,"人的身体所从事的劳动和人的双手所做的工作,应该属于他自己。所以,只要他使什么东西摆脱了其自然的存在状态,他就把他的劳动渗入其中,就在它上面注入他自己的某种东西,因此也就使它成为自己的财产"。

[②] Leon v. Pac. Tel. & Tel. Co., 91 F. 2d 484 (9th Cir. 1937); Jeweler's Circular Publ'g Co. v. Keystone Publ'g Co., 281 F. 83 (2d Cir. 1922).

[③] 如"淘宝诉美景案",参见浙江省高级人民法院(2018)浙01民终7312号民事判决书;"深圳市腾讯计算机系统公司等与浙江搜道网络公司案",参见杭州铁路运输法院(2019)浙8601民初1987号民事判决书。

[④] [英] 大卫·李嘉图:《政治经济学及赋税原理》,郭大力、王亚南译,译林出版社2014年版,第1页。

时期存在"有体物"与"无体物"的二元划分。从严格意义上讲,当时的"无体物"应理解为"权利"的拟制,而非现代意义上的无形财产。① 近代时期,知识产品被纳入新型财产权利的标的,该时期财产权利的范围有了明显扩张。进入21世纪,继续扩大传统知识产权的保护范围,例如著作权的保护范围不限于纸质文字作品、音乐作品、美术作品等,"电子作品"亦纳入了著作权保护范畴。商标权、专利权的保护客体亦得到了显著扩大。本质上讲,无形财产是一组权利体系,主要表现为客体的非物质性特征。对于数据来讲,其价值不在于存储的物质载体,而在于其自身所蕴含的信息,因而其应归属于无形财产的范畴。

第三,数据的财产属性。国外已有国家、组织认可数据中的财产价值,美国就是其中之一,欧盟主要是建立数据产权制度,而日本则增加数据不正当利用条款。我国也有数据法研究学者逐渐认识到数据中的财产价值。② 基于法经济学理论,使用和交换价值系数据具备财产属性的前提要件。一方面,不同主体可以对数据进行收集、处理并利用,如企业将集合的原生数据进行加工、处理,使得数据价值发生增值。恰如天猫、淘宝上消费者对商品的评价,单个消费者购买评价具有一定的主观性,并不必然影响其他消费者的购物选择。但是由此形成的购买评价集合,足以让潜在消费者对商品或服务的性能、品质等信息有了更加全面客观的认知,进而影响购买选择,这就证明了数据具有使用价值。另一方面,各大数据交易中心的出现则印证了数据及数据产品本身的交换价值。由此可见,数据蕴含大量的经济利益,能够提升企业商业营销潜力,极具财产属性,这是数据能够获得破产法保护的立场选择。

2. 数据价值的发现与实现

第一,数据价值的发现。一方面,对于数据潜在初始价值的挖掘。数据承载着信息,因此单个信息的价值由其数据载体继承,成为数据的潜在初始价值。挖掘初始数据这一过程仅意味着发现已有的公共性价值,并不

---

① 王卫国:《现代财产法的理论建构》,《中国社会科学》2012年第1期。
② 最先提出数据财产化理论的是美国学者劳伦斯·莱斯格,他希望通过赋予数据财产权益来突破数据人格权保护的局限性,促进数据的大规模流通和交易。

意味着数据价值的提升。在这过程中，数据挖掘者并不需要付出太多劳动和资本就能得到初始数据，因此他们仅能获得这部分数据的使用权，即对挖掘的初始数据进行进一步的利用，并不能产生排除他人获取这部分数据的控制权。另一方面，对于数据价值的生产与增加。这一过程是对原始数据进行加工、处理，进而形成数据集或数据产品，以此产生和提升数据价值。高富平表示，数据价值的生产与增加过程能够破除原始数据之间的孤岛状态，实现数据的提炼、净化、汇集，即汇集性数据处理。① 需要明确，数据经济与传统经济中，价值的产生有所不同。在传统经济中，垂直价值链仍然占主导地位，范式制造商在上游市场购买原材料进行产品生产，然后通过分销链（通常包括批发商和分销商）将其销售给消费者。生产和分销链的每一级都属于增值环节，都增加产品经济价值。而在数字经济中，主要依赖数据平台基于一定的目的或主题，对无序的海量原始数据进行挖掘、加工、处理等，进而筛选、提炼、汇集得出相对有序的数据集或数据产品，数据价值由此产生并增加。② 综上所述，应当赋予对数据价值进行生产与增加的主体对数据集或数据产品专有的控制权及收益权，以此实现数据的有效利用。

第二，数据价值的实现。一方面，对潜在初始价值进行分享的过程。梅夏英认为，潜在、初始数据得以分享的基础在于数据具有公共性，即非排他性和非竞争性，数据天然的公共性服从固有的互惠分享的原理。③ 因此，基于数据的公共性，不同主体之间对初始数据的分享不应存在交易成本的障碍。此外，数字经济发展需要实现基础数据的交流共享，倘若将基础数据纳入财产权利保护范畴，将存在阻碍数据利用、数据价值创造的现实风险。故而对数据赋予财产权利并不包含基础数据。另一方面，对于类似生产链的数据流通过程。即从数据收集者流向数据集生产者、从数据集

---

① 高富平：《数据流通理论——数据资源权利配置的基础》，《中外法学》2019年第6期。

② Drexl, J., "Designing Competitive Markets for Industrial Data-Between Propertisation and Access", *Journal of Social Science Electronic Publishing*, 2016.

③ 梅夏英：《在分享和控制之间数据保护的私法局限和公共秩序构建》，《中外法学》2019年第4期。

生产者流向数据分析者。不同于一般产品，数据具有非消耗性与积累性特征。① 因此，数据在流通过程中其价值不会减少，反而会实现积累和增加。由此，数据价值不仅在单个数据处理者内部实现产生与增加，数据流通在一定程度上亦能实现数据的增值，并最终促成数据价值实现。基于此，参与数据流通的主体有权分享数据权益。

三 破产程序中数据的权属确立

目前，我国《民法典》已在根本上将数据纳入值得保护的新型财产权益中。由此，理论和实务研究的新方向还应聚焦于对数据合理的权属分配。目前学术界主要有高富平为代表的数据生产与流通理论②，梅夏英主张的"分享—控制"一体化理论③，也有学者将企业数据分为数据集合与数据产品进行不同赋权。④ 由此，笔者认为，基于数据共享原则、利益协调原则、优先保护原则，探讨不同权属确立方案，并提出数据分场域中的权属确立方案，进而为破产程序中不同主体数据的保护奠定基础。

（一）权属确立方案的原则

1. 数据共享原则

对数据进行确权与数据共享之间是相辅相成的，对数据的确权，是数据共享的基础；而数据共享意味着数据交易，又可以促进数据权利的实现。对数据进行权属确立，应当遵循数据共享的原则。确保数据作为独立的客体，能够实现在数据交易市场的自由流通。这包含两方面：一是实现数据自由流通，二是打破数据垄断。只有促进数据自由流通，综合运用法律、制度等多种杠杆预防和避免数据垄断，才能消除数据分享的鸿沟，实

---

① 高富平：《数据流通理论——数据资源权利配置的基础》，《中外法学》2019年第6期。
② 如《深圳经济特区数据条例》第4条确立了数据处理者对数据产品和服务的财产权益。
③ 《深圳经济特区数据条例》第2条规定："……（二）个人数据，是指载有可识别特定自然人信息的数据，不包括匿名化处理后的数据……"
④ 对数据集合，主要赋予数据控制者对抗他人不当获取与利用的行为，但在权利内容、权利期限上应予以限制。对数据产品，设置新型财产权，赋予数据控制者对数据产品控制、使用、传输和处分的权利。姬蕾蕾：《企业数据保护的司法困境与破局之维：类型化确权之路》，《法学论坛》2022年第3期。

现全球范围内的数据共享，推动构建新型国际数据共享秩序，确保数据权利得以实现。

2. 利益协调原则

数据权利作为一项权利束，包含多主体、多层级的权利关系，需要对国家利益、个人利益等进行内在融合。① 在数据权属确立过程中涉及两个维度的利益协调，一是原始数据主体（个人）的利益、企业（包括数据控制者、数据处理者等）的数据权利与国家管理社会的公共利益之间的协调；二是数据所有者与数据控制者及数据处理者之间的利益协调。在第一个维度中，基于企业对数据进行加工处理，形成数据库、数据集，甚至数据产品，赋予他们数据权利的同时，一方面，应当尊重原始数据主体的人格尊严和人格自由，对涉及敏感隐私的个人信息强化保护，自觉抵制以侵害隐私为目的的信息技术研发与应用。另一方面，数据如果涉及国家利益、国家安全，国家对此享有相应的控制权，企业仅能有限地商业化利用，必须保障数据合规与安全，规范数据收集、数据储存、数据使用、数据交易等。正如龙卫球所言，除了构建企业数据财产权利外，还应设计出公共利益维护等限制性结构，以使其具有足够的弹性和外接性，实现各种利益关系的协调和各种功能的协同发挥。② 在第二个维度中，应当明确，数据所有者对数据集或数据库、数据产品享有完整的财产权利；而数据控制者基于数据所有者的授权许可，享有部分财产权能；数据处理者通常基于合同约定，对数据控制者享有债权。实践中，应当区分究竟何者对数据进行了增殖并赋予其财产价值，即真正的数据所有者，实现数据权利的合理归属。

3. 优先保护原则

除了财产权利属性外，国家公共利益与人格利益在数据权利中也有着至关重要的地位。数据之所以涉及国家公共利益，主要是因为即便数据经过脱密、脱敏处理，但只要数据量大，仍然能够在一定程度上反映一国经

---

① 国外也有学者主张将个人数据主体权利转向更民主的数据治理机构，参见 Salome Viljoen A., "Relational Theory of Data Governance", *Journal of The Yale Law*, 2021, pp. 131-573.

② 龙卫球：《新时代财产权之变：协同型财产权的理念与实践》，参见龙卫球教授于 2022 年 4 月 29 日在清华大学法学院校庆论坛的发言。

济、政治等社会状况，进而通过各种技术手段推演出涉及国家利益的人民民生的核心信息。因此，出于国家安全、社会利益的考虑，国家应当对这些数据享有主权，即对数据的控制权，并严格按照分类分级进行保护。某些数据来源于原始数据主体，涉及人格尊严、人格自由和个人隐私，与数据主体人格利益密切相关。出于价值位阶的考虑，一方面，国家社会利益在任何时候都应当具有优先地位。另一方面，哲学家康德曾表示："人是目的，而不是工具"，我国《民法典》将"人格权"独立成编，体现出对人格利益的重视，故而其应当优先于对数据财产利益的保护。在企业破产程序中，对数据的保护应坚持国家公共利益和数据主体人格利益优先的原则。

（二）权属确立方案的争议

目前，对于数据权利的归属问题，主要存在二元模式、合同约定与交易习惯、三元分配模式这三种方案之争议。合理借鉴现有数据权属确立方案的优点，弥补现有方案的不足，能够为数据权属确立提供更为科学、合理的方案。

1. 二元模式

二元论模型包含数据主体的权利和数据中的产权，即通过保护原始数据主体的人格权和数据中的财产权，实现了个人数据和数据财产的双重处置。① 个人数据权是指自然人、法人和其他实体控制自己数据的权利。这项权利在全世界得到广泛承认。例如，德国的《黑森数据保护法》、英国的《数据保护法》和日本的《个人情报保护法》都包含关于保护个人数据权的详细规定，尽管具体规则和标准因国家而异。我国个人数据权主要表现为个人的删除、更正权及网络运营商等主体所对应的个人信息保密、保护义务等。构建数据权属确立的二元模式，以数据产权成立为先决条件。② 从实

---

① Xiaolan Yu, Yun Zhao, "Dualism in Data Protection: Balancing the Right to Personal Data and the Data Property Right", *Journal of Computer Law & Seview*, 2019, p. 35.

② 基于一般民事财产法在数据中建立产权，参见 Hoeren, Dateneigentum-Versuch einer Anwendung von § 303a StGB im Zivilrecht, MMR 2013, 486 et seqq. See also Court of Appels Naumburg, decision of 27 August 2014, 6 U 3/15, CR 2016, p. 83. 但也有学者批判数据产权化建议，参见"Much Ado About Data Ownership", *Harvard Journal of Law & Technology*, Volume 25, Number 1, Fall 2011。

践基础来看，信息产业是现代经济的重要组成部分，信息交易已然成为法律保护的重要领域之一。我国也出台一系列法律、法规、政策文件等，明确数据的财产价值，呼吁数据确权。从价值基础来看，数据成为重要的商业和社会资源，数据产权的创建将有助于确认数据的价值。从法理基础来看，根据权利扩张理论，一旦数据被视为有价值的资产，数据的相关权利就会扩大，数据所有者还有权将数据产权转让给数据控制者，从而实现自身财富最大化。

在二元模式下，判断数据权属的关键点在于是否经过数据处理。在处理之前，数据反映的是数据用户的原始信息，没有任何增值工作，数据主体应享有对其个人数据的权利。经过处理之后，数据具有商业交易的附加值，因此数据中的产权应当归属于对数据进行加工、处理的主体（通常为企业）。一旦处理后的数据在市场上出售，该权利就转移给数据购买者。需要注意的是，这种模式下，数据处理者和数据购买者也可以被视为数据控制者，因此，数据控制者也应当理想地拥有数据中的产权。

2. 合同约定与交易习惯

虽然现行法律未对数据权属进行明确，但其通常产生于私法领域中，故而应当遵循私法领域关于权属界定的一般规则。在平等主体之间，首先应当根据合同的约定，其次考虑交易习惯、交易场景、合同类型等。一方面，个人数据体现出强烈的人格权属性，企业数据具有较强的财产属性，而国家政府数据更多地表现为社会公共性。各方权利主体利益紧密交织，甚至可能存在权利冲突。故而确立数据权属的依据主要在于平等权利主体之间的约定。另一方面，平等主体之间亦可能存在约定空白或约定不明的情形，进而引发争议。此时，需要识别具体交易场景，根据合同类型、交易习惯、权利归属原则等，对数据权属进行具体判断。

以实践中存在的典型合同为例，一般而言，在租赁、保管、仓储等合同中，作为"云存储"服务提供者的出租人让渡的仅为一定期间内某种资源的使用权，数据权属应当归属于数据主体（用户）。而在承揽、服务、委托等法律关系中，数据根据来源不同，主要分为两类：一是来源于用户，二是执行委托事务所取得的数据。对于前者，数据通常归属于委托人，即用户。而对于后者，受托人通常也应将数据转交给委托人①，但通过代理制度而由委托人直接取得所有权的情形除外。需要强调的是，委托人这一权利仅为合同上的履行请求权。换而言之，受托人才是数据权利的所有者。此外，在以数据为标的物的买卖、交换法律关系中，是否应当遵循动产买卖的"交付原则"，即在交付数据之前属于出卖人，交付之后属于买受人，值得探讨。②

3. 三元分配模式

这种模式的核心在于对用户、数据平台及第三方主体的数据利益进行合理平衡。③

首先，用户享有个人信息财产权。基于原始数据蕴含着大量与个人人格、隐私息息相关的经济、文化、生活等信息，具有强烈的人格权属性，并且能够实现对原始数据的实时控制和利用。其次，数据平台享有数据用益权。数字经济背景下，原始数据体现的直接性财产价值较少，而数据平台通过对海量原始数据进行收集、筛选、分析及处理后形成的数据集或数据产品往往具有较高的经济价值。因此，出于数据财产价值的产生机理，应当将数据用益权归属于平台企业。该观点在司法实务中也得到了证明。④最后，第三方主体享有数据获取权。⑤ 设立数据财产权利的最终目的是实现数据共享，因而第三方通过合法途径获取、使用数据应当成为数字经济的交易方式，得到支持。从经济学的角度来看，数据的再利用价值还

---

① 《民法典》第 927 条规定："受托人处理委托事务取得的财产，应当转交给委托人。"

② 余佳楠：《企业破产中的数据取回》，《法律科学（西北政法大学学报）》2021 年第 5 期。

③ 锁福涛、潘政皓：《数据权益的法律保护路径研究》，《南京理工大学学报》（社会科学版）2022 年第 1 期。

④ "新浪微博诉脉脉案"二审判决中指出，"网络平台提供方可以就他人未经许可使用其经过用户同意收集并使用的用户信息的行为主张权利"，北京知识产权法院（2016）京 73 民终 588 号民事判决书。

⑤ 如对充分利用用户生成数据的巨大社会价值的数据平台采取开放、协作和基于激励的立场，这些数据应被视为"全球公域"，并应向广泛的独立利益相关者、研究机构、记者、公共当局和国际组织提供对其的访问。参见 Jennifer Shkabatur, "The Global Commons of Data", 22 *STECH. L. REV*, 354（2019）.

能够通过流通得以实现,并且能规制数据垄断行为。

4. 各方案评析

基于上述分析,三种数据权属确立方案各有其特点。

首先,在二元模式下,数据主体的权利和数据中的产权得到双重处置,既保护了原始数据主体的人格权,又能保护数据中的财产权。这与设立数据财产权利相契合。

其次,根据合同约定与交易习惯对数据权属进行认定,能够实现用户与数据控制企业、数据处理者、数据购买者等主体对数据权益的谈判协商,进而明确于合同中,促进数据权益合法、有效实现。然而,该方案不仅没能从根本上表明数据的基本法律属性,还存在权利基础问题。在现有法律体系下,数据并未纳入法定的"权利"范畴(虽然提出赋予数据财产权利的构想),而法律上之"处分"需要有处分权的存在,对何权利进行让渡和约定呢?但是,这种方案中对于权利归属的约定及具体场景的判断仍值得我们借鉴。

最后,数据财产权"三元分配"模式意在强调对用户、数据平台以及第三方主体的数据利益进行合理平衡,但这种保护显然与企业所投入的劳动不相匹配,难以实现数据激励与创新。因此,在对数据赋予财产权利保护外,还应辅之更为科学、合理的权属确立方案。

(三)数据权属确立的基本立场

数据承载了多种权利义务关系,是个人、企业和国家之间复杂社会关系的映射。从法律适用看,数据打破了公法与私法、公域与私域的二元划分,牵涉国际、国内不同场景,数据权属很难通过"一刀切"处理。应当把握数据的不同属性,坚持国家公共利益与人格利益一般优先的原则,对数据权属进行场景化判断。这也是数据能够获得破产法保护的重要研究前提。

1. 立法明确规定数据权属存在困境

基于前述,当数据纳入财产权利保护体系时,应当思考第二步,数据财产权利如何归属,不同主体在何种情形下享有此权利?我们认为,通过法律条文完全明确、清晰界定数据权属存在难题。一方面,立法可以对数据进行明确的赋权，并明确数据财产权利的内涵（日本就采用了类型化立法方式明确企业数据享有的竞争利益与财产利益），但立法无法涵盖国家、企业、个人拥有数据权属的所有情形。换而言之，在数据领域飞速发展的时代，立法无法采用穷举的方式对国家、企业、个人数据进行界定。另一方面，基于数据具有无形性特征，数据之上权益众多，涉及个人利益，乃至国家公共利益，且数据价值在流通过程中不断增长，难以通过静止的法律规则对数据权属进行逐一界定。

2. 分场域个案确立数据权属的适用

从系统的方法论途径解决数据权属的认定难题，具体包含两个权属确立的过程：

第一，把握数据不同属性，坚持国家公共利益与人格利益一般优先的原则。即《个人信息保护法》《数据安全法》和《网络安全法》确立的个人数据权益与国家公共数据权益构成法定优先权。[1] 数据体现出多种属性。首先，基于前述，企业数据蕴含重要的商业价值，具有财产属性。其次，个人数据通常涉及与个人身份紧密相关的信息，如户籍、社保信息、身份证号、个人偏好以及信誉等，这些体现出人格尊严与自由，具有人格权属性。最后，对于涉及国家公共利益的数据，则体现出社会属性。因此，对数据进行权属判断时，应当从数据的基本属性出发，坚持国家公共利益与人格利益一般优先的原则，国家对"强公共性"的数据享有数据主权，个人对"强人格性"的原始数据或信息享有权利。除此之外，对于具有"强财产性弱人格性"的数据或数据产品，企业应当享有财产权利。

第二，结合具体场域，在司法实践中进行个案分析。由法官根据数据财产权利一般性条款，利用比例原则、利益保护正当性原则、利益平衡原则、公平正义原则等对数据权属进行综合性的认定，以实现数据的科学、合理、合法归属，进而实现数据流通、数据共享与数据保护之间的平衡。通过对大量的、典型的数据权属认定案例进行整合、归纳，总结出类型化的数据。

---

[1] 包晓丽：《二阶序列式数据确权规则》，《清华法学》2022年第3期。

第一类：生物特征类信息、个体特征类信息、个体衍生类信息等与个人特征紧密关联的数据应当归个人所有，个人在网络平台创作发表的视频、音频、图片、文字等涉及个人隐私的数据可以由个人与平台约定权属。

第二类：政府在履行公共管理和服务职责时与企业、个人共同创建的数据（如工商登记信息、税务管理信息、户籍信息、身份信息、婚姻信息等），一般而言，企业、个人将其数据权利让渡于国家、社会公众。

第三类：网络平台经营管理过程中产生的数据（商业秘密数据、因法律法规强制要求所形成的数据、网络平台主动向社会公布的各类数据等）。这类数据基于平台自身管理的需要而产生，具有鲜明的商业化特征，数据权利应当归属于平台企业，但需要明确企业数据商业应用的边界。未来也可以对大量的、典型的数据权利归属案例进行整合、归纳，通过发布指导案例或司法解释的方式，统一数据权利认定规则。

四 破产程序中数据保护的实现路径

数据在整个生产、处理、流通环节涉及多方主体，包括数据主体、数据处理者、数据控制者、数据所有者，等等。数据的归属也可能涉及多方主体，如个人、企业、国家等。数据产业的发展离不开对数据权益的保护。在企业常态化经营中，现有法律体系下，可以通过知识产权法路径、反不正当竞争法一般条款、互联网专门条款及商业秘密路径等实现对数据权益的防御性保护，但此种路径存在不确定性和模糊性。当然，倘若将来对数据赋予财产权利，这种强有力的法定权利保护模式下对权利主体的保护与救济更为明确、充分、有效。当企业进入破产后，基于在破产程序、重整程序中存在国家公权力的监管，且数据可能涉及国家和社会利益、个人隐私，因此，破产程序中对数据的处理将不同于企业常态经营中，对享有数据权利的主体保护亦呈现出特殊性，笔者将基于不同主体的数据保护展开路径研究。

破产法律制度存在广义和狭义之分。广义上的破产制度将和解、重整法律制度也纳入其中。王欣新对破产概念的理解专指破产清算制度。① 本书所指"破产"也限于狭义的概念,即企业面临破产清算的情形。基于企业破产法律制度存在广义上的理解,破产清算法律制度与破产重整法律制度的价值理念和宗旨不同,相比于破产清算制度,破产重整制度的宗旨还在于挽救困境企业。因此,二者制度构建也会存在差异,具体而言,企业处于破产重整阶段,出于挽救困境企业的考虑,债权人、担保人等主体的权利通常会受限。由此,当债务人掌握的数据并不属于自身时,数据所有者暂时无法行使破产取回权,除非符合与数据控制者事先的约定。② 但根据《企业破产法》第 42 条的规定,③ 基于管理人在破产重整阶段继续处理数据,数据所有者由此产生的债权应当纳入共益债权的范畴,由破产财产随时清偿。数据处理者基于在债务人重整阶段接收数据控制者的指示处理数据而产生的债权,亦应归属于共益债权。而当企业进入破产清算程序时,对数据将会产生差异化的处理,对相关主体利益保护也要区分讨论。以数据控制者破产清算(以下简称破产)为例,当数据归属于数据控制者时,基于企业数据的财产属性等,企业数据将被纳入债务人财产范畴。当企业数据并非归属于数据控制者时,数据所有者权益有不同的实现路径。而数据处理者依据与数据控制者之间的法律关系,同样能够合法实现其自身权益。

(一)数据控制者的保护

我国《个人信息保护法》仅引入了"个人信息处理者"这一概念,

---

① 王欣新:《破产法》(第四版),中国人民大学出版社 2019 年版,第 2 页。
② 《企业破产法》第 76 条规定:"债务人合法占有的他人财产,该财产的权利人在重整期间要求取回的,应当符合事先约定的条件。"《破产法解释(二)》第 40 条规定:"债务人重整期间,权利人要求取回债务人合法占有的权利人的财产,不符合双方事先约定条件的,人民法院不予支持。但是,因管理人或者自行管理的债务人违反约定,可能导致取回物被转让、毁损、灭失或者价值明显较少的除外。"
③ 《企业破产法》第 42 条规定:"人民法院受理破产申请后发生的下列债务,为共益债务:……(四)为债务人继续营业而应支付的劳动报酬和社会保险费用以及由此产生的其他债务……"

并未对数据处理活动参与主体的角色进行划分,从本法第20条规定①来看,"个人信息处理者"更类似于《通用数据保护条例》(以下简称GDPR)4(7)项下的数据控制者,即单独或与他人共同决定处理个人数据的目的和方式的自然人或法人、公共机构、机构或者其他实体。

由于数据控制者通常都是商事企业,在探讨数据控制者的数据权利时,不能局限于民事法律制度,还应当将商事法律制度纳入其中考虑。随着社会变迁,商业模式更迭,数字技术进步,营业财产②的具体范围也发生了演变。一方面,数据资源之于企业价值创造的重要性逐步凸显,其对企业经营绩效差异的解释力愈发明显。另一方面,许多网络平台型企业在资本市场上的估值非常高,因其最具价值的资产并非机器设备等重资产,而是数据,故而被称为"轻资产"型企业。因此,当今经济发展局势下,特别是在大数据背景下,数据具有强烈的财产属性和丰富的财产价值,数据控制者掌握的数据应当被纳入商事主体的营业财产。根据《破产法解释(二)》第1条规定,③ 债务人依法享有的财产性权益应当认定为债务人财产。可见,破产财产须满足两个标准:可估值性与可转让性,这与公司法中股东出资财产标准如出一辙。数据作为财产权利,能够在数据市场中交易,恰好证明满足破产财产这两项认定标准。因此,当数据控制者破产时,其对归属于自身的数据享有财产性权益,应当纳入债务人财产中。数据具有破产财产属性,这也是数据能够获得破产法保护的立场所在。建议破产法修改或司法解释制定中应明确将企业享有所有权的数据确立为债

---

① 《个人信息保护法》第20条第1款规定:"两个以上的个人信息处理者共同决定个人信息的处理目的和方式的,应当约定各自的权利和义务……"

② "营业"系商法上的概念,其包括主观意义上的营业和客观意义上的营业。前者是指营业活动,而后者是指营业财产。传统商法意义上的营业财产,系指商事企业用于商事活动的各类财产,其含义非常宽泛,既包括各种不动产、动产、商号、知识产权、债权等财产,亦包括各类"事实关系",如商业秘密、商誉、客户关系、销售渠道、地理位置等。谢怀栻:《外国民商法精要》,法律出版社2002年版,第236—237页。

③ 《破产法解释(二)》第1条规定:"除债务人所有的货币、实物外,债务人依法享有的可以用货币估价并可以依法转让的债权、股权、知识产权、用益物权等财产和财产性权益,人民法院均应认定为债务人财产。"《企业破产法》第30条规定:"破产申请受理时属于债务人的全部财产,以及破产申请受理后至破产程序终结前债务人取得的财产,为债务人财产。"

务人财产的类型。

至于数据控制者在破产程序中如何实现数据的保护,有以下几种方式:

1. 转让或特殊变价

一方面,企业数据作为一项营业财产,在交易市场中具有重要的经济价值,数据控制者(债务人)可以将其所有的数据进行打包对外转让,以实现资产的变价,从而清偿债务。债务人对外转让数据时,尤其涉及数据主体的个人信息,往往受到许多限制。例如,受到《个人信息保护法》第22条限制,当管理人转让涉及个人信息的数据时,应当向个人履行告知义务。此外,接受转让的数据控制者也应承接原数据控制者的责任和义务。涉及使用目的变更时,应征求数据主体的明示同意。[①] 此外,出于效率考虑,减少与单个数据主体进行沟通和谈判的成本,将基础、原始数据脱敏后进行转让或成常态。具体而言,可以制定专业评估标准和评估程序,设立数据脱敏处理的专业组织等。

另一方面,管理人可将数据特殊变价。对于变价方式,《企业破产法》第112条规定,除非债权人会议另有决议,应以拍卖方式进行。有学者认为,可以由"数据做市商"进行完成,[②]这恰能提高数据资源的配置效率。

2. 合法处置用益权

申卫星认为,根据不同主体对数据形成的贡献来源和程度不同,应当

[①] 《信息安全技术个人信息安全规范》(GB/T 35273—2020)9.3规定:"当个人信息控制者发生收购、兼并、重组、破产等变更时,对个人信息控制者的要求包括:a)向个人信息主体告知有关情况;b)变更后的个人信息控制者应继续履行原个人信息控制者的责任和义务,如变更个人信息的使用目的时,应重新取得个人信息主体的明示同意;c)如破产且无承接方的,对数据做删除处理。"又如《民法典》第111条规定:"自然人的个人信息受法律保护……不得非法买卖、提供或者公开他人个人信息。"

[②] 数据做市商在对数据的可加工性和潜在市场价值作出评估的基础上参与竞拍,将竞拍所得小规模的数据资产归集后,进行重组、整理、提炼、加工,形成价值更高的增值数据,再根据市场形势,将增值数据投入数据交易市场而获利。2016年在贵阳成立的"数据投行"就类似于"数据做市商"。

赋予数据原发者数据所有权，赋予对数据进行处理的主体数据用益权。① 取得数据用益权包含原始取得和继受取得。前者体现为数据所有权人授权和数据采集、加工等事实行为取得，后者主要是通过交易、共享等方式取得。② 当对数据拥有用益权的主体破产时，在保障数据安全的前提下，以约定的方式对数据用益权进行转让或抵押，成为增加债务人财产，提高债务清偿能力的重要路径。此外，为实现更高的经济利益，或者提高数据管理水平，在特定情况下，管理人还可以通过信托等形式将数据用益权转让给数据经纪人、数据融合平台或大型数据企业。③

3. 删除数据

当数据控制者破产且无承接方时，应当依法删除数据，避免个人信息或商业隐私泄露。这在 GDPR 中又被称为清除权（被遗忘权）。④ 对于清除方法，GDPR 还做了具体规定，数据控制者应当采取包括技术手段在内的合理措施，将有关个人数据的链接、副本和备份等告知正在处理该数据的控制者。⑤ 管理人删除数据的，还可能涉及对用户的补偿。⑥ 实践中，也有观点认为可以将企业数据存储于第三方平台，但出于对债权人利益的维护，若企业数据已经没有存在的价值了，没必要对

---

① 这里的"数据原发者"指数据得以产生的创造者，根据被采集主体的不同，划分为自然人、国家。"数据处理者"采广义概念，泛指对数据享有用益权的主体。申卫星：《论数据用益权》，《中国社会科学》2020 年第 11 期。

② 数据用益权包括控制、开发、许可、转让四项积极权能和相应的消极防御权能，在公平、合理、非歧视原则下行使各项权能可以平衡数据财产权保护与数据充分利用两种价值，推动数据要素市场快速健康发展。申卫星：《论数据用益权》，《中国社会科学》2020 年第 11 期。

③ 申卫星：《论数据用益权》，《中国社会科学》2020 年第 11 期。

④ 《通用数据保护条例》第 17 条第 1 款规定："在以下情形中，数据主体有权请求数据控制者立即清除与其相关的个人数据，同时数据控制者有义务立即清除相关个人数据：（a）数据对于收集或处理时的目的已经不再必要……"

⑤ 《通用数据保护条例》第 17 条第 2 款规定："当数据控制者已经公开个人数据的情况并且有义务根据本条第 1 款的规定清除个人数据时，考虑到现有技术和实施成本，数据控制者应当采取包括技术手段在内的合理措施，将数据主体要求清除的有关个人数据的链接、副本和备份等告知正在处理该个人数据的数据控制者。"

⑥ 如《云裳羽衣》在我国大陆停止运营，除法律法规另有规定或与用户特别约定外，游戏内的所有账号数据及角色资料等信息将被全部删除，但会对用户进行补偿。

企业数据继续进行保管，这不仅会加重债务人财产负担，更不利于对全体债权人的清偿。

需要明确的是，如果企业数据中涉及国家、社会公共利益，应限制企业数据处理的手段和方式，并且国家应具有支付相应对价进而承接数据的职责。数据具有区别于其他财产的特殊形态，且涉及国家公共利益、人格利益，未来破产法有必要对数据在破产程序中的处置方式进行明确规定，为数据的处置提供规范基础。至于具体细节，如数据特殊变价方式、监督主体等，可在相关规则的解释论框架下完成。

（二）数据所有者的保护

数据所有者，即真正对数据享有财产权利的企业、个人，乃至国家、组织。在企业常态化经营中，基于数据存在显著的财产价值，数据集或数据产品得以在市场中交易与流通，数据所有者或将数据部分权能许可数据控制者（债务人）行使，并获得相应报酬。破产程序中，对数据所有者权利的保护体现在其可以对数据行使取回权，或依法向管理人申报债权。

1. 数据能够取回之取回权

《企业破产法》第38条规定债务人占有的不属于其自身的财产，该财产的权利人可以通过管理人取回。①《破产法解释（二）》第26条还对

---

① 《企业破产法》第38条规定："人民法院受理破产申请后，债务人占有的不属于债务人的财产，该财产的权利人可以通过管理人取回。但是，本法另有规定的除外。"《破产法解释（二）》第32条规定："债务人占有的他人财产毁损、灭失，因此获得的保险金、赔偿金、代偿物尚未交付给债务人，或者代偿物虽已交付给债务人但能与债务人财产予以区分的，权利人主张取回就此获得的保险金、赔偿金、代偿物的，人民法院应予支持。保险金、赔偿金已经交付给债务人，或者代偿物已经交付给债务人且不能与债务人财产予以区分的，人民法院应当按照以下规定处理：（一）财产毁损、灭失发生在破产申请受理前的，权利人因财产损失形成的债权，作为普通破产债权清偿；（二）财产毁损、灭失发生在破产申请受理后的，因管理人或者相关人员执行职务导致权利人损害产生的债务，作为共益债务清偿。债务人占有的他人财产毁损、灭失，没有获得相应的保险金、赔偿金、代偿物，或者保险金、赔偿金、代偿物不足以弥补其损失的部分，人民法院应当按照本条第二款的规定处理。"《破产法解释（二）》第30条规定："债务人占有的他人财产被违法转让给第三人，依据物权法第一百零六条的规定第三人已善意取得财产所有权，原权利人无法取回该财产的，人民法院应当按照以下规定处理：（一）转让行为发生在破产申请受理前的，原权利人因财产损失形成的债权，作为普通债权清偿。（二）转让行为发生在破产申请受理后的，因管理人或者相关人员执行职务导致原权利人损害产生的债务，作为共益债务清偿。"

"取回"的时间进行了规定。① 破产取回权主要来源于民法上的返还原物请求权,在性质上来说归属于物权。就数据权益而言,虽然在现有法律框架下,数据不能归属于物权范畴,但不能据此否认具有财产价值的数据成为破产取回权客体的可能性。数据区别于载体,可以通过技术手段在操作上与载体互相区分,亦能够特定化,法律对其独立保护存在正当性,理应成为独立的取回权客体。当数据控制者破产时,真正的数据所有者有权通过管理人取回相关数据。若涉及数据保管、存储的,数据所有人取回数据时,未向管理人支付保管费、存储费等费用,管理人可以拒绝其取回。② 需要特别强调的是,对于债务人控制的关于国家、社会公共利益的数据,国家应当行使取回权,并按照合同等约定支付债务人相应费用。

对于"取回"的方式,一是"返还",二是简单地删除。"返还"主要发生在所有者并不控制相关数据的情况下,如在数据买卖、数据存储空间租赁等合同关系中。此时,破产管理人应采用不同的技术手段,如直接将载有数据的移动硬盘交付给取回权人,或者通过在线传输、剪切、拷贝等方式实现间接"返还"。此外,对于安全备份、历史版本等,管理人也应将其删除,与数据所有者另有约定除外。简而言之,"取回"的效果在于使数据控制者(债务人)不再实际控制数据。需要说明的是,若债务人与数据所有者另有约定,且不违反法律规定,在数据主体同意情形下,将数据去人身识别后,可予保有或利用。而对于以简单的删除方式进行"取回"的,关键在于禁止进一步使用。"取回"的效果主要在于数据控制者不得在未经许可的情况下继续利用或处置数据。在此类情形下,最典型的就是与个人信息相关的数据,所有者取回数据后,债务人不得将该数据非法转让给他人,亦不得泄露或公开。考虑到设立数据财产权利,数据也存在被纳入破产财产的可能性,未来可

---

① 《破产法解释(二)》第26条规定:"权利人依据企业破产法第38条的规定行使取回权,应当在破产财产变价方案或者和解协议、重整计划草案提交债权人会议表决前向管理人提出。权利人在上述期限后主张取回相关财产的,应当承担延迟使取回权增加的费用。"

② 《破产法解释(二)》第28条规定:"权利人行使取回权时未依法向管理人支付相关的加工费、报关费、托运费、委托费、代销费等费用,管理人拒绝其取回相关财产的,人民法院应予以支持。"

以在破产法解释中明确对数据的取回权,对于取回的费用承担、具体操作方式也可进行细化规定。

2. 数据不能取回之债权

对于数据不能取回的,可能基于数据的原始载体不存在,亦可能基于技术手段不能"取回"的(不包括数据能够删除的情形),则要考虑数据控制者与数据所有者之间的法律关系。一般而言,数据控制者与数据所有者之间存在合同关系则双方之间的合同是否已经履行完毕,将会影响数据所有者的权益实现路径。对于数据所有者已经履行完毕的合同,若涉及债务人未支付数据费用的,则数据所有者对债务人享有普通债权,由数据所有者向管理人进行债权申报,并由破产财产按比例清偿。若债务人与数据所有者均未履行完毕相关合同,从《企业破产法》第 18 条规定来看,需要分情形加以考虑。① 第一种情形,管理人选择解除合同。数据所有者于破产案件受理之前对数据控制者享有的债权自应纳入一般普通债权,此时数据所有者还对债务人掌握的数据享有撤回同意权及相应的数据删除权,管理人应确保数据所有者这两项权能得以实现,而不应继续处理这部分数据。第二种情形,管理人选择继续履行合同。根据《企业破产法》第 42 条规定,② 一旦数据控制者陷入破产,出于全体债权人利益最大化的考虑,管理人选择继续处理数据,数据所有者因此产生的收益应当获得优先清偿顺位。换而言之,数据所有者于破产案件受理之后享有的债权应当纳入共益债权的范畴。

(三) 数据处理者的保护

根据 GDPR 第 4 条第(8)项,数据处理者是为控制者而处理个人数据的自然人或法人、公共机构、机构或其他实体。一般包含委托处理、共

---

① 《企业破产法》第 18 条规定:"人民法院受理破产申请后,管理人对破产申请受理前成立而债务人和对方当事人均未履行完毕的合同有权决定解除或者继续履行,并通知对方当事人。管理人自破产申请受理之日起二个月内未通知对方当事人,或者自收到对方当事人催告之日起三十日内未答复的,视为解除合同。管理人决定继续履行合同的,对方当事人应当履行;但是,对方当事人有权要求管理人提供担保。管理人不提供担保的,视为解除合同。"

② 《企业破产法》第 42 条规定:"人民法院受理破产申请后发生的下列债务,为共益债务:(一)因管理人或者债务人请求对方当事人履行双方均未履行完毕的合同所产生的债务……"

同处理、共享处理。《数据安全法》将收集、存储、使用、加工、传输、提供、公开等，均纳入数据处理的行为。① 数据控制者决定使用数据的业务目的及方式，数据处理者仅"代表"数据控制者处理数据。同时，数据处理者同样应建立数据安全管理制度，以确保其处理的数据安全。② 在数据处理活动结束后，数据处理者应将相关数据移交控制者，或删除数据。

一般说来，数据处理者与数据控制者属于两个不同的企业（也不排除由同一企业组成的情形），基于二者之间存在的有效合同关系，数据处理者根据数据控制者的指示处理数据，对其合法处理的数据享有数据资产权，这是一种新型的财产权，数据处理者有权向数据控制者主张相应收益与报酬。③ 当数据控制者破产时，数据处理者对其享有的债权也会受到影响。具体而言，根据《企业破产法》第42条规定，若数据处理者的债权产生于破产案件受理前，则其对债务人享有普通债权，由管理人按比例清偿。若数据处理者的债权产生于破产案件受理后，也即当债务人进入破产程序后，数据处理者仍然根据数据控制者的指示处理数据，让债务人获得更多收益，对全体债权人有利，则数据控制者这部分债权应当获得更优先的顺位，即纳入共益债务范畴，由破产财产随时清偿。

数据处理者是市场上数据要素的真正创造者，承认和保护数据处理者合理收益，对于促进数据交易，实现数据共享意义重大。否则，可能导致数据市场萎靡、数据黑市猖獗。需要强调的是，保护数据处理者合法权益

---

① 《数据安全法》第3条第2款规定："数据处理，包括数据的收集、存储、使用、加工、传输、提供、公开等。"

② 《数据安全法》第27条规定："开展数据处理活动应当依照法律、法规的规定，建立健全全流程数据安全管理制度，组织开展数据安全教育培训，采取相应的技术措施和其他必要措施，保障数据安全。利用互联网等信息网络开展数据处理活动，应当在网络安全等级保护制度的基础上，履行上述数据安全保护义务。重要的数据处理者应当明确数据安全负责人和管理机构，落实数据安全保护责任。"《数据安全法》第3条第3款规定："数据安全，是指通过采取必要措施，确保数据处于有效保护和合法利用的状态，以及具备保障持续安全状态的能力。"

③ 4月24日，国家知识产权局局长申长雨在国新办举行的2021年中国知识产权发展状况新闻发布会上介绍称：国家知识产权局已成立工作专班，形成了充分尊重数据处理者创造性劳动和资本投入、承认和保护数据处理者的合理收益等原则性思路。

的同时，应遵守数据市场秩序，不得危及国家公共利益。还应尊重数据上的个人信息权益，对于涉及个人信息的数据，数据处理者应严格遵循《个人信息保护法》等规定，按照个人授权范围采集、持有和使用数据。其他组织或个人也不能非法获取、利用这些数据，否则数据处理者可以要求其承担相应的民事责任。①

此外，伴随着互联网技术的日新月异，大数据浪潮也席卷着全球，跨境数据安全流动亦成为我国理论和实务研究不可忽视的话题。一方面，国家鼓励支持数字企业在国内外资本市场上市，以开放促竞争，以竞争促创新。另一方面，境外数据控制者或处理者也可能面临破产的情形，这就涉及我国数据主体权利及国家数据主权的问题。GDPR 明确了向第三国或国际组织进行数据转移的总体原则②，此外，第 15 条第 2 款还明确赋予数据主体对所采取的保障措施享有知情权。非经欧盟法律授权的数据转移和公开，必须基于有效的国际协议，如共同司法协助协议。我国应秉持数据保护和开发、数据限制和流动并举的理念来确立数据跨境流动的治理模式。完善数据跨境流动评估制度，特别是要对数据进行分类、分级的标准、原则、跨境流动的相关条件以及跨境评估相关要素等进行深入探究和进一步明确。一方面，企业向境外提供在国内收集的数据是受限的。我国互联网信息办公室于 2021 年 10 月 29 日发布的《数据出境安全评估办法（征求意见稿）》就规定了此情形下，数据处理者的安全评估与保护义务。③ 另一方面，在我国开展业务的跨境数据巨头，也被要求在我国建立数据存储中心，将来自我国的数据留在境内。国外也有学者探讨通过数据本

---

① 程啸：《现代社会中的数据权属问题》，《法治日报》2022 年 4 月 20 日第 9 版。
② 《通用数据保护条例》第 44 条规定："任何正在转移个人数据的行为或是转移到第三国或国际组织之后意图再转移的行为，只有在数据控制者和处理者满足了本章规定的条件且遵守本条例的其他内容时才能得以实施。前述个人数据转移也包括从第三国或国际组织转移到另一个第三国或国际组织。本章所有条款都应被用来确保本条例保障的对自然人的保护水平不被破坏。"
③ 《数据出境安全评估办法（征求意见稿）》第 2 条规定："数据处理者向境外提供在中华人民共和国境内运营中收集和产生的重要数据和依法应当进行安全评估的个人信息，应当按照本办法的规定进行安全评估；法律、行政法规另有规定的，依照其规定。"第 9 条规定："数据处理者与境外接收方订立的合同充分约定数据安全保护责任义务……"

地化，防止数据流出。① 此外，还应当制定相应的合规条款，要求跨境业务合同双方采纳，从立法者和执法者的角度，对跨境数据控制者及数据处理者提出合规要求。当境外数据控制者或处理者破产时，基于国家数据主权的考虑，对涉及我国公共利益的数据，原则上应当将其"取回"，在数据不能"取回"的情形下，境外机构也应当对数据进行删除或安全化处理。这有利于实现"数据利用""数据安全"与"数据主权"之间的平衡。

数据蕴含丰富的商业价值，对某些企业而言甚至为核心资产。某些数据还涉及国家主权和安全，与个人隐私、信息密切相关。当持有一定数据的企业破产时，如何处理数据，如何对数据权利进行保护，不仅关乎债务人、债权人利益，还关乎原始数据主体权利，更关乎国家数据主权和安全及数据强国的建设。数据与信息存在交叉之处，它的存在并不依赖于某一特定载体，数据能够实现事实上的相对独立性。基于数据价值的发现与实现、数据财产权理论，明确对数据赋予权利保护。数据权属亦存在争议，应当根据数据共享、利益协调、优先保护的原则，解决数据权属确立方案的争议，实现分场域中的数据权属确立。

在企业常态化经营中，可以通过现有知识产权法路径、反不正当竞争法一般条款、互联网专门条款及商业秘密路径等实现对数据权益的防御性保护，但此种路径存在不确定性和模糊性。对数据赋予财产权利，并进行分场域的权属判断，是其能够获得破产法保护的立场选择。以数据控制者破产为例，当数据归属于债务人时，数据自应纳入破产财产中。管理人还可以将数据作为资产进行转让，或合法处置数据用益权，抑或是删除数据。若数据并非归属于债务人，则数据的真正所有者可主张取回权，或根据《企业破产法》第42条规定享有共益债权与普通债权。而数据处理者因受债务人指示处理数据，应当享有数据收益权，根据其债权产生的时间，若在破产申请受理前，享有普通债权；反之，享有共益债权。对于数据跨境转移，应当着眼于国家数据主权及数据主体权利保护。未来期待在

---

① 国际互联网监管的讨论从通过审查防止数据流入一个国家的努力扩展到通过数据本地化防止数据流出，参见 Anupam Chander, "Uyen P. Le. DATA NATIONALISM", *EMORY LAW JOURNAL*, Vol. 64, pp. 677-738。

充分调研，并在总结司法实践经验、汲取专家学者观点的基础上，通过颁布指导案例、完善相应法律及司法解释，达成对数据权属，数据进入破产财产，数据取回权，破产程序中对数据的处置方式及企业破产程序中不同主体数据权利保护的统一意见，实现个人数据权利、企业数据财产权与国家公共利益的平衡及数据强国的转变。

第三节　破产重整中管理人履职权益保护

破产管理人是依法设立专门管理破产财产的特殊机构，能够有效推进破产重整制度的顺利推进。根据中国裁判文书案例统计，2012—2021年间发生了683件管理人责任纠纷案件，并且案件数量逐年递增，这成为管理人履职的重要风险。如何完善管理人履职纠纷中的责任制度，进而有效地保护管理人的权益是本节将要重点研究的问题。

一　管理人履职权益保护的逻辑起点

（一）破产管理人的概念

破产管理人，又称为"公共鱼塘的守护神"，其作用是指其从破产程序一开始就有权管理破产财产、有权处分破产财产。这种"守护神"是一种专门机构，是贯穿破产程序始终的一支专业化队伍，具有中立性、专业化以及长期独立性，是破产程序中的关键一环。这种守护与破产程序的顺利推进、债权人公平清偿环环相扣。

破产管理人的法律性质有不同学说，主要存在代理说、职务说、信托说三种学说。最为古老的是代理说。代理说既可以看作是对破产人的代理，也可以看作为债权人的代理。有学者认为这里所指的代理具有民事性质，因为行为后果实际归属于当事人一方。早期的职务说实际起源于一则判例，是在1892年由德国法院经办的一例案件，职务说将管理人视为公务员，它进行管理破产财团的工作的行为实际是在履行公务；信托说，英美法系国家较为推崇，如图5-1所示，信托关系有三个要点：一是信托是在委托人管理不能的情况下发生，二是受托人承担管理职责；三是受托人管理破产财团的收益归受益人。我国《企业破产法》并没有赋予管理人信托关系中受托人法律地位，但管理人为了维护债权人的利益做出努力，争取实现债权人利益最大化，从某种程度上说，管理人也被视为"受托人"。①

委托人 —转移财产→ 受托人 —信托受益→ 受益人

图5-1　信托说关系

（二）管理人履职中的法律责任

破产管理人的法律责任，主要是指管理人在履职过程中因违反法定义务或者履职过程中的不正当行为而要承担的不利后果。我国《企业破产法》追究责任的方式主要包括民事责任、行政责任及刑事责任。

首先，在管理人所应承担的法律责任中，民事责任最为主要。这类责任产生的主要原因是管理人对其履职所负的民事义务的违背，在管理人未履行或者未正确履行义务的情况下需要承担的不利后果，就此类责任的主观要件而言，采取过错归责原则，需要管理人具备主观过错。德国和日本的破产法规定管理人存在"疏忽"或"过失"时才承担法律责任。

其次，破产管理人承担行政责任主要因为不正当履职行为而受到处罚。破产管理人不仅需要遵守破产法的规定，也需要遵守一些行业规定或者行政管理规定。相关行政主管机构有权对实施不正当行为的管理人予以制裁处罚，比如罚款、吊销执业许可等。

最后，破产管理人损害债权人、债务人等主体的利益，情节严重时则构成犯罪，需要承担相应的刑事责任。《企业破产法》规定："违反本法规定，构成犯罪的，依法追究刑事责任。"此条法律规定适用于破产程序中的一切违法者，在我国的司法实践更多表现为管理人利用职务的便利履职不当。美国破产法明确规定，对破产托管人员利用职务上的便利隐匿或

---

① 张艳丽：《企业破产管理人法律地位评析》，《北京理工大学学报》（社会科学版）2004年第6期。

损坏材料等不正当行为，托管人都应承担刑事责任。①

（三）管理人承担责任的法理逻辑

"无义务无责任"，"义务"不仅是履职的基本要求，更是破产管理人法律责任的逻辑起点。大陆法系国家通常认为，管理人应尽"注意义务"；英美法系认为，管理人应尽"信托义务"。依据《企业破产法》第27条规定，我国的破产管理人应负有勤勉义务和忠实义务。

一方面，勤勉义务以一般注意义务为核心，勤勉尽责，忠实管理是管理人履职的核心。在破产财产的接管、管理、追收、变价、分配等各个阶段都应该做得勤勉忠实，不能够滥用管理人的职务便利损害利害关系人的利益，不能玩忽职守，违反法律义务就应当承担相应的法律责任。

另一方面，忠实义务与勤勉义务的侧重点不同，此种义务则更加强调管理人的职业道德。管理人的职业道德最基本的要求是管理人不滥用管理破产财团的职权，始终将债权人和其他利害关系人的利益视为破产程序推进的目标和最高点，不能让个人利益超过这个最高点。衡量管理人是否违反忠实义务最清晰的标准即是管理人是否损害债权人或者其他利害关系人的利益。换言之，如果管理人因为自己的身份从中收取私益，违规操作谋取不正当利益、进行自我交易或关联交易、不当泄露或利用商业信息等行为都是违背忠实义务的表现。②

二 管理人履职中承担责任的实证反思

（一）管理人履职责任纠纷现状

笔者选取的样本以裁判文书网作为主要数据来源，北大法宝为参考。需要说明的是，2006—2011年的样本在相关网站检索到的数据并不全面，影响数据的准确性与真实性。最终选取的是2012—2021年的破产管理人责任纠纷案件，在破产信息中检索"管理人责任"，经过筛选，以与研究

---

① 张艳丽：《破产管理人的法律责任》，《法学杂志》2008年第4期。
② 陈义华、王蕴慧：《论破产管理人的注意义务》，《河北青年管理干部学院学报》2008年第4期。

有关的 683 份裁判文书为样本进行分析。管理人责任纠纷案件年份分布如图 5-2 所示。

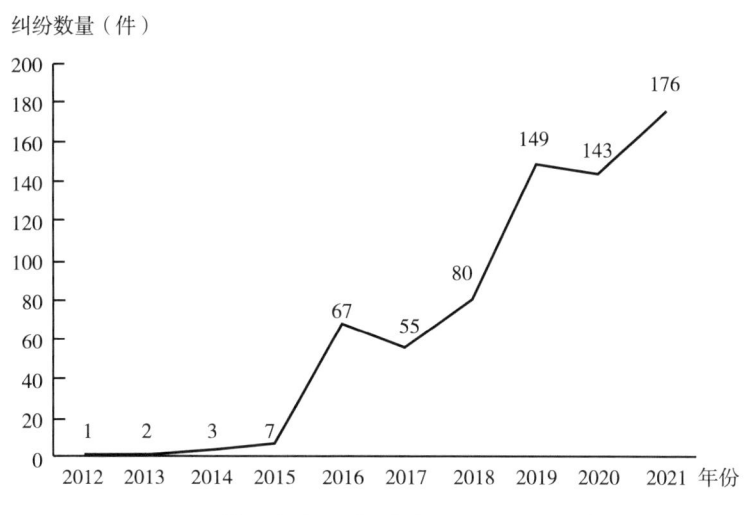

图 5-2 管理人责任纠纷数据（2012—2021 年）

通过在中国裁判文书网检索的案件，2012—2021 年间管理人责任纠纷案件共计 683 件，前几年数量相对较少，后面几年数量整体呈上升趋势。

(二) 管理人法律责任的法律规范统计

通过在北大法宝上检索法律法规，对于企业破产管理人行为进行规制的法律规范分布如图 5-3 所示，通过在北大法宝法律法规中进行检索破产管理人，2012—2021 年颁布的相关法律规范总共有 116 份，其中包括《民法典》，主要是对破产债权及相关的从权利即将届满时的申报作出规定，经过筛选后总共选取对破产管理人制度进行完善的法条 34 份，得出现行有效的法律文件共计 33 份，文件类型主要是行政法规、司法解释等。

从数据中可以看出，我国相关的规范性文件较少，规定较为分散。关于破产管理人应当承担的三种法律责任零散地规定在破产法、刑法修正案、行政法规以及司法解释中。

1. 中央文件

关于破产管理人制度的中央法规层面的文件相对较少，最早是在

法律文件（份）

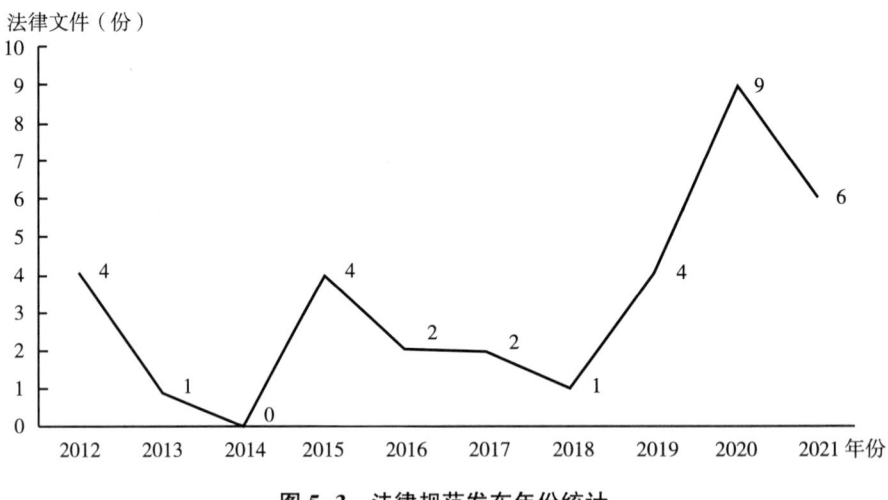

图 5-3 法律规范发布年份统计

2009 中国律师协会发布的行业法规，即 2009 年 8 月的《中华全国律师协会律师担任破产管理人业务操作指引》，这份指引旨在调整律师执业行为，引导律师遵循法律规范，提供更为高质量的律师服务，防范并化解执业风险，之后主要就是最高人民法院发布的两份有关破产管理人的司法解释文件，主要阐明破产管理人的具体工作和职责。如表 5-1 所示。

表 5-1　　　　　　　　关于管理人的中央级文件

序号	发布机构	文件名称	有关管理人的内容
01	最高人民法院	最高人民法院关于印发《企业破产案件破产管理人工作平台使用办法（试行）》的通知	第 1—14 条
02	最高人民法院	最高人民法院关于对重庆高院《关于破产申请受理前已经划扣到执行法院账户尚未支付给申请执行人的款项是否属于债务人财产及执行法院收到破产管理人中止执行告知函后应否中止执行问题的请示》的答复函	人民法院裁定受理破产申请时已经扣划到执行法院账户但尚未支付给申请人执行的款项，仍属于债务人财产，人民法院裁定受理破产申请后，执行法院应当中止对该财产的执行。执行法院收到破产管理人发送的中止执行告知函后仍继续执行的，应当根据《最高人民法院关于适用〈中华人民共和国破产法〉若干问题的规定（二）》第 5 条依法予以纠正

2. 其他文件

主要包括 5 份地方规范性文件、15 份地方司法文件、13 份地方工作文件组成。这些文件主要是由各地的破产管理人协会、律师协会研究制定的，对于破产管理人的履职工作进行了具体明确的规定，提供了重要指引。2012—2021 年地方发布的有关破产管理人的文件如表 5-2、表 5-3、表 5-4 所示。

表 5-2　　　　　　　　　地方关于管理人的规范性文件

序号	发布机构	文件名称
01	江西省企业破产管理人协会	江西省企业破产管理人协会企业破产援助资金使用和管理办法（试行）
02	江苏省破产管理人协会	江苏省破产管理人协会、江苏省律师协会、江苏省注册会计师协会关于印发《江苏省破产管理人债权申报及审查业务操作指引（试行）》的通知
03	北京破产法庭	北京破产法庭关于加强疫情防控期间破产管理人工作的指导意见
04	江苏省律师协会	江苏省律师协会关于印发《江苏省律师协会律师担任破产管理人业务操作指引》的通知
05	新疆维吾尔自治区律师协会	新疆律师担任破产管理人法律业务操作指引

表 5-3　　　　　　　　　地方司法级别关于管理人的文件

序号	发布机构	文件名称
01	上海市高级人民法院、上海市司法局	上海市高级人民法院、上海市司法局关于上海市破产管理人扩容、分级的预通知
02	江西省高级人民法院	江西省高级人民法院关于转发《江西省企业破产管理人协会企业破产援助资金使用和管理办法（试行）》的通知
03	上海市高级人民法院、上海市司法局	上海市高级人民法院、上海市司法局关于印发《上海市破产管理人分级管理办法（试行）》的通知
04	杭州市中级人民法院	杭州市中级人民法院关于印发《杭州市中级人民法院破产管理人履职评价办法（试行）》的通知
05	浙江省高级人民法院	浙江省高级人民法院关于印发《浙江省破产管理人动态管理办法（试行）》的通知
06	玉林市中级人民法院、玉林市司法局	玉林市中级人民法院 玉林市司法局关于成立玉林市破产管理人协会的通知
07	北京市高级人民法院	北京市高级人民法院关于保障破产管理人查询工作的通知

续表

序号	发布机构	文件名称
08	北京市高级人民法院、中国人民银行营业管理部、中国银行保险监督管理委员会北京监管局	北京市高级人民法院 中国人民银行营业管理部 中国银行保险监督管理委员会北京监管局关于破产管理人办理人民币银行结算账户及征信相关业务的联合通知
09	安顺市中级人民法院	安顺市中级人民法院关于疫情防控期间破产管理人的工作提示
10	齐齐哈尔市中级人民法院	齐齐哈尔市中级人民法院关于破产管理人处理税务及信用修复问题的工作指引（试行）
11	天津市高级人民法院	天津市高级人民法院关于印发《天津市高级人民法院破产管理人分级管理办法》的通知
12	天津市高级人民法院	天津市高级人民法院关于印发《天津市高级人民法院指定破产管理人工作办法》的通知
13	广州市中级人民法院	广州市中级人民法院关于印发《广州市中级人民法院破产管理人工作报告规定（暂行）》的通知
14	贵州省高级人民法院	贵州省高级人民法院关于编制破产管理人名册的公告
15	贵州省高级人民法院	贵州省高级人民法院关于印发《破产管理人管理制度》的通知

表 5-4　　　　　　　　地方工作级别关于管理人的文件

序号	发布机构	文件名称
01	福州市律师协会	福州市律师协会关于举办参加破产管理人业务培训班的通知
02	苏州市民政局	苏州市民政局关于准予"苏州市破产管理人协会"登记的批复
03	福州市律师协会	福州市律师协会关于举办企业破产重整与破产管理人实务专题研修班的通知
04	福州市律师协会	福州市律师协会关于征集福州市破产管理人协会候任会员的通知
05	浙江省律师协会	浙江省律师协会关于报名参加"第五期破产管理人培训班"的通知
06	浙江省律师协会	浙江省律师协会关于举办省协"第四期破产管理人业务培训班"的通知
07	浙江省律师协会	浙江省律师协会关于举办"破产管理人业务培训班"的通知
08	浙江省律师协会	浙江省律师协会关于举办省律协破产管理人培训班的通知
09	福建省律师协会	福建省律师协会关于举办破产管理人法律实务研讨会的通知

序号	发布机构	文件名称
10	合肥市律师协会	合肥市律师协会关于举办律师担任破产管理人执业风险防范等业务培训的通知
11	白沙黎族自治县人民政府	白沙黎族自治县人民政府办公室关于成立白沙水泥厂破产管理人小组的通知
12	浙江省律师协会	浙江省律师协会关于做好编制第二批破产管理人名册相关工作的通知
13	苏州市破产管理人协会	苏州市破产管理人协会关于做好编制第二批破产管理人名册相关工作的通知

（三）管理人责任纠纷之被告确定

如图 5-4 所示，管理人责任纠纷的被告类型繁多，很多主体都可以成为被告，其中以个人、社会中介机构担任管理人作为被告的案件数量较多，数量高达一百多件。从被告主体不适格与裁判结果的关系上看，在司法案例中，既有被告不适格导致案件被驳回起诉，也有因为被告不适格导致案件被不予受理，这些都是比较常见的现象。

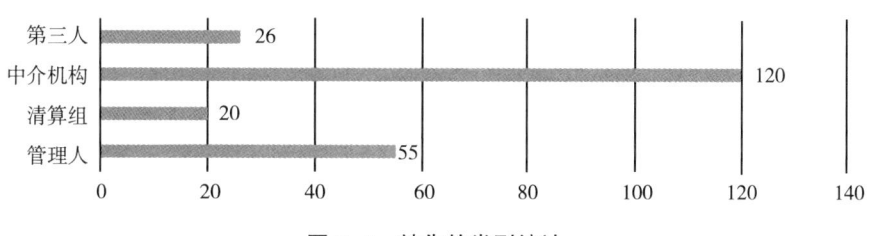

第三人 26
中介机构 120
清算组 20
管理人 55

图 5-4 被告的类型统计

如图 5-5 所示，在管理人责任纠纷案件中，驳回起诉、不予受理的案件占比较大，接近 50%。管理人法律责任中，被告的确定困境主要在于管理人责任纠纷案件被告类型多样，不统一。被告不适格导致案件不能得到实质性审理，这样不仅浪费了司法资源，造成司法系统的压力，而且还不能及时地解决问题。

云南省在几年前发布的文件——《云南省高级人民法院破产案件审判指引（试行）》，这份指引的第 160 条第 1 款规定正式肯定了列明被告的做法，此条规定直截了当地指出当破产管理人作为破产诉讼的当事人时，应直接列明。在云南省开启此例之后，其他地区法院也对此表示了肯定的态

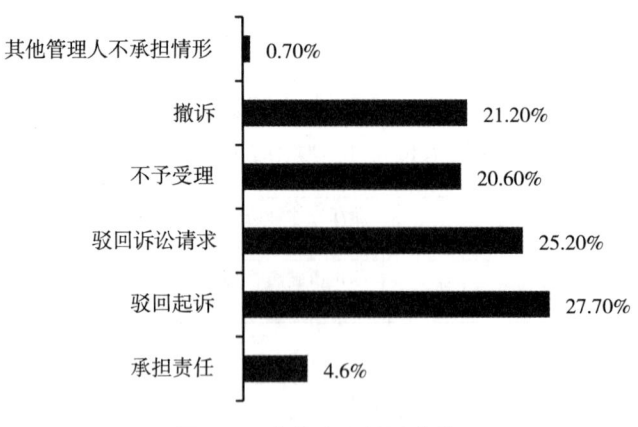

```
其他管理人不承担情形  0.70%
撤诉                21.20%
不予受理             20.60%
驳回诉讼请求          25.20%
驳回起诉             27.70%
承担责任             4.6%
```

图 5-5　案件审理结果占比

度。比如在 2014 年河南安彩高科股份有限公司起诉华飞管理人一案中，最高人民法院认为，该案中的管理人一直以来是管理破产财产的专门机构，不能独立承担责任，不是独立的民事主体，原告应当将此案中担任管理人的律师事务所列为被告，并注明为河南安彩高科股份有限公司管理人。又如曾经武陟县益民食品有限责任管理人责任纠纷的破产案件中①，原告的诉讼请求在一审时被法院驳回，案件进入二审程序，法院认为没有独立财产的管理人不能承担独立的责任，不应当作为本案的诉讼主体参与诉讼②。

（四）有关第三人的诉讼

表 5-5　　　　　　　　有关第三人诉讼案件

第三人的身份	案件数
破产管理人、管理人的工作人员、清算组成员	3
破产企业	5
破产企业的股东、法定代表人、高管	4
其他	7

在检索到的裁判文书中，含有第三人的裁判文书共有 26 份，涉及 19

---

① 河南省武陟县人民法院（2015）武民二初 00220 号民事判决书。
② 河南省焦作市中级人民法院（2016）豫民终 1121 号民事判决书。

个案件,其中第三人为破产管理人、管理人人员、清算组成员的有 3 个案件,第三人是破产企业的有 5 件,破产企业的股东、法定代表人、高管作为第三人的有 4 个案件。经统计,在这 19 件案件中,没有一件载明第三人有独立的诉讼请求,没有一件是第三人主动参加诉讼。

三 管理人履职纠纷案件的问题探究

(一) 法律法规不完善

正如对 2012—2021 年相关的规范性文件统计分析,可以看出目前我国的法律中关于破产管理人法律责任的规范性文件相对较少,规定较为分散。破产法、刑法修正案、行政法规以及司法解释中都有关于破产管理人法律责任的规定,但是尚没有形成一个成熟的法律体系。

企业破产管理人的法律法规内容仍有补足的空间,违反法定义务面临的后果只是零散地规定在各个规范性文件中。我国对于管理人责任主要都是事后责任。正如当前我国《企业破产法》第 25 条只是规定了管理人的义务,对于违反法定义务应承担的法律责任的情形和具体的处罚力度却没有规定。

(二) 诉讼主体列明混乱

诉讼主体认定问题已经成为管理人责任纠纷案件中的一个重要问题,目前,在统计的案例中,诉讼主体确定十分混乱。

第一,因原告主体不当而不予受理的现象十分常见。原告当事人难以确定主要在于缺少法律依据,个别债权人能否作为原告提起诉讼已经成为司法实践中的争议问题,需要以法律的手段予以补充明确。被告的主体地位在诉讼中也存在不同的操作,有的以债务人企业为被告,管理人列为债务人的代表人,在有的案件中列管理人为被告或者管理人所在的律师事务所为被告,诉讼主体较为混乱。

第二,被告类型繁多,缺乏统一性标准。被告主体不适格导致案件得不到实质性处理、纠纷不能得到及时解决,无形之中消耗司法资源,也已经成为司法实践中的难题。

第三,第三人诉讼主体不明确。司法实践中,诉讼第三人主要有:破产管理人、管理人人员、清算组成员、破产企业的股东、法定代表人、高管。在统计案件中,没有一件载明第三人有独立的诉讼请求,没有一件是第三人主动参加诉讼。第三人诉讼主体地位不明确,易造成司法实践的混乱,这将有可能会严重影响司法的权威性和可预期性。

(三) 管理人履职能力要求高,法律意识不足

管理人的工作既存在着履职能力考验,也存在着职业道德考验。正如著名的澳大利亚堪培拉大学法学院教授 Barin Kamaruld 曾经提出:"为了保证破产程序之公正和迅捷,有必要保持破产从业人员的道德标准和职业能力。"在破产程序中管理人往往会遇到各种各样的问题,如果处理不当,就容易触犯到债权人和债务人的底线,从而造成管理人责任纠纷。破产管理人能否胜任职务,能否尽到勤勉尽责、公正忠实的义务是纠纷案件的导火索。

管理人面临的风险较高,责任纠纷案件不断增加,这与管理人自身的风险意识弱化离不开。与其他案件相比,破产案件有明显不同,这类案件程序复杂,耗时长,会耗费大量的人、财、物等资源,管理人履职风险较大。一旦破产管理人履职能力与法律意识出现问题,就容易触碰法律责任的边界。这样的案例比比皆是,正如 2019 年立信事务所作为中美电器破产管理人,在接手资产后,未能勤勉尽责,怠于行使管理人对破产财产的管理职能,财产管理不当,应当赔偿中美电器损失 47.91 万元。

四 管理人履职权益保护的路径选择

(一) 确立管理人责任的主观方面

因果关系、主观过错和损害后果作为管理人民事责任的侵权标准是毋庸置疑的。关于因果关系,应当更加强调"可预见性"。根据通说,"可预见性"针对的是普通理性之人在相类似情形下具备的预见能力。换而言之,破产管理人的"可预见性"是指管理人如果可以预见自己的行为将造成损害,仍然实施,那么管理人需要承担不利后果。关于损害后果,即管理人行为实际造成的损害。

管理人责任在采用过错责任原则和无过错责任原则之间争议不断。总

的来说，各有利弊，有学者认为过错责任原则不适用于追究破产管理人的法律责任，它不仅会加重利害关系人的举证责任，而且不利于及时有效地追究管理人的违法行为。如果采用无过错责任原则进行归责，那么管理人将不能以无过错作为法律责任抗辩事由和责任豁免的依据。利害关系人也无须承担相应的举证责任，从某种程度上来说，也会降低利害关系人的救济难度。以上两种争议各有道理，笔者支持采用过错责任原则，无过错责任原则将会给管理人带来极大的职业风险，因为无论主观想法如何，只要给利害关系人带来损失，都有可能承担法律责任，加大了管理人履职风险，管理人责任纠纷案件将急速增加。同时在实践层面，采用过错责任原则已经成为一种通说，在司法案例中被频繁使用。正如 2017 年四川绵阳母某、李某某等与四川勤德旭川会计师事务所有限责任公司管理人责任纠纷案件，案件争议的焦点在于破产管理人的履职行为是否存在过错及与破产企业所受到的损失是否存在因果关系。管理人承担民事责任属于一般侵权行为之责，采用过错归责原则，最终驳回原告母某、李某某的诉讼请求。原告主张被告四川勤德旭川会计师事务所在担任破产管理人期间因怠于履行职责而给原告和破产企业造成损失，未举出充分证据证明，应承担举证不能的后果。

（二）明确管理人的诉讼地位

管理人在司法实践中的诉讼地位存在较多争议。在山西[①]、云南等地，当案件涉及拍卖合同纠纷、租赁合同与取回权等纠纷时，破产管理人直接作为被告参与诉讼[②]是被法院所肯定的；在吉林省高院的司法实践中，明确肯定了在有关破产企业的诉讼纠纷中，管理人作为代表人参加诉讼，但是在破产企业的名义下进行诉讼。笔者认为，应借鉴山西等法院的做法，肯定破产管理人的直接参与，这也是在肯定破产管理人的中立性，这一做法是符合我国当下的市场发展和管理人定位的。通过此举在实践中统一了管理人的诉讼地位，对具体纠纷的处理具有重要意义。

[①] 山西省高级人民法院（2015）晋民申字 505 号民事裁定书。
[②] 广西壮族自治区玉林市中级人民法院（2011）玉中民二 78 号民事判决书。

(三) 明确第三人在诉讼中的地位

总的来说，股东是否是具有利害关系的第三人需要视情况而定，在清算案件中，股东不能认定为具有利害关系的第三人，这主要是因为清算时已经资不抵债，濒危的公司已经处于他人的支配下。但是在重整时，股东可以被视为利害关系人，因为重整涉及出资人权益的调整，从《企业破产法》中的规定也可以看出，股东不能申请破产清算，但可以申请重整。笔者认为，破产管理人、清算组成员列为第三人参加诉讼不具有法理逻辑。第一，管理人不应当列为第三人，因为管理人责任纠纷主要解决的是管理人是否应当作为被告，进而承担法律责任的问题。在民事诉讼中，第三人是与案件有利害关系的人，管理人作为第三人不符合第三人的法理逻辑。第二，清算组成员不应当列为第三人。清算组作为专门管理、处分破产财产的机构，当清算组作为破产管理人时，与管理人不应当作为第三人具有相同的逻辑；如果当清算组个人存在违法履职行为时，应当以侵权当事人作为被告，而不是列为第三人。

(四) 完善管理人监督机制

有效地事前防范对于优化管理人法律责任具有重要意义。管理人法律责任涉及多方主体、各个环节，应坚持事前防范和内部监督相结合。

首先，过硬的履职能力是管理人实现自我保护的关键。应当提升管理人业务能力和道德水平。一方面，深厚的法律功底、专业的财务知识、税务知识、综合的协调能力以及必要的职业道德至关重要。管理人这些技术型人才也应当有效利用网络科技，进行创新，确保工作高效完成。正如2018年的百色融达铜业有限责任公司的破产案件就存在许多值得借鉴和学习的地方，同时采用网络拍卖方式将资产打包拍卖，在充分的市场竞争中使债务人资产价值最大化。另一方面，提高破产管理人的道德水平，禁止谋求管理人报酬以外的利益，防范职业道德风险，管理人及特定关系人不得自行参与破产财产的处理，委托安排第三方从事与债务人及其资产有关的买卖、租赁、承包等交易行为。

其次，对于管理人的工作来说，应当不断优化工作流程，一方面，在工作内部，对于印章使用和资金支付审批抓紧抓实，债务人和管理人印章都应当实行严格管理,每一次印章的使用都需要经过审批、登记,债务人和管理人印章都实行严格管理。与此同时,建立健全债务人和管理人的资金支付审批制度,对于资金用途进行把控,不定时查询资金使用情况,如果资金支付不进行严格的审批,那么它将会作为谋取私利的工具。另一方面,在对外工作中,人际沟通与交流能力十分重要,破产管理工作中的舆论风险不容小觑,破产企业往往涉及职工、农民工、投资者等社会维稳问题以及民生问题。如果处理不当,在舆论压力影响之下,会影响社会稳定和秩序。

最后,还应当从以下两个方面完善监督机制。第一,建立破产管理人被诉制度。只要有证据证明破产管理人实施不当履职行为,利害关系人就可以提起诉讼,"破产管理人被诉第一案"已经带来了警示,虽最终撤诉,但也提示着建立被诉制度的紧迫性;第二,法院进行积极地指引,对于管理人的失职行为法院可以出台相关的文件指引规范破产管理流程。在出现失职行为时及时督促管理人、更换管理人、罚款等措施。正如苏州市的法院建立的管理人监督约束创新机制,这主要是因为管理人的失职或懈怠行为已经屡次被吴中区法院发现,比如采用部分环节耗时过长、违规使用资金账户等。该机制有效地发挥了约束作用,更能为提高管理人工作质量助力。

主要参考文献

一 中文著作与译著类

薄燕娜主编：《破产法教程》，对外经济贸易大学出版社2009年版。

丁燕：《上市公司破产重整计划法律问题研究——理念、规则与实证》，法律出版社2014年版。

范建、王建文：《破产法》，法律出版社2009年版。

郭毅敏主编：《破产重整·困境上市公司复兴新视野——以审判实务研究为中心》，人民法院出版社2010年版。

韩长印主编：《商法教程》，高等教育出版社2007年版。

贺丹：《破产重整控制权的法律配置》，中国检察出版社2010年版。

贺丹：《上市公司重整：实证分析与理论研究》，北京师范大学出版社2012年版。

贺小电：《破产法原理与适用》，人民法院出版社2012年版。

李永军：《破产法——理论与规范研究》，中国政法大学出版社2013年版。

李永军：《破产重整制度研究》，中国人民公安大学出版社1996年版。

李永军、王欣新、邹海林、徐阳光：《破产法》（第二版），中国政法大学出版社2017年版。

李永军主编：《债权法》，北京大学出版社2016年版。

梁慧星、陈华彬：《物权法》（第七版），法律出版社2020年版。

莫初明：《企业重整中有担保债权的法律保护》，载王欣新、尹正友主编《破产法论坛》（第一辑），法律出版社 2008 年版。

潘琪：《美国破产法》，法律出版社 1999 年版。

申林平编著：《上市公司破产重整原理与实务》，法律出版社 2020 年版。

宋玉霞：《破产重整中公司治理机制法律问题研究》，法律出版社 2015 年版。

汤维建：《破产程序与破产立法研究》，人民法院出版社 2001 年版。

王卫国：《破产法精义》，法律出版社 2007 年版。

王欣新：《破产法》（第四版），中国人民大学出版社 2019 年版。

王欣新：《破产王道：破产法司法文件解读》，法律出版社 2021 年版。

王泽鉴：《不当得利》，北京大学出版社 2009 年版。

吴汉东主编：《私法研究》（第 2 卷），中国政法大学出版社 2002 年版。

武艺舟：《公司法论》，（台北）三民书局有限公司 1980 年版。

徐国栋：《民法基本原则解释——成文法局限性之克服》，中国政法大学出版社 1992 年版。

许德风：《破产法论——解释与功能比较的视角》，北京大学出版社 2015 年版。

杨忠孝：《破产法上的利益平衡问题研究》，北京大学出版社 2008 年版。

张世君：《公司重整的法律构造——基于利益平衡的解析》，人民法院出版社 2006 年版。

郑志斌、张婷：《公司重整制度中的股东权益问题》，北京大学出版社 2012 年版。

《中华人民共和国企业破产法》起草组编：《〈中华人民共和国企业破产法〉释义》，人民出版社 2006 年版。

周淳：《上市公司破产重整中的股东权异化》，载黄红元、徐明主编

《证券法苑》(第十三卷),法律出版社 2014 年版。

[美] 查尔斯·J. 泰步:《美国破产法新论》,韩长印等译,中国政法大学出版社 2017 年版。

[美] 大卫·G·爱泼斯坦、史蒂夫·H·尼克勒斯、詹姆斯·J·怀特:《美国破产法》,韩长印等译,中国政法大学出版社 2003 年版。

[英] 大卫·李嘉图:《政治经济学及赋税原理》,郭大力、王亚南译,译林出版社 2014 年版。

[美] E. 博登海默:《法理学——法律哲学与法律方法》,邓正来译,中国政法大学出版社 1999 年版。

[德] 莱因哈德·波克:《德国破产法导论》(第六版),王艳柯译,北京大学出版社 2014 年版。

[日] 山本和彦:《日本倒产处理法入门》,金春等译,法律出版社 2016 年版。

[日] 石川明:《日本破产法》,何勤华、周桂秋译,中国法制出版社 2000 年版。

[英] 维克托·迈尔-舍恩伯格、肯尼思·库克耶:《大数据时代:生活、工作与思维的大变革》,盛杨燕、周涛译,浙江人民出版社 2013 年版。

[日] 伊藤真:《破产法》(新版),刘荣军、鲍荣振译,中国社会科学出版社 1995 年版。

二 中文期刊类

包晓丽:《二阶序列式数据确权规则》,《清华法学》2022 年第 3 期。

池伟宏:《房地产企业破产重整中的权利顺位再思考》,《法律适用》2016 年第 3 期。

池伟宏:《论重整计划的制定》,《交大法学》2017 年第 3 期。

崔明亮:《破产重整计划执行法律问题研究》,《中国政法大学学报》2018 年第 2 期。

丁燕:《论"出售式重整"的经济法品格》,《法学杂志》2016 年第

6 期。

丁燕：《论合同法维度下重整投资人权益的保护》，《法律适用》2018 年第 7 期。

丁燕：《论破产重整融资中债权的优先性》，《法学论坛》2019 年第 3 期。

丁燕：《上市公司重整计划执行制度的完善——基于我国上市公司的样本分析》，《政治与法律》2014 年第 9 期。

丁燕：《上市公司重整中股东权益调整的法律分析》，《东方论坛》2014 年第 3 期。

高博仑：《浅析破产重整中投资人风险与权益保护》，《青年与社会》2019 年第 29 期。

高富平：《数据流通理论——数据资源权利配置的基础》，《中外法学》2019 年第 6 期。

高丝敏：《论破产重整中信息披露制度的建构》，《山西大学学报》（哲学社会科学版）2021 年第 3 期。

郭琪、彭江波：《基于市场风险缓释的利率市场化研究》，《金融研究》2015 年第 7 期。

胡利玲：《论困境企业拯救的预先重整机制》，《科技与法律》2009 年第 3 期。

胡利玲：《破产重整制度之审思》，《中国政法大学学报》2009 年第 4 期。

姬蕾蕾：《企业数据保护的司法困境与破局之维：类型化确权之路》，《法学论坛》2022 年第 3 期。

李忠鲜：《担保债权受破产重整限制之法理与限度》，《法学家》2018 年第 4 期。

梁慧星：《是优先权还是抵押权——合同法第 286 条的权利性质及其适用》，《中国律师》2001 年第 10 期。

梁伟：《论我国企业破产重整计划制定权主体制度》，《学术交流》2018 年第 2 期。

刘子平：《破产别除权的认定标准及其行使》，《法律适用》2007 年第 11 期。

梅夏英：《在分享和控制之间数据保护的私法局限和公共秩序构建》，《中外法学》2019 年第 4 期。

彭插三：《论美国破产法中的实质合并规则》，《财经理论与实践》2010 年第 2 期。

齐明、郭瑶：《破产重整计划强制批准制度的反思与完善——基于上市公司破产重整案件的实证分析》，《广西大学学报》（哲学社会科学版）2018 年第 2 期。

乔博娟：《论破产重整中担保权暂停与恢复行使的适用规则》，《法律适用》2020 年第 20 期。

申卫星：《论数据用益权》，《中国社会科学》2020 年第 11 期。

宋玉霞、李政印、周迈：《论"出售式重整"模式的美国经验和本土实践》，《现代管理科学》2018 年第 1 期。

锁福涛、潘政皓：《数据权益的法律保护路径研究》，《南京理工大学学报》（社会科学版）2022 年第 1 期。

唐旭超：《论上市公司重整中的股东权益》，《政治与法律》2014 年第 6 期。

田田、王玉红：《我国信托财产权制度的经济学分析》，《东北大学学报》（社会科学版）2007 年第 1 期。

汪世虎：《法院批准公司重整计划的条件探析》，《商业经济与管理》2007 年第 1 期。

王卫国：《论重整制度》，《法学研究》1996 年第 1 期。

王卫国：《现代财产法的理论建构》，《中国社会科学》2012 年第 1 期。

王欣新：《〈全国法院破产审判工作会议纪要〉要点解读》，《法治研究》2019 年第 5 期。

王欣新：《立案登记制与破产案件受理机制改革》，《法律适用》2015 年第 10 期。

王欣新：《论破产程序中担保债权的行使与保障》，《中国政法大学学报》2017 年第 3 期。

王欣新：《破产别除权理论与实务研究》，《政法论坛》2007 年第 1 期。

王欣新：《营商环境破产评价指标的内容解读与立法完善》，《法治研究》2021 年第 3 期。

王欣新：《预重整的制度建设与实务辨析》，《人民司法》2021 年第 7 期。

王欣新：《重整制度理论与实务新论》，《法律适用》2012 年第 11 期。

王欣新、周薇：《关联企业的合并破产重整启动研究》，《政法论坛》2011 年第 6 期。

王欣新、周薇：《论中国关联企业合并破产重整制度之确立》，《北京航空航天大学学报》（社会科学版）2012 年第 2 期。

王照洪：《企业出售式破产重整增加地方金融风险》，《时代金融》2018 年第 2 期。

王佐发：《预重整制度的法律经济分析》，《政法论坛》2009 年第 2 期。

武卓：《我国重整计划强制批准制度的完善路径》，《中国政法大学学报》2017 年第 3 期。

肖彬：《实质合并破产规则的立法构建》，《山东社会科学》2021 年第 4 期。

徐阳光：《困境企业预重整的法律规制研究》，《法商研究》2021 年第 3 期。

徐阳光：《论关联企业实质合并破产》，《中外法学》2017 年第 3 期。

徐阳光、何文慧：《出售式重整模式的司法适用问题研究——基于中美典型案例的比较分析》，《法律适用》（司法案例）2017 年第 4 期。

徐阳光、毛雪华：《破产重整制度的司法适用问题研究》，《法制与经济》2015 年第 1 期。

许德风：《论债权的破产取回》，《法学》2012 年第 6 期。

薛龙齐：《市场化债转股问题讨论》，《中国管理信息化》2022 年第 2 期。

余佳楠：《企业破产中的数据取回》，《法律科学（西北政法大学学报）》2021 年第 5 期。

张海征：《英国破产重整制度及其借鉴》，《政治与法律》2010 年第 9 期。

张钦昱：《公司重整中出资人权益的保护——以出资人委员会为视角》，《政治与法律》2018 年第 11 期。

张钦昱：《论公平原则在重整计划强制批准中的适用》，《法商研究》2018 年第 6 期。

张钦昱：《重整计划制定权归属的多元论》，《社会科学》2020 年第 2 期。

张世君：《论我国破产重整公司治理结构之优化》，《政法论丛》2021 年第 6 期。

张世君：《我国破产重整立法的理念调适与核心制度改进》，《法学杂志》2020 年第 7 期。

张亚楠：《完善我国破产保护制度的若干思考》，《政治与法律》2015 年第 2 期。

张艳丽：《破产管理人的法律责任》，《法学杂志》2008 年第 4 期。

张艳丽：《企业破产管理人法律地位评析》，《北京理工大学学报》（社会科学版）2004 年第 6 期。

张艳丽、杜若薇：《中国法院对重整计划强制批准的问题与解决》，《北京理工大学学报》（社会科学版）2019 年第 6 期。

张艳丽、李蒙娜：《企业重整的价值目标及其实现——从重整制度构成的角度》，《北京理工大学学报》（社会科学版）2008 年第 6 期。

赵惠妙、左常午：《我国关联企业实质合并破产的裁定标准》，《法律适用》2022 年第 4 期。

周学峰：《网络平台对用户生成数据的权益性质》，《北京航空航天大学学报》（社会科学版）2021 年第 4 期。

朱黎：《美国破产实质合并规则的实践及其启示》，《浙江学刊》2017 年第 1 期。

邹海林：《法院强制批准重整计划的不确定性》，《法律适用》2012 年第 11 期。

邹海林：《供给侧结构性改革与破产重整制度的适用》，《法律适用》2017 年第 3 期。

三　学位论文类

齐明：《美国破产重整制度研究》，博士学位论文，吉林大学，2009 年。

魏宇航：《论共益债务的认定与清偿》，硕士学位论文，华东政法大学，2020 年。

杨忠孝：《破产法上的利益平衡问题研究》，博士学位论文，华东政法学院，2006 年。

四　报纸类

程啸：《现代社会中的数据权属问题》，《法治日报》2022 年 4 月 20 日第 9 版。

王玲芳、孙立尧：《破产程序中债务人财产处置面临的困境及应对建议》，《人民法院报》2021 年 10 月 14 日第 7 版。

张德忠：《淄博中院为经济发展清障解难》，《人民法院报》2014 年 12 月 10 日第 4 版。

五　司法案例类

北京知识产权法院（2016）京 73 民终 588 号民事判决书。

广西壮族自治区玉林市中级人民法院（2011）玉中民二 78 号民事判决书。

杭州铁路运输法院（2019）浙 8601 民初 1987 号民事判决书。

河南省焦作市中级人民法院（2016）豫民终 1121 号民事判决书。

河南省武陟县人民法院（2015）武民二初 00220 号民事判决书。

衡阳市雁峰区人民法院（2021）湘民终 3106 号民事判决书。

江苏省高级人民法院（2020）苏 03 民终 1893 号民事判决书。

江苏省无锡市中级人民法院（2019）苏 02 民终 2060 号民事判决书。

山西省高级人民法院（2015）晋民申字 505 号民事裁定书。

四川省高级人民法院（2019）川民终 289 号民事判决书。

云南省高级人民法院（2020）云民终 1143 号民事判决书。

最高人民法院（2019）最高法民申 5594 号民事裁定书。

最高人民法院（2019）最高法民申 6085 号民事裁定书。

六　英文类

Bryan A. Garner, *Black's Law Dictionary*（11th EDITON），West，2019.

David Russell, Toby Graham, "The Origins and Scope of the Court's Inherent Jurisdiction to Supervise, and if Necessary to Intervene in, the Administration of Trusts", *Trusts & Trustees*, Volume 24, Issue 8, October 2018, pp. 727–728.

Elisa R. Lemmer, "Unsuccessful Stalking Horse Bidder Entitled to Administrative Expense Claim for Costs Related to Aborted Closing", 2 *Pratt's J. Bankr. L.* 56（2006）.

Georgem M. Treister, etc., *Fundamentals of Bankruptcy Law*, the American Law Institute, 1988, p. 361.

Hamish Anderson, *Administrators – Part Ⅱ of the Insolvency Act* 1986, London Sweet& Maxwell, 1987, p. 3.

Hoeren, Dateneigentum-Versuch einer Anwendung von § 303a StGB im Zivilrecht, MMR 2013, 486 et seqq. See also Court of Appels Naumburg, decision of 27 August 2014, 6 U 3/15, CR 2016, 83.

JenniferShkabatur, "The Global Commons of Data", 22 *STECH. L. REV.* 354（2019）.

Leon v. Pac. Tel. & Tel. Co., 91 F. 2d 484 (9th Cir. 1937); Jeweler's Circular Publ'g Co. v. Keystone Publ'g Co., 281 F. 83 (2d Cir. 1922).

Lynn M. LoPucki & William C. Whitford, "Corporate Governance in the Bankruptcy Reorganization of Large", Publicly Held Companies, 141 U. PA. L. REV. 669 (1993).

"Much Ado About Data Ownership", *Harvard Journal of Law & Technology*, *Volume* 25, Number 1, Fall 2011.

Paul J. J. Welfens, George Yarrow, *Towards Competition in Network Industries Springer*, New York: John Wiley&Sons, 1999, pp. 34-35.

QiL, "The Corporate Reorganization Regime under China's New Enterprise Bankruptcy Law", *International Insolvency Review*, 2010, 17 (1), pp. 13-32.

Rhett Frimet, "The Birth of Bankruptcy intheUnited States", 96 COM. L. J. 160 (1991).

R. M. Goode, *Principle of Corporate Insolvency Law*, London Sweet& Maxwel, Center For Commercial Studies, 1990, p. 12.

See Elizabeth Warren, Jay Lawrence Westbook, *The Law of Debtors and Creditors Text*, *Cases*, *and Problems*, Second Edition, Little, Brown and Company, 1991, p. 427.

Stephen H. Case and Mitchell AHarwood, "Current Issues in Prepackaged Chapter 11 Plans of Reorganization and Using the Federal Declatory Judgement Act for Instant Reorganizations", *Annual Survey of American Law*, Vol. 1991 No. 1, p. 103.

Touche Ross International, *The Touche Ross Guide To International Insolvency*, Probus Publishing Company, 1989, Part3, p. 5.

Xiaolan Yu, Yun Zhao, "Dualism in Data Protection: Balancing the Right to Personal Data and the Data Property Right", *Computer Law & Seview* 35 (2019) 105318.